中华文化传承系列丛书

阐释中国伦理式的沟通智慧／
活用传播与沟通的道术／营造幸福美满人生

沟通智慧与传播

谭英／著

知识产权出版社
全国百佳图书出版单位

图书在版编目（CIP）数据

沟通智慧与传播/谭英著. —北京：知识产权出版社，2017.2

ISBN 978-7-5130-3145-5

Ⅰ.①沟… Ⅱ.①谭… Ⅲ.①人际关系学—研究 Ⅳ.①C912.11

中国版本图书馆 CIP 数据核字（2017）第 026892 号

内容提要

当您与家人、亲戚、朋友、同事、领导、下属交往的过程中遇到烦恼时，您想马上找到阻碍沟通的原因吗？您想了解父母与孩子之间、夫妻之间、领导与下属之间、兄弟姐妹之间、朋友同事之间长久和睦相处的秘诀吗？本书将与您一起挖掘和探讨中国伦理式的沟通智慧，并结合传播学和心理学的基本原理以及伦理关系案例，体悟在不同场合、不同语境，面对不同文化背景、不同性格人群时进行有效传播与沟通的技巧，以提升认识自己、了解他人的能力，建立和谐的人际关系，营造无往不利的事业和幸福美满的人生。本书可作为大众人文知识读本，也可作为高等院校传播学相关专业的辅助教材以及企事业单位相关领域培训的参考书。

责任编辑：龚　卫　　**责任校对：**谷　洋

装帧设计：张　冀　　**责任出版：**刘译文

沟通智慧与传播

谭　英　著

出版发行：知识产权出版社有限责任公司	**网　　址：**http://www.ipph.cn
社　　址：北京市海淀区西外太平庄 55 号	**邮　　编：**100081
责编电话：010-82000860 转 8120	**责编邮箱：**gongwei@cnipr.com
发行电话：010-82000860 转 8101/8102	**发行传真：**010-82000893/82005070/82000270
印　　刷：三河市国英印务有限公司	**经　　销：**各大网上书店、新华书店及相关专业书店
开　　本：787mm×1092mm　1/16	**印　　张：**19
版　　次：2017 年 2 月第 1 版	**印　　次：**2017 年 2 月第 1 次印刷
字　　数：350 千字	**定　　价：**42.00 元

ISBN 978-7-5130-3145-5

前言

PREFACE

在多元文化交集的今天，沟通与传播在维系人与人之间的关系中起着重要的作用。如何更好地了解自己和他人，如何与不同角色的个人、群体或大众建立有意义的关系，满足自己与他人与社会的需要，从而达到信息共享和相互理解的目的；如何有效地沟通与传播，使得我们的学习、工作更加有秩序，生活更加幸福和美满，已经成为我们每个人不得不正视的一个问题。

传播与沟通是人类生存的本能，人人都离不开传播与沟通，人人都会使用语言这个交流工具与个人、群体或大众进行传播与沟通，然而谁也不敢保证在每个不同的场合都能做到有效地沟通与传播。

常看到这样一些新闻，从八九岁的孩子到20多岁的大学生，甚至博士生，因为与父母发生了小小的矛盾，或男女朋友之间、夫妻之间、朋友之间、同学之间、领导与下属之间，发生了口角，便选择离家出走或做出伤害他人的行为。为什么会出现这样的人间乱相？从深层次的原因分析，是因为长期以来我们忽视了中华伦理道德的教育，即人与人之间和睦相处的伦常之道的教育。忽视了崇德、贵仁、尊义、守中、尚和的中华优秀传统文化的核心思想教育与人格塑造培育。很多人不知道怎样做人了，因而有大学生在毕业论文的致谢部分说道："感谢室友不杀之恩"。这虽然带有调侃的味道，但的确说明了现实中人与人之间发生了某种危机。从表层上来看是忽视了有效沟通与传播的教育。

为此，本书分六个部分结合中国伦理学、西方传播学和心理学较为系统地阐释中国式有效沟通与传播的原理、技巧和策略，使大家在了解传播与沟通的基本要素、类型、模式、原理的基础上，感悟和吸收中国伦理学的沟通与传播智慧，树立正确的思想理念，提高洞悉自己、了解他人的能力和人文修养，掌握和应用有效沟通与传播的技能，更好地融入和适应多变和快速发展的社会，在有限的生活空间里创造出多彩而有意义的幸福人生。

第一部分，在绪论中主要阐释了中国伦理学的沟通智慧与当今代价值。中国伦理学所研究的道德的学问，有效传播与沟通的重要性，以及中华传统文化中厚德载物、仁爱、友善、谦让、和平的民族精神。习近平主席在2014年5月4日考察北京大学时说："中华文明绵延数千年，已经成为中华民族的基因，植根在中国人内心，潜移默化影响着中国人的思想方式和行为方式。"这种文化基因塑造了中国文化的价值观，在人际交往的原则和有效沟通与传播的智慧层面体现出的仁爱、崇德，尚和、遵义，诚信、理智等沟通智慧，对当今社会依然有重要的实用价值和现实意义。

第二部分，传播与沟通的基本常识。该部分从传播学的角度，简单介绍了传播与沟通的基本常识，使读者对传播与沟通的基本要素、基本类型、基本模式等有一个初步的了解，为进一步理解传播与沟通的基本原理提供了学理支持。

第三部分，有效沟通与传播的基础原理。主要从心理学和伦理学的角度叙述古今中外学者从多种视角审视人与人之间交流与沟通的基本原理。侧重从所遵循的原理或道理的基础上，阐释传播与沟通的技术和技能，即是从道的层面讲术。如怎样唤起自我觉醒，提高自我认知与了解他人的能力，如何理解和应用中国古圣先贤发现的人与人之间的和睦相处的常理—伦常大道，及其带给人们的有效传播与沟通的智慧。

第四部分，有效沟通与传播的道术。该部分侧重从术的层面讲道，同时选取多个人伦关系诸如父子关系、夫妻关系、领导与下属关系、兄弟关系、朋友同事关系等案例，从术的层面使人们体验和掌握在不同场合、不同语境，面对不同文化背景、不同性格人群时，如何在遵循自然之道和伦常之道的基础上，运用倾听、反馈与表达等技巧进行有效的沟通与传播。进而建立和谐的人际关系，促进身心健康、家庭和睦和社会和谐。

第五部分，有效沟通与传播的技能。归纳总结出人际间、小群体内及公共场合下进行有效传播与沟通的技能，并通过大量的案例阐释倾听、反馈、表达、提问、演讲和主持等技巧过程中应注意的问题，以及这些技能背后隐含着的沟通与传播之道。

第六部分，有效沟通与传播的策略。如何使有效沟通与传播的道术成为人们的思维方式和生活的习惯，该部分重点谈了三个支撑有效传播与沟通技能和技巧的策略。(1) 在核心策略中，详细阐述了如何培养正确的价值观和幸福观，人的一生中不可或缺的学习内容，即伦理教育、道德教育、圣贤教育（生命的教育、智慧的教育）和技能与知识的教育，并阐释了几种教育是当今时代人们终身要学习的内容。(2) 在支持策略中，介绍了弥补根性教育的学习策略和实施方法。(3) 在践行策略中，用具体的实例分析了践行有效传播与沟通的智慧和途径。

总之，沟通与传播不是一个简单的技能训练，而是人与人关系背后的个人价值观与个人心态的体现。挖掘和吸收中国伦理的沟通智慧，撷取西方传播之术，以中华优秀传统文化为本，以西方文化为用，使大家成为多元文化交流时代的沟通能手是本书创作的出发点。

走进这本书，咀嚼和感悟先贤留给我们的沟通智慧与传播，并灵活巧妙地将有效传播与沟通原理和道术加以应用，对营造幸福而美满的人生有着重要的实用价值。

最后，衷心地感恩中华文化独一无二的理念、智慧、气度和神韵！感恩先贤传给后人的沟通智慧！感恩所有为此书提供宝贵建议和付出辛劳的挚友们！感恩网络上流传的无名氏撰写的美文！感恩网络媒体分享的相关内容的案例！感恩父母、丈夫、儿女、好友和陌生人付出的爱心；感恩大自然给予的种种关怀和体贴；感恩每一个祥和、温暖和快乐的日子！

谭 英

2017 年 2 月 6 日

目　录

CONTENTS

第一部分

绪　　论

第 1 章
时代需要沟通智慧

1.1 知识与智慧的关系

人人都期望获得幸福的生活，人人都想获得财富，人人都希望与人交往情深意切，办事顺利无碍；人人都厌恶贫穷，企盼自己聪明睿智，渴望自己智慧增长；都不希望愚痴、贫穷和灾祸伴随自己。正如孔老夫子所说：“富与贵，是人之所欲也，不以其道得之，不处也；贫与贱，是人之所恶也，不以其道得之，不去也”（《论语·里仁》）。

这句话的意思是说：“富有和高贵，是每个人都想得到的，不用正当的手段得到它，君子是不愿意接受的。贫困和卑贱，是每个人都厌恶的，不用正当的手段摆脱它，君子也不会抛弃。”这里的正当的手段指的就是自然法则或自然规律。为什么君子能够按照自然规律做事，而我们凡夫却是按照眼前的利益得失做出选择？其最终的结果是圣益圣，愚益愚。君子所做出的选择为何与我们凡夫不一样呢？因为君子是既有知识又有智慧的人，我们凡夫可能是仅有知识而无智慧，此话怎讲？

究竟什么是知识？什么是智慧？

知识是了解、辨识的意思，指了解和辨识事物的能力，人类认识的成果或结晶，包括经验知识和理论知识，即知其然也。而智慧是聪明睿智的意思，指对事物能认识、辨析、判断处理和发明创造的能力。或者说是深明通达的智识或智谋，英明有远见，具备把握真理的能力。通俗地讲则是指在辨识事物能力的基础上，看到事物发展的结果、事物发生的原因，以及为什么会导致这样的结果，即知其所以然。

智慧就像黑夜里的一盏灯，能够指引司机把握行走的方向，而且知道走哪条路是通向光明大道；有知识、有技术的人就像会开车的司机，如果没有车灯照明，在黑夜中行走是很危险的。有知识、有技术的人一旦有了智慧，如同乘坐电梯或飞机，会快速地到达目的地。如果仅有智慧而没有知识和技术，就如同没有战士的光杆司令，只能纸上谈兵。

“文质彬彬，然后君子”。君子是既有文采，又很有德行的人；德才兼备的人是既有知识又有智慧的人，不仅知其然，而且知其所以然。君子知道获得财富与高贵的正当方法，所以君子得到的富贵常常会保持恒久。相反，如果盲目地追求富与贵，选择了投机钻营，通过以权谋私、贪污受贿、巧取豪夺等不正当的手段得到了富贵，可能也会很快锒铛入狱，或者粉身碎骨。千百年来，多少人为了富贵，阿谀奉承，奴颜婢膝，铤而走险地选择了一条丧尽天良、丧尽人格的不归之路，这都是因为舍本逐末，忽视智慧的修学导致的。

人们改变贫穷需要知识与智慧，人与人之间友好交往也需要知识与智慧。然而在现实生活中，重视知识的学习要远远超过重视“智慧或道”的修学。因为智慧和道都是看不见摸不着的东西，而知识通过看得见摸得着的一套技能培训便能获得，但智慧和道则要靠学习中的参悟和实践的体悟才能得到。可见，储备知识很重要，但是运用知识的能力、增长智慧更重要。

1.2　什么是沟通与传播的智慧

虽然我们光溜溜地来到这个世界，但是一落地就不是一个独立的人。第一眼看到的不是我们的父母，就是牵挂我们长大的爷爷奶奶、姥姥姥爷等人。随着时间的推移和年龄的增长，在家里，我们与家人和亲戚朋友交流与沟通；出门在外，我们与身边的同学、朋友、老师、领导、同事们展开交流；同时，期望每一次的交流与沟通都能够给他人留下一个好印象，企盼他人的尊重和理解，这种人与人之间的交往实际上就是传播与沟通。

在我们日常生活中，每当我们有意或无意地向朋友、爱人、亲戚、陌生人、领导、同事、听众或组织发出一个语言或非语言信息的时候，传播就产生了。当我们有意无意地向他人反馈信息时沟通就开始了。传播的重点在发布信息，而沟通的重点则在反馈信息。反馈者所发布的信息非常重要，反馈的信息常常决定着二者的交往能否持续下去，或者说决定着二者的关系趋向合作还是分开。所以，在人际交往过程中，双方互为传者和受者，即互为信息的发布者和反馈者。传播与沟通的效果如何，最终取决于沟通与传播的智慧。

可以说，传播与沟通是我们人类生存的本能，人人都会使用语言这个交流工具与个人、群体或大众进行传播与沟通，但是我们谁也不敢保证在每个不同的场合我们都能有效地进行沟通与传播。我们更不敢说自己已经具有沟通与传播的智慧。究竟什么是沟通与传播的智慧？我们不妨看一则故事。

从半个西瓜看沟通与传播的智慧❶

一天中午，我下班回家，热得满头大汗。打开冰箱一看，里面竟然冰着半个西瓜。我喜出望外，拿出来三下五除二地啃了个干净。

正在这时，妻子徐蔓也回家了，一进门就嚷嚷："渴死了！热死了！"打开冰箱一看，她愣住了。

我告诉她那西瓜我吃了。她的脸上掠过一丝不快，连忙拿杯子去倒水。一提水壶，里面也是空空如也。

她一下子冒火了："你也不知道烧点水。回家这么长时间都干什么了？"我也生气了："凭什么都是我干？"为这事，我俩冷战了一星期才和好。

星期六，我独自回到父母家。他们一见我就问："怎么一星期没见到徐蔓了？"我就把我们闹别扭的事原原本本地说了。妈妈一听就责备我，做事不该只顾自己而不顾别人。

我不以为然："不就是吃了半个西瓜嘛，有什么大不了的？"

爸爸笑了："你也不用替自己辩解。明天是星期天，你们都过来一趟。"

第二天，我和徐蔓带上孩子回到父母家。

一进门，爸爸就支使我出去买醋。等我买了回来，爸爸说徐蔓带着孩子出去了。说完他就抱出半个西瓜给我："看你热得一头汗，吃点西瓜解解渴吧。"

那半个西瓜足有四五斤，爸爸递过来一个勺子："吃不了就剩着，让你媳妇回来吃。"我接过勺子大吃起来，吃了不到一半，肚子已经胀了。

一家人吃午饭时，爸爸突然抱出两个半边西瓜放在桌上，对我说："你看看它们有什么不同。"

我很纳闷，仔细地瞧了又瞧：一半是我刚才吃的，另一半也是吃过的。看了好一会儿，也看不出什么名堂，只好摇了摇头。

爸爸指着西瓜说开了："这一半是你吃的，那一半是徐蔓吃的。我告诉你们俩'如果吃不完，就把剩的留着给对方吃'。你看徐蔓是怎么下勺子的？从旁边往中间掏，一半吃完了，另一半却没动。再看你，从中间开始掏，把瓤都吃了，把旁边留给别人。谁不知道瓜瓤甜呀？从这点小事上看，徐蔓就比你有心得多。"

我的脸一下子红了。

爸爸意味深长地说："两个人过一辈子，能有多少轰轰烈烈的事？夫妻的感情体现在哪里？就体现在平时一滴油、一勺饭、一瓢汤上。上次你为吃西瓜

---

❶ 无名氏. 半个西瓜看人品［EB/OL］. 就爱阅读，2016－06－01.

的事和徐蔓吵架，还振振有词，那明明是你不对。要是换了徐蔓先回家，肯定会给你留一半的。别看这是不起眼的小事，却能反映出一个人的心。一块西瓜里就有居家过日子的大学问。再冷的心，你一点一点地暖它，总有把它焐热的一天；可是再热的心，你要是一勺一勺地浇冷水，也总有一天会彻底地弄凉了它。你想想：要是徐蔓像你一样，事事都不想着你，久而久之，你会怎么想?”

真是一句话点醒梦中人。我蓦然发现，平日里回家时放好了的拖鞋，茶几上晾好了的茶水，下雨天门口摆好了的雨伞，竟然都是徐蔓的一片深情。可我呢，却大大咧咧，视而不见，不懂得将心比心……

想到这儿，我惭愧极了，赶忙把我已过了凉水的饺子端给徐蔓：“我这碗已经不烫了，你先吃吧。”

徐蔓笑了：“你少在爸妈面前装蒜了。”

爸爸也笑了：“能下决心装一辈子，就是个好丈夫了。”

爱是相互的，心中有爱，所传递出来的语言信息，自然也是爱的语言。从这个故事里您领悟到什么？这个故事中的沟通与传播的智慧体现在哪里？夫妻二人因为半个西瓜发生了口角，冷战一周，做父亲的听了事情的经过之后，知道这件事是儿子的错，但当时并没有大声呵斥儿子（**没有使用评价性反馈**），而在周末特意安排了一场真人秀（**展示沟通与传播的智慧**），同样用半个西瓜让儿子明白了夫妻之间的相处之道。夫妻之间感情的沟通与交流不是表现在轰轰烈烈的你恩我爱上，而是体现在平时的一滴油、一勺饭、一瓢汤上。事实上，从吃西瓜的习惯吃法上就可以看出一个人的心中是否有对方，故事中的父亲即徐蔓的公公非常巧妙地使用了我国古代的体验式和启发式传递信息的方法，让儿子自己反省自身的毛病和问题，然后再借助夫妻二人吃西瓜的不同吃法说出（**传播**）维护夫妻之间情义和恩义的道理。

该故事中肉眼看不到的自然规律（**人的本性中具有的**）具体表现在三个方面：①爱心，心中有爱，才能使双方开心、顺心和安心；②尊重与体谅，心中有他人，自然会做到尊重和体谅他人；③找自己的过，看对方的好；……这就是沟通与传播的智慧。正如古人所讲的“各自责，天清地宁；各相责，天翻地覆”。古人看人、看事物看得很透彻，考虑得很长远，两人之间相处，特别是夫妻之间相处，最重要的是要“互尊、互爱、互谅”，这是一个家庭稳固、社会和谐的基础。夫妻之间最好的沟通与传播的方式就是将心比心，心中有爱，反省自己的过错，修正自己错误的行为，看对方的优点，这样相处才能天长地久。换句话说，凡是智慧的沟通方式，都能够创造出许多新的传播与沟通的方法，让爱在二人心中传递，一次次地传播与沟通，最终会使二人的关系越加密切和长久。

相反，如果选择“各相责，天翻地覆”的交往方式，两人之间的争斗会越演越烈。如今社会上这样的事情比比皆是，人与人之间，家与家之间，国与国之间的冲突均是因为选择了一个自认为很正确的沟通方式，即相互指责对方。都认为自己对，他人错，这种方式常常会使人失去理智，最后因一件小小的事情搞得无法收拾。因此，为了个人的进步，为了社会的和谐，我们需要学习沟通与传播的智慧和技能，进而发现新方法，解决新问题。

1.3 有效传播与沟通的重要性

传播与沟通在我们的工作和生活中到底占有多大的分量？我们为什么要强调有效传播与沟通，为什么要学习不同的场合、不同文化背景下的传播与沟通之道术？因为传播与沟通是我们人类生存的本能，是我们接触社会、联系他人的纽带，是我们成就事业、得以生存所依赖的主要工具。

人人都离不开传播与沟通，人人都需要交流与传播。如果没有传播与沟通，我们就会感到孤独、郁闷，甚至觉得寸步难行。

有这样一个故事。

有个老太太坐在马路边望着不远处的一堵高墙，总觉得它马上就会倒塌，见有人向墙走过去，她就善意地提醒道：“那堵墙要倒了，远着点走吧。”被提醒的人不解地看着她，然后大模大样地顺着墙根走过去了——那堵墙没有倒。老太太很生气：“怎么不听我的话呢?!”又有人走来，老太太又予以劝告。三天过去了，许多人在墙边走过去，并没有遇上危险。第四天，来了一群年轻人，老太太依然善意地提醒他们绕道走，但是这些年轻人并没有理会老太太说的话，他们很快来到墙根下，然而就在此时，墙倒了，他们被掩埋在灰尘砖石中，三个人不久身亡，其余的人受了重伤。

这个故事告诉我们一个老道理，不听老人言，吃亏在眼前，许多危险来源于傲慢和对他人的忽视，这是年轻人的悲哀。同时也告诉我们，能够传播信息很重要，但学会有效率的传播与沟通更重要。传播与沟通的方式有很多，除有声语言符号传播信息以外，还可选择无声语言符号文字或画图传递信息。如立个牌子，上面写上“危险，请绕行”。选择什么方式进行有效的传播与沟通需要智慧。

有一天，一只狮子和一只老虎突然之间爆发了一场激烈的争斗，到最后，

两败俱伤。狮子快要断气时，对老虎说："如果不是你非要抢我的地盘，我们也不会弄成现在这样。"老虎吃惊地说："我从未想过要抢你的地盘，我一直以为是你要侵略我。"

这虽然是一个小故事，但是它告诉我们一个大道理。当我们与他人发生矛盾时，及时有效地传播和沟通是非常重要的。

被誉为美国现代成功学之父、人际关系学鼻祖的戴尔·卡耐基指出："一个人事业的成功，只有15%是由他的专业技术决定的，另外85%则要靠人际关系。"

许多研究表明，成功人士大多有一个重要的生活习惯——善于培养最佳的人际关系。优秀人才的重要特点之一是具有很强的传播能力和有效的沟通能力。它将成为未来世界人才竞争的焦点。

有一份对美国中部13个州的调查结果显示：565所大学设有沟通专业。其中，560所大学开设了至少一门沟通课，94%的大学开设了公共演讲课，68%的大学开设了人际与传播沟通课程。

在我们国内，很多综合大学都设有传媒专业，也有不少大学开设了类似传播与沟通的课程。但是我们也常常听到大学和用人单位说出这样的话：现在的大学生，学历不低，学的知识好像也不少，但是沟通能力都很差。

这是为什么呢?

传播与沟通不是一门简单的学问。它不仅需要了解心理学、社会学、传播学、哲学等多个学科丰厚的知识，熟悉传播与沟通的基本常识，更重要的是需要培育正确的、科学的人生观和价值观，学习做人的行为规范，具备良好的道德修养和人文修养，感悟和体悟传播与沟通的智慧等。

这是一个值得人们思考的故事。

20世纪初，美国福特公司正处于高速发展时期，一个个车间、一片片厂房迅速建成并投入使用。客户的订单快把福特公司销售处的办公室塞满了。每一辆刚刚下线的福特汽车都有许多人等着购买。

突然，福特公司的一台电机出了毛病，几乎整个车间都不能运转了，相关的生产工作也被迫停了下来。公司调来大批检修工人反复检修，又请了许多专家来查看，可怎么也找不到问题出在哪儿，更谈不上维修了。

福特公司的领导真是火冒三丈，别说停一天，就是停一分钟，对福特来讲也是巨大的经济损失。

这时有人提议去请著名的物理学家、电机专家斯坦门茨帮助，大家一听有理，急忙派专人把斯坦门茨请来。

斯坦门茨要了一张席子铺在电机旁，聚精会神地听了3天，然后又要了梯子，爬上爬下忙了多时，最后在电机的一个部位用粉笔画了一条线，写下了“这里的线圈多绕了16圈”。人们照办了，令人惊异的是，故障竟然排除了！生产立刻恢复了！

福特公司经理问斯坦门茨要多少酬金，斯坦门茨说：“不多，只需要1万美元。”1万美元？就只简简单单画了一条线！当时福特公司最著名的薪酬口号就是“月薪5美元”，这在当时是很高的工资待遇，以至于全美国许许多多经验丰富的技术工人和优秀的工程师为了这5美元月薪从各地纷纷涌来。

1条线，1万美元，这是一个普通职员100多年的收入总和！

斯坦门茨看大家迷惑不解，转身开了个账单：画一条线，1美元；知道在哪儿画线，9999美元。

福特公司经理看了之后，不仅照价付酬，还重金聘用了斯坦门茨。

很多人把故事讲到这里就结束了，包括我们高中教科书上也是那么讲的，得出的是一个令人无比激动的口号——知识就是财富。

伴随这个口号的是如何去获取知识，然后通过知识获取财富。至于采取何种手段？没有人去管。

实际上，这个故事还有下文：

斯坦门茨原本是德国的一位工程技术人员，因为德国国内经济不景气而失业后，来到美国。由于举目无亲，根本无法立足，只得四处流浪，直到幸运地得到一家小工厂老板的青睐，雇用他担任制选机器马达的技术人员。

斯坦门茨十分感谢老板，他刻苦钻研，很快便掌握了制造马达的核心技术，并且帮小工厂接到了很多订单。

当福特公司总裁福特先生得知后，对斯坦门茨十分欣赏，先是很痛快地给了1万美元的酬金，然后又亲自邀请斯坦门茨加盟福特公司。斯坦门茨却向福特先生说，他不能离开那家小工厂，因为那家小工厂的老板在他最困难的时候帮助了他，一旦他离开了，那家小工厂就要倒闭。

福特先生先是觉得遗憾，继而感慨不已。福特公司在美国是实力雄厚的大公司，人们都以能进福特公司为荣，而这个人却因为对人负责而舍弃这样的机会……

不久，福特先生做出了收购斯坦门茨所在的那家小工厂的决定。

董事会的成员都觉得不可思议，这样一家小工厂何以会进入福特的视野呢？福特先生意味深长地说：因为那里有斯坦门茨那样懂得感恩和有责任感的人！

从这段故事里，我们不禁感叹福特先生的聪明睿智和远见卓识，做出了让斯坦门茨先生能够“忠义两全”的义举，更感佩我国古圣先贤的智慧，指出“德者，本也，财者，末也”的为人之道和治家、治国之道。与人交往应看重什么，为什么斯坦门茨对有恩于己的老板的“忠、义”言行，能够激发福特先生心中的“忠、义”情怀？为什么“感恩、责任感”能够给人带来财富？因为有德之人是有根之人，是得道之人。“有德此有人，有人此有土，有土此有才，有才此有用。德者，本也；财者，末也”（《大学》）。自己的德行才是根本，财富不过是由根本所发出来的枝丫。若是修其根本，必然兼得枝末，而根本也会随之更加繁荣；假如舍本逐末，必定丧失根本，丧失根本，其枝末也便随之一起丧失了。

斯坦门茨先生、福特先生所共同演绎的这个经典案例给我们的启示至少有三点。其一，一个懂得感恩和有责任感的人一定是忠义之人；其二，德是做人的根本，厚德才能载物，选择有德的人交往是大智慧的人；其三，学习传播与沟通的知识和技术固然很重要，但更重要的是努力学习种树培其根、种德培心的方法。人同此心，心同此理。

1.4 有效传播与沟通的目的

要想了解有效传播与沟通的目的，不妨先看看传播与沟通的辞源。从辞源学来说，“communication”一词源于拉丁文中的“communicare”原来的意义是“共同”。在希腊文中，“communi - cation”源于两个词根，其中“com”是指与别人建立一种关系，“munus”意味着产品、作品、功能、服务、利益等。“communi - cation”的意思就成为共享、共有。古罗马时期的政论家西塞罗（Ciceron）把“com - munication”定义为把握一件事情或者是与别人建立一种关系。这样，拉丁语中的“communication”的意思就成为沟通与传播的代名词。后来，“communication”这个词就意味着一个发送者、一个中介和一个接受者，从而界定人与人之间的传递关系和交换关系。在英语中“communication”的含义主要有：传递、交流、通信、传达、交往、谈话等，或者说是与他人共享信息。

有学者，把传播定义为：“传播是影响他人的过程。”持这种观点的代表人物有美国的著名传播学者许霍夫兰、米勒、奥斯古德。这一定义强调了传播者的主动性地位，侧重于传播的实际效果，有一定的实际应用价值。现今不少的传播活动在某种程度上都强调这种影响力，但这一角度对受者的反应考虑较少。

被人影响是重要的，也是必要的。我们一生当中，不是影响别人，就是被别人影响。

后来，又有很多学者强调受者的地位，认为传播是一种互动。强调传者与受者之间通过信息传播相互作用、相互影响。持这种观点的代表人物有美国社会心理学家乔治·赫伯特·米德、格伯纳等。

还有的学者强调把整个传播看作是一个连续的过程。指明了传播过程中的关键要素。

总体来讲，人们都比较赞同，传播是指人与人之间信息相互传递的过程，也是生物界的一种比较普遍的行为。

传播是人们通过符号和媒介沟通信息的互动过程。❶

这些学者，都说得很有道理。关于传播的定义还有很多。1976 年，美国学者丹斯（Frank Dance）在《人类传播功能》一书中统计了关于传播的定义达到 126 种之多。到 2006 年，有学者统计有关传播的定义多达 140 多种。

无论学者如何诠释传播的含义，我们对一个概念的理解，均不要拘泥于文字，能够理解它的意思为好。

传播与沟通是一个信息传递的过程，是一种人与人相互交流和理解的过程，是一种社会现象，它包括人的知识、判断、感情、意志、动作、语言等心理生理特征和对不同符号的反应。在这个过程中，双方利用适当的渠道（方式和方法）相互传递信息、相互交流和互相影响，通过相互交流和协商达成一致的看法，预期达到信息共享和相互理解的目的。❷

当夫妻俩发生矛盾了，有时几天不说话，如果不及时沟通，很可能误解会越来越多，如果及时进行沟通，可能矛盾很快就化解了。如果通过双方的交流，仍然得不到对方的谅解，这就需要有一方能够高姿态，又有一颗真诚的心，有坚强的意志，或者想办法找朋友帮忙，多交流沟通几次，最终达到信息共享和相互理解的目的。

当我们遇到纠结的、烦恼的事情，总想找一个知心朋友诉说一下心里话。为什么我们不随便找个人聊？因为知心朋友对我比较了解，他会认真地听我讲述，并帮助我分析问题的原因，即使这个知心朋友什么都不说，只是静静地听我说，我心里也会畅快很多，所以人们总会感叹，人生难得一知己。

有时候，在孩子教育方面遇到了问题，知心朋友也帮不上忙，我们就想找到一位有智慧、有学问、有水平的“能人”相助，通过与“能人”的交流，我们找到了解决问题的方法，得到一种心理上的满足。

所以我们说，无论传播还是沟通，都是一个信息传递的过程，在这个过

---

❶ 薛可，余明阳．人际传播学［M］．上海：同济大学出版社，2007.
❷ 王德海．传播与沟通教程［M］．北京：中国农业大学出版社，2007.

程中，传者与受者在一定的社会背景下，利用适当的渠道（或媒介）互相传递信息、相互交流和相互影响，预期达到信息共享和相互理解的目的。

西方学者保罗·瓦茨拉维克（Paul Watzlawick）、珍妮特·毕文（Jant Beavin）、当·杰克森（Don Jackson）提出传播学的五个公理，分别为：你不能不传播；每一次传播互动都有内容指标和关系指标；每一次传播互动都因其划定方式的不同而不同；信息包括语言符号和非语言符号；互动是对称或互补的。

这五个传播公理说明处在社会中的人或群体组织，都在自觉与不自觉中进行着传播与沟通，人人都有传播信息、接收信息、拒绝信息和反馈信息的权利，并在交流与沟通中相互影响（见图1－1）。

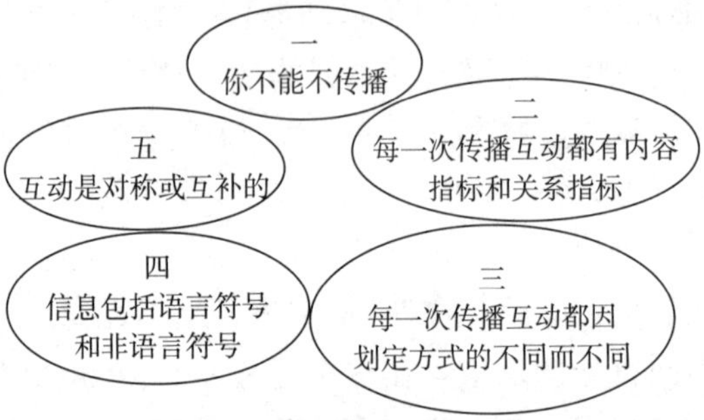

图1－1　传播学的5个公理

注：保罗·瓦茨拉维克（Paul Watzlawick）、珍妮特·毕文（Jant Beavin）、当·杰克森（Don Jackson）提出。

传播与沟通处于人性的中心位置。我们相互之间的有效传播与沟通，塑造了我们的生活，我们的世界。因为我们个人的进步取决于我们能否学会理解自己和理解他人。为了个人的进步，为了满足自己的需要，为了家庭的和睦和社会的和谐，我们需要相互传播与沟通来探讨幸福人生的理想，解决未来生活中的新问题，达到追寻快乐的目标。所以说，有效传播与沟通的目的不仅仅是达到信息共享和相互理解的目的，更重要的是使我们的生活更加美好，使我们生活的环境更加祥和。

比如2015年11月30日，国家主席习近平在出席气候变化巴黎大会开幕式的讲话《携手构建合作共赢、公平合理的气候变化治理机制》中指出，“在各方共同努力下，全球应对气候变化工作取得积极进展，但仍面临许多困难和挑战。巴黎大会正是为了加强公约实施，达成一个全面、均衡、有力度、有约束力的气候变化协议，提出公平、合理、有效的全球应对气候变化解决方案，探索人类可持续的发展路径和治理模式。法国作家雨果说：最大的决心会产生最高的智慧。我相信，只要各方展现诚意、坚定信心、齐心协力，巴黎大会一定能够取得令人满意的成果，不辜负国际社会的热切期盼”。[1]

经过十几天的日夜传播沟通与协商，协议终于出炉。《联合国气候变化框架公约》近 200 个缔约方一致同意通过《巴黎协议》。各国将加强对气候变化威胁的全球应对，把全球平均气温控制在较工业化前水平升高 2 摄氏度之内，并为把升温控制在 1.5 摄氏度之内而努力。全球将尽快实现温室气体排放达峰，21 世纪下半叶实现温室气体净零排放。联合国秘书长潘基文、法国总统奥朗德上台与中国等主要代表拥抱，他们手挽着手，展现推动全球绿色低碳发展的决心和意志。

可以说，在这次谈判与沟通的过程中，我们中国的沟通姿态和胸怀，为巴黎大会最后达成一个比较全面、均衡、有力度、有约束力的气候变化协议起到了重要的引导作用。

1.5 有效传播与沟通的作用

传播与沟通能为我们做什么？在与他人交往的过程中，有效传播与沟通的作用一般体现在四个方面：

1. 洞察自己和他人

当我们开始认识另一个人的时候，从那一刻起，我们也开始认识自己。比如，朋友说我为人厚道，正直友善，乐于助人。我可能会想，朋友说得不错，我待人接物是比较忠厚的，是个乐观向上的人。可见，我们是在与他人交往的过程中，从他人的评价中了解和认识自己的，尽管我们给朋友留下的印象仅仅是外在的，但是在知心朋友面前，我们的性格和某些不良习惯常常也会暴露无遗。

同样，当我们开始与他人交往时，我们也开始观察和了解朋友是什么性格，有什么特点，也会对朋友有一个评价。总之，我们是依靠传播与沟通来发展我们的自我认识的。通过与他人的一次次交流，我们才能更多地了解自己和认识自己，才能更清楚地了解自己的所感所想，才能发现自己在何种情况下有能力影响他人，才能确定自己能否有效率地做决定、解决矛盾及问题。

2. 建立有意义的关系

大到国与国之间，团体与团体之间，小到个人与个人之间，我们都需要与之建立良好的关系，而且希望建立有意义的关系。

什么叫有意义？简单地讲，就是对双方的生活都有益处。在人的一生当

---

[1] 习近平在出席气候变化巴黎大会开幕式的讲话. 携手构建合作共赢、公平合理的气候变化治理机制［EB/OL］. 人民网，2015－12－01.

中，可能会遇到很多不同类型的人，通过交流与沟通可能会形成远近亲疏不同的关系，但有智慧的人一定会结交两种人：良师，益友。

良师益友，意为使人得到教益和帮助的好老师和好朋友，用于形容和自己亦师亦友的朋友。谁都希望结交良师益友，但这是可遇不可求的。

如何与陌生朋友交流与沟通呢？如何与之建立有意义的关系？与之交往时，应抱有什么样的态度呢？我国伟大的教育家、思想家孔子已经告诉我们与人交往的心态和方式，孔子曰："三人行必有我师焉，择其善者而从之，其不善者而改之"（《论语·述而》）。大意是，孔子说："几个人在一起走路，其中一定有人可以当我的老师。这三个人，一个是善人、一个是恶人，还有我自己。从善人身上学他的善，选择他们的优点去学习，从恶人身上避免他的恶，对他们的缺点，我注意改正。这样从早到晚遇到的人都可能是我的老师。"

从这句话当中，我们可以看出孔子与人沟通的修养和其虚心好学的精神。一方面，择其善者而从之，见人之善就学，是虚心好学的精神；另一方面，其不善者而改之，见人之不善就引以为戒，反省自己，是自觉修养的精神。这样，无论同行相处的人善与不善，都可以为师。

那么什么样的人是友呢？子曰："益者三友，损者三友。友直、友谅、友多闻，益矣；友便辟、友善柔、友便佞，损矣"（《论语·季氏》）。意思是，孔子说："有益的朋友有三种，有害的朋友有三种。结交正直的朋友、诚信的朋友、知识广博的朋友，是对人有益的朋友。脾气暴躁的人、一直顺从你的意思的人、谄媚逢迎的人，是对人有害的朋友。"

人人都知道与良师益友交往是有益处的，但是如果我们不提高自己的人文修养，即使遇到了良师益友，也可能因不识人而与之擦肩而过。在生活中，我们经常可以看到这样的实例，由于我们个人的疏忽和大意，一时糊涂做了错事，这些良师益友直言相劝，但我们有时却会言语粗暴或巧言油滑地对待他们，或者碍于面子，明知自己有错，却不愿意真诚地认错，或者不能够主动与之沟通，硬是把身边的良师益友逼走了。

我们中国有句话说："人生不如意事，十之八九。"每一个人都会遇到大的坎坷或者小的麻烦，可是，我们想过没有，人生当中很多不如意的事，十之八九都是因为不会沟通与传播造成的。

人生中能遇上良师益友，是三生有幸的事情。因为良师会为您指引方向，益友会伴您同行。有了方向，有了同行者，再多的灾难和困苦都可能会转危为安。只要我们懂得珍惜和感恩，并诚恳地与良师益友友好交流，这种有意义的关系就会越加坚固。

当然，良师益友也并非都是指人，比如，我们看一部好书，听一首好歌，弹一首好的曲子，能够从中受益匪浅，悟出大大小小的道理来。这书、这歌、这琴也可称为良师益友。“好学近乎智”（《中庸》），“吾生也有涯，而知也无涯”（《庄子》）。人的一生是有限的，而知识是无限的，好学、乐学、善学的人才能开慧。传播与沟通的知识和智慧都是从学中来，所以选择向谁学习，学什么，如何学习，如何实践非常重要。

3. 满足与他人、与社会的接触

传播与沟通给我们每一个人提供了与社会接触、与他人相识的机会。我们每个人都喜欢得到众人的关注，都希望他人理解我们，接纳我们的想法，或者欣赏我们的才艺和观点；我们也希望自己备受尊重，希望得到他人与社会的认可。特别是在当今这样一个信息技术迅猛发展的时代，传播与沟通给我们每一个人提供了与外界交流的机会。

20 年前，能够到电视台参与录制一期节目就感到是无比自豪的事情了，而如今，到电视台现场表演和录制节目已经不是什么新鲜事，只要我们有理想、有自信、有胆量，在大众媒体面前展示自己的机会非常之多。比如，近年来，《中国好声音》《出彩中国人》《星光大道》等节目推出的许多明星就是卖菜的、种地的、清洁工、保安等普通观众。在当今世界，科技与计算机网络扩展了我们的朋友圈，使得我们有更多的机会与不同国家、不同种族、不同文化背景的人共同分享有价值的信息，也为我们有效地与他人建立有意义的关系提供了便利条件。跨文化传播的趋势势不可当。

4. 影响和说服他人

在日常生活中，我们除了与家人或亲友交往比较频繁之外，与我们接触最多的可能就是同事和朋友了。在单位同事中，或一些小团体中，或一些公开场合，我们有足够的机会发表自己对一些事物的看法，当我们成为发言人或传者时，我们总是希望他人能够赞同我们的想法或接受我们的观点，并常常期望同事、朋友或领导的认可，成为有影响力的人。如果有不同的看法，我们总是试图通过多次的传播或沟通说服他人，与我们站在一起。

如何成为有影响力的人物，如何与他人建立信任关系，如何帮助团体成员或合作伙伴实现共同的愿望？除了自身拥有较高的品行修养和较强的专业素养外，拥有高效的沟通能力和传播能力至关重要。

有效的传播与沟通可以帮助我们成为有影响力和说服力的人，但我们也可能受他人影响，或者被他人说服。俗话说：“近朱者赤，近墨者黑”，“声和则响清，形正则影直”，如果您的周围是一群鹰，那么您自己也会成为一只展翅翱翔的雄鹰；如果您周围是一群山雀，那么您也许永远看不到海阔天空。由此可见，朋友的行为对我们的影响是多么深。是成为一只雄鹰，还是成为一只永远飞不高的山雀，由您自己选择。

思考题

1. 为什么说“知识”不能与“智慧”划等号？
2. 您认为培养有效传播与沟通的能力应从哪里入手？
3. 有效传播与沟通的目的是什么？
4. 有效传播与沟通的作用有哪些？

第2章 中国伦理学的沟通智慧与当代价值

2.1 中国伦理学的研究内容

什么是伦理学?《说文解字》说“伦，辈也”，指人与人之间的关系；“理”，是物质本身的纹路、层次，是客观事物本身的次序、事物的规律、是非得失的标准，简单地讲就是道理、规则。“伦理”是指人与人以及人与自然的关系和处理这些关系的规则。如：“天地君亲师”为五天伦。“天地君亲师”是中国传统社会崇奉和祭祀的对象，表现了中国人对于苍穹、大地的感恩，对于国家、社稷的尊重，对于父母、恩师的深情；表现了中国人敬天法地、孝亲顺长、忠君爱国、尊师重教的价值取向。这几个字是中国人的精神寄托和心灵安顿之处，也是中国传统社会中许多伦理道德取得合法性和合理性的依据，它们就像柱石一样，支撑起了中国传统社会的大厦。[1] 又如：君臣、父子、兄弟、夫妻、朋友为五人伦。仁义礼智信为人与人之间和睦相处所遵循的基本规则。从学术角度来看，人们往往把伦理看作是对道德标准的寻求。为此关于伦理学的阐释有很多种，一般认为，伦理学就是关于道德的起源、发展、人的行为准则和人与人之间的义务的学说。

社会生活中的人与人之间存在着各种社会关系，如生产劳动中的关系、亲属关系、上下级关系、朋友关系、敌对关系，等等。由此必然派生出种种矛盾和问题，这就需要有一定的道理、规则或规范来约束人们的行为，调整人们相互之间的关系。道德就是调整人们相互关系的行为规范的总和。而伦理学就是研究道德的学问，因此，伦理学又称“道德哲学”或“人生哲学”。我国最早论述伦理道德的思想家是孔子。在西方，古希腊哲学家亚里士多德最先赋予其伦理和德行的含义。无论是中国的孔子、孟子、老子，还是西方的柏拉图、亚

[1] “天地君亲师”源流考［EB/OL］. 中国孔庙网，http：//www.chinakongmiao.org/2012-06-14.

里士多德等哲学家所研究的伦理道德规范，其共同价值都是善和爱的哲学，同样，我们所探讨的有效沟通与传播的目的，也是期望通过一些有效的传播与沟通手段使人与人之间的关系能够友好，各得其所，共享其乐，共同营造一个和谐、康宁、有序的幸福世界。

为此，我们需要了解中国的伦理学所探讨的伦理道德规范的内容，以及这些内容对人与人之间能够和睦相处起到了什么作用，这些道德行为规范隐含着什么沟通的智慧，而这些沟通智慧对当今社会有什么实用价值，这是笔者写作本书的出发点。

中国素称礼仪之邦，中国哲学中伦理思想比较丰富，所涉及的问题较多，而且学派繁盛，纷纭错综。2000 多年前，我国的先哲们就对人伦关系有全面、深入、系统的研究，为人类生存和发展做出了巨大贡献，使得中国伦理思想史得到了世界各国的高度重视，尤其是在当今人心浮躁，生存环境、人身安全受到威胁的时候，许多志士仁人开始到中国寻觅东方古老的智慧。我们作为中国人，重温祖国的悠久历史文化和人伦之道的圣贤智慧，无论对个人的成长，还是对家庭和谐、社会进步都有重要的历史意义和现实意义。

2.1.1　古代人际沟通的行为规范研究

人伦一词，最早见于《孟子·滕文公上》。书中载，上古时候，人们“逸居而无教，则近于禽兽”，圣人“使契为司徒，教以人伦”。在《尚书·尧典》中，已有“慎徽五典”的说法，即要以五种美德教导自己的臣民。据《左传》解释，“五典”就是“父义、母慈、兄友、弟恭、子孝”。后来，孔子提出“君君、臣臣、父父、子子”，增加了君臣关系。最后由孟子在整理和总结中国以往道德关系和道德规范的基础上，全面地概括了人与人之间天然存在的五种关系，即父子、君臣（领导与被领导）、夫妇、兄弟、朋友，并提出相应的道德规范，即“五伦十义”。

五伦是指“父子有亲、君臣有义、夫妇有别、长幼有序、朋友有信”；十义是指“父慈子孝、君仁臣忠、夫义妇德、兄友弟恭、朋诚有信”。古圣先贤发现，人与人之间的关系仅有五种，这五种关系谁都无法逃离，人无伦外之人，学无伦外之学。十义是古人提出的处理人与人之间关系的义务、道理和行为准则。

子曰：“夫孝，德之本也，教之所有生也”。孔子认为，孝是德行的根本，一切教化都从这里生发开来。为什么说孝是做人的根本，是德行的根本，德是什么？儒家认为，君子有八德，即孝悌忠信礼义廉耻；孝是最高道德，每个人的生命都是父母给的，报答父母的养育之恩是天经地义的。在孝经的第一章，夫子就阐述了人行孝的方法：“身体发肤，受之父母，不敢毁伤，孝之始也。

立身行道，扬名于后世，以显父母，孝之终也。”人的身体以至每一根毛发和每一块皮肤，都是父母给予的，应当谨慎爱护，不敢稍有毁伤，这是实行孝道的开始；以德立身，实行大道，使美好的名声传扬于后世，以光耀父母，则是实行孝道的最终目标。所以实行孝道有三个层次，“夫孝，始于事亲，中于事君，终于立身”。这就是说，培养自己的爱敬之心要从侍奉双亲开始；进而把这颗爱敬父母的心推及到上级领导以及身边的人；最终敬业爱国，回报父母、国家和社会，成为国家的有用之才，达到至孝的境界。

孟子认为，要实现和谐的人伦关系必须遵循“五伦”大道❶，即“父子有亲，君臣有义，夫妇有别，长幼有序，朋友有信”。父子之道应当循着自然亲情的方向发展，父子之间有骨肉之亲，为人父，要慈祥，为人子，要孝顺。也就是说，父母与孩子之间相处的原则是：做父亲的要慈爱子女（不是溺爱），做子女的要孝敬父母。

君臣（领导者与被领导者）之间有礼义之道，因而提出了“君仁臣忠”的道德要求，意思是说只有领导者对被领导者有仁爱之心，对工作认真负责，体恤关心员工，处处做榜样，被领导者才会忠于职守、尽心尽力地完成领导者交代的任务。

“夫妇有别”是指夫妻对于家庭的职责有区别，“夫妻之间挚爱而又内外有别，为夫的，要主外，为妇的，要主内”；即丈夫主要负责家庭的经济收入，而妻子主要承担着教育子女的职责，因而提出了“夫义妇德”的道德要求。这就是说夫妻之间相处重要的是相互配合，即做父亲的要承担起家庭的责任，像天一样坚强不息；做母亲的要相夫教子，像大地一样包容一切；夫妻之间和而有别，互敬互爱，共同承担延续后代、家庭兴旺的责任。

“长幼有序”是指一家兄弟姐妹的出生有一个自然的次序，根据这种次序而提出了“兄友弟恭”的要求；做兄长的要爱护弟弟妹妹，做弟弟的要恭顺哥哥姐姐。

“朋友有信”讲的是人在社会上与平等的主体相交往时，应当以诚信相交。朋友之间有诚信之德，为朋为友，均要讲信义，要以诚相待，笃信不欺。

只有把这五种伦理关系处理好了，这个社会的人伦秩序才可能井然有序，才不会出现当今社会所出现的父子相残、兄弟相争、夫妻同床异梦、朋友无信等人伦关系的紊乱。

翻阅古代书籍，能够看到许多按照五伦十义的道理和准则处理人际关系的故事。如果从传播学的角度看，您能感悟出人与人之间相处的沟通与传播的智慧吗?

---

❶ 刘余莉．深化文化体制改革建设社会主义文化强国［EB/OL］．理论网，2016－03－07．

2.1.2 古代人际沟通的智慧

1. 领导与被领导之间相处

《新序》记载了魏文侯礼贤下士的故事。[1]

春秋战国时期，诸侯魏文侯对他的下属田子方非常敬重。田子方姓田，名无择，字子方，是春秋战国时期魏国人。他也是孔子弟子子贡的学生，道德学问闻名于诸侯，魏文侯慕名聘他为师，对他非常礼敬。

有一天，魏文侯的弟弟公季成对魏文侯说："田子方固然是贤能之士，但他并不是有封地的诸侯国君啊。而您总是和他平起平坐，假如有比田子方更加贤能的人出现，您又如何对待呢？"魏文侯说："像田子方这样的人不是你所能议论的。因为田子方是一个有仁德的人，而仁人是国家的珍宝。"（**魏文侯确实很明智，知道任用贤德的人，并且把贤德的人视为国家的珍宝。**）他说："智士是国家的人才，诸事都通晓的人是应该受到国家尊崇的。如果一个国家重用仁德的人，群臣之间就不会明争暗斗。（**因为有仁人在，他们去争斗都不好意思了。**）国家有了智士，就没有四邻诸侯侵扰的担忧。（**因为这个有智慧的人可以出谋划策，别的诸侯国也不敢轻举妄动。**）国家有了博通诸事的人，国君就会受到尊崇。因此这个事不是你所能议论的呀。"他的弟弟公季成听了之后，就自觉地离开了都城。

还有一个故事，《说苑》上记载到：

有一次，魏文侯正从中山国急速地奔赴安邑，田子方落在了队伍之后。太子击，就是后来的魏武侯，遇到了田子方，他就赶快地下车，快步前行。田子方坐在车上动也没动，告诉太子击说："请替我向国君请求，在朝歌等我。"太子击一看就不高兴了，便对田子方说："我不明白是贫穷的人待人骄傲，还是富贵的人待人骄傲？"田子方说："当然是贫穷的人待人骄傲了，富贵的人怎么敢骄傲于人呢？做君主的人如果待人骄慢就会亡国，做大夫的人对人骄慢就会丢失他的采邑，而贫穷的人如果不高兴，不愿意，穿上鞋子就离开，去哪里会得不到贫穷呢？"太子击赶上了魏文侯，就把田子方所说的这段话告诉了魏文侯。

魏文侯听了之后叹息地说："要不是你的缘故，我怎么能够听到贤人的这

[1] 刘余莉．成为卓越领导——《韩诗外传》里的领导智慧［M］．苏州：古吴轩出版社，2014.

一番话呢？我用待仁者的态度来礼敬子方，所以才能够和他交朋友。自从我结交上子方之后，君臣之间的关系就越来越亲密，百姓更加归附于我。我因此才明白了与贤士交友的成效。在我要征伐中山国的时候，我以对待武士的态度恭敬地对待乐羊，结果三年他就把中山国攻下来献给了我，我因此获得了与武将交友的成效。我现在之所以不能够稍有进步，就是因为我还没有见到凭智慧骄慢于我的人。假若我得到凭智慧骄慢于我的人，那我怎么会赶不上古人呢？”这一段故事告诉我们，田子方确实是一位仁人。

《论语》上说：“巧言令色，鲜矣仁。”巧言令色的人总是致力于外表的修饰，想方设法地讨人喜欢，总是顺着领导者的意思去说。从表面上看，这样的人似乎有一些传播与沟通的技能，可是时间久了，人们并不喜欢与这样油嘴滑舌的人继续维持关系，慢慢地人们会远离他。而像田子方这样对待工作尽心竭力、有仁德之心的人说话可能非常直率，但所说的话都是有益于他人的。如他告诉太子击，富贵的人不可以待人骄慢。这既巧妙地教育了太子击，也巧妙地借太子击之口将他的思想传播给魏文侯，暗示领导人要非常地恭敬贤士。其实这也表现出做臣子的田子方对待领导认真负责的仁德之心。魏文侯也很难得，他听到了这样的话，就马上教育太子，告诉他田子方是位贤人，而且还给他举了一些具体的例子，让他也学会尊重那些贤士。田子方与魏文侯之间，魏文侯与太子击之间的沟通与一般人的沟通与传播有什么异同呢？又涉及哪些理论、知识和智慧呢？后面的章节会详细分析。

2. **兄弟之间相处**

太康的五个弟弟。[1]

《尚书》上记载着这样一个故事。

帝禹的孙子，也就是启的儿子太康，他身居帝位，但是不务朝政，非常喜欢游乐、打猎，放纵自己的情欲没有节制，百姓对他都非常怨恨，而他还不知道反省。他到洛水之南去打猎，打了百余天都不回京都。这时，有穷国的国王后羿趁着国民怨声载道，把太康拦在了黄河岸边，不让他回国。太康的五个弟弟侍候着他们的母亲随从打猎，在洛水和黄河的交界河湾之处被拦住后，几个弟弟就埋怨太康不理朝政导致了现在的困境。他们五个人分别作了一首诗来劝诫太康。

第一个弟弟就说：“民惟邦本，本固邦宁。予视天下，愚夫愚妇，一能胜

[1] 刘余莉．群书治要十讲［M］．北京：团结出版社，2014．

予。怨岂在明，不见是图。予临兆民，懔乎若朽索之驭六马。为人上者，奈何弗敬?”意思是说，人民是国家的根本，这个根本牢固了，国家才能够安宁。我看天下的愚夫愚妇，都能够战胜我。对于民怨，岂能只在乎已经显露的？应该在尚未显露时就有所谋划。我面临亿万的民众，危惧的心情就像用腐朽的绳索驾驶六匹马拉的马车。作为民众的君主，怎么能够不谨慎呢？

第二个弟弟也说了：“训有之：内作色荒，外作禽荒。甘酒嗜音，峻宇雕墙。有一于此，未或弗亡。”他说，在我们老祖宗大禹那里有教训，在内兴起迷恋女色之风，在外又兴起游猎的风气，喜欢饮酒没有节制，又迷恋歌舞，住着又高又大而且墙上雕绘着图饰的屋宇，有上述情况之一，没有不灭亡的。这句话说得非常好，“有一于此，未或弗亡”，更何况这六者都有呢？

第三个弟弟就说：“惟彼陶唐，有此冀方。今失厥道，乱其纪纲，乃底灭亡。”他说，只因为有了尧帝，才占有了冀州这块地方。如果丢弃了尧帝的治国之道，扰乱了尧帝的法纪纲常，就会招致灭亡。

第四个弟弟说：“明明我祖，万邦之君。有典有则，贻厥子孙。荒堕厥绪，覆宗绝祀!”他说，我们十分圣明的祖先是众多诸侯国的君王，他有治国的法典和规则，并把这些都遗留给子孙，但是我们现在却荒废了前代人所留下来的事业，覆灭了祖宗，断绝了祭祀!

第五个弟弟又说：“乌乎曷归？予怀之悲。万世仇予，予将畴依？郁陶乎予心，颜厚有忸怩。弗慎厥德，虽悔可追?”他说，唉，我们将何以回归呀!我的内心怀着深深的悲伤。普天之下的人们都怨恨我们，我们还将依靠谁呢？我的内心充满了哀伤，脸上蒙着深深的羞愧。平日不慎修自己的品德，虽然后悔，难道还能追回吗？

从这个故事中，大家可以看到，古代的这些君主，一旦骄奢淫逸，还有旁边的人，还有贤明的弟弟，来劝告他。而我们现今的一些人，也过得骄奢淫逸，不仅没有人劝告，大家还赞叹他、称颂他，还对他溜须拍马。这种行为助长了他的不良作风，导致他不以骄奢淫逸为耻，反而以其为荣了。这大概就是古今传播与沟通的不同之处了。

2.2 现代人际交往规范研究

进入21世纪以来，人们从信息时代步入数码时代，社会的快速变革给现代人的生活和工作带来了巨大的冲击，也对人际行为交往和沟通的方式带来应接不暇的变化，如何适应这种变化，人际交往是否有规可循，有范可依？在学界此答案是肯定的。张向东博士认为：“全世界各个国家和民族都有适合自己特点的规范和礼俗，沿袭多年，经久不衰。随着现代化信息社会的到来，人际交往日趋频繁，它已不限于本民族和社区之内，在空间和地域上有极大超越。我们迫切要求建立世界通用人际交往规范，以促进世界各族人民之间的理解和友好往来。”张向东博士结合中国传统礼仪，总结出人际交往的基本规范有以下四点：其一，热情、礼貌；其二，诚实、信用，即中国古代伦理道德规范中的“五常”——仁、义、礼、智、信中的信；其三，尊重和理性；其四，利他和团结，它们既决定着交往的动机，也直接影响其结局。❶ 而贾士祥认为，人际交往的行为规范是温、良、恭、俭、让（孔子的待人接物的原则）。温，即和厚，指为人性情温和而敦厚；良，即善也，指要做一个和善、正直的人；恭，庄静也，即庄重而不轻浮，敬重而不傲慢；俭，节制也，意为约束、限制、节制，指在人际交往中，能够对自己的情绪、感情和欲望加以约束、限制和节制，而不是事事以我为中心，为所欲为，傲慢无度。❷ 刘桂凤认为：正确、规范的人际交往就应该奉行以集体主义为原则、以为人民服务为核心的社会主义道德，大力倡导尊老爱幼、男女平等、夫妻和睦、勤俭持家、邻里团结的家庭美德，大力倡导爱岗敬业、诚实守信、办事公正、服务群众、贡献社会的职业道德，大力倡导文明礼貌、爱护公物、保护环境、遵纪守法的社会公德。❸《论墨子伦理思想的人际交往原则》一文讲述了墨子以“兼爱”“非攻”为核心的人际交往原则：“一平等相爱原则；二互利互惠原则；三宽容大量原则；四守信重诺原则。”❹ 周向军在《人际关系学》一书中将人际交往的基本原则归纳为十一条，“一是择善原则，二是调衡原则，三是积极原则，四是真诚原则，五是理解原则，六是守信原则，七为人道原则，八是平等原则，九是互利原则，十是相容原则，十一是文明原则。”❺

此外，很多讲述人际交往艺术、技巧的文章和书籍里也涉及一些现代人际交往规范，比如熊宗谊的《与人共舞》中讲求爱是相处的艺术，凡事有度；《卡耐基处世的艺术》中所讲真诚、尊重、赞美、爱等其实也都涉及现代人际交往的一些基本规范，但这些资料中所讲仅在技巧层面，并没有形成规范的层面。

从当今学者们关于人际交往的学理性研究成果中，我们感到这些成果中均渗透着中华传统文化中厚德载物、仁爱、友善、谦让、和平的民族精神。中华文化特别强调人与自然的和谐，人与人之间交往沟通亦如此，均是建立在

---

❶ 张向东．人际交往基本规范［J］．道德与文明，1987（5）．

❷ 贾士祥．人际交往的行为规范——温、良、恭、俭、让［J］．学理论，2009（3）．

❸ 刘桂凤．要重视大学生的人际交往道德规范教育［J］．河北理工学院学报，2002（11）．

❹ 钟小红．论墨子伦理思想的人际交往原则［J］．湖南科技学院学报，2007（1）．

❺ 周向军．人际关系学［M］．昆明：云南人民出版社，2002．

“天地与我同根，万物与我一体”的宇宙观的基础上。

中国人很早就认为，人是大自然运行的一分子，人应当顺应宇宙发展变化的规律和秩序。这集中表现在中国古代的“天人合一”的思想中：天（大自然）的运动有一定的规律性，人的活动也应有一定的规律性，必须在不违背客观规律的前提下充分发挥人的主观能动性，去争取最好的结果，以保持人与大自然的协调一致、和谐统一。只有顺应以和谐为特征的宇宙秩序和发展规律，保护大自然和生态环境，才会减少或避免天灾人祸，最终有益于人类自身。反之，必将受到大自然的惩罚，如天灾频发、瘟疫流行、疾病增多等。因此，在关于天、地、人相互关系的思想中，强调的是“无逆天数”“必顺其时”，即人事要依自然的变化而行；讲究“天时地利人和”，“人法地，地法天，天法道，道法自然”。因人成事，因地制宜，因势利导，顺应自然，取乎自然，与自然相通相依，协调一致，和谐共处，要求人与人之间、人与自然之间和谐发展。

刘余莉教授认为，中国传统道德的核心价值观是仁爱。对仁德的培养建立在对父母的孝与兄弟的友悌的基础之上，并把这种爱推及到对社会大众的身上去，因此仁爱之心向上提升，就是“四海之内皆兄弟”的互爱，而互爱向上提升就是“老吾老以及人之老，幼吾幼以及人之幼”的互助，而互爱互助再向上提升就是“大同世界”，也就是我们所说的和谐世界。值得一提的是，中国在历史上经过几次民族大融合，成为一个多民族、多文化、多宗教共存共荣、团结一体的统一的多民族国家。即使在当今世界，也没有哪一个国家能够像历史上的中国那样，把如此复杂的民族关系、宗教关系处理得如此之好。而这种境界的背后是“和而不同”的哲学理念，它使得中华文化具有“海纳百川，有容乃大”的心量，从而积极促进不同国家、民族之间的文化交流。[1]

正是因为中国在历史上注重“齐之以礼”，重视和谐观念和仁爱精神的培养，因而形成了举世无双的礼义文化。中华民族是一个具有悠久的文化传统和伟大精神的民族。在历史的长河中，她虽然饱经忧患，虽然灾难深重，但始终屹立不倒、不可征服，其根源就在于中华儿女受到了优良传统文化的熏陶，在血液中流淌着仁义的精神，在心灵的深处凝结着正确的耻辱感。

总之，弘扬中华文化对于治疗现代社会人的精神病症，恢复人的尊严，重建一种“天、地、人、物、我”的良性互动的关系具有重要的价值；也为建设社会主义文化强国，赢得世界各国对中华文化的尊重与认同奠定了坚实基础并提供了良好条件。

---

[1] 刘余莉．深化文化体制改革 建设社会主义文化强国［EB/OL］．理论网，2016－03－07．

2.3　中西文化分野中的传播与沟通

传播作为人类社会普遍存在的社会现象，其历史与人类历史一样久远。自从有了人类就有了信息符号的传播和互动。或者说自从有了人类就诞生了农业生产劳动；有了农业生产劳动，就有了商品交换，有了商品交换，也就有了人与人交往和沟通的社会。所以，马克思论述社会的本质时指出，社会不管其形式如何，都是人们交互作用的产物。他把社会定义为社会生产关系的总和，并以生产力与生产关系的特征为基础将社会分为原始社会、奴隶社会、封建社会、资本主义社会和社会主义社会。这是对社会宏观上的分类。后来的社会学家也从宏观上去观察和分析社会，比如贝尔的“后工业社会”、卡斯特的“网络社会”。在我国，社会学界对社会的宏观分类有传统社会与现代社会、农业社会与工业社会等。

可见，传播是社会中最有活力的一个因子，传播与一切社会现象、历史文化有着密不可分的联系。在人与人的信息传播和交往中，在人们的互动中社会不断进步和发展，其相关的研究也从简单走向复杂，从浅显走向深入。

作为一门学科，传播学是20世纪二三十年代从美国发展起来的，是以人类社会信息传播活动为主要研究对象的一门交叉学科。[1] 自20世纪60年代，西方的传播学日渐发展起来，关于传播学的概念和含义逐渐增多，至今仍在不断地被学者们界定着。但是无论学者们如何界定，传播学所研究的内容始终与社会进步和发展紧密相连，且从20世纪80年代以来，西方传播学传入中国后，其研究对象、方法、范式等仍然是一种现在进行时态。这是由于该学科本身的社会属性和自然属性所致，即传播学的研究对象始终是人与社会的关系。由于社会现象的复杂性和多样性，也决定了传播学研究领域的广泛性，涉及教育学、社会学、人类学、心理学、政治学、经济学、文艺学、伦理学、宗教学、语言学、符号学等；与其他学科所不同的是传播学研究的重点和立足点是：人与人之间如何借传播的作用而建立一定的关系。即研究人与人，人与其他的团体、组织和社会的关系；研究人怎样受影响，怎样互相受影响；怎样看待自己，怎样理解他人；怎样与他人沟通，怎样说服他人，进而实现个人的价值与社会价值，等等。

然而，随着中西方学者对人和社会现象的深入研究，他们发现不同地域环境、不同历史背景、不同文化传统、不同社会制度等形成的思维方式、看待人与事物的方法和生活习惯均有很大的差异。换句话说，文化凝聚着一个民族世

---

[1] 熊澄宇．传播学十大经典解读［J］．清华大学学报：哲学社会科学版，2003（5）．

代相传的思维方式、价值观、人生观、生活方式、风俗习惯等。一句话，文化基因不同，决定了中西方看待生活和事物的价值观取向也不尽相同。为此，在为人处世、人际交往、生活理念、沟通方式等方面也有了不同的偏好。

张岱年先生认为，“一般来说，文化在人类社会发展中的功能主要表现在五个方面：一是传播功能，即记录、存储、加工和传承社会信息；二是认知功能，即影响、制约人们的认识活动和认识结果；三是教化功能，即通过文化环境改变人的思维方式、行为习惯、价值观念、审美趣味，并使之社会化；四是协调功能，即调控社会实践和人与人之间的社会关系；五是创新功能，即超越现实局限性，创造出新的观念世界和理想世界。”[1]

比如，在人际交往方面，中国的儒家思想一直占主导地位，中国人一向崇尚“中庸之道”，在与人交流与沟通的过程中，常常以“仁、义、礼、智、信”“温、良、恭、俭、让”的行为原则为指导，以大局、集体主义为中心，更多地强调集体利益、群体利益大于一切，也就是说，更看重个人与群体之间的关系，认为人不是一个独立的个体，人之所以能够生存，离不开周围的人和环境，所以强调仁爱，即尊崇天地同根、万物一体的“和合”理念，求同求稳求长久。

相反，西方人更尊崇以个人为中心，追求个人主义和英雄主义，强调个人利益是神圣不可侵犯的、个人价值凌驾于群体利益之上。故西方人的性格较为争强好胜，更重视个体利益，崇尚个性自由。

价值观的差异，文化基因的不同，导致中西方在社交方面，常常呈现出不同的言谈举止、行为方式、生活习惯。比如中国人很讲究辈分、长幼关系等，所以在称呼方面，等级、亲疏关系比较明显。在中国，叔叔、伯伯、姑父、姨夫是不同的概念，而在西方社会，这些人都叫作 uncle。在中国人的思维中，只有比较熟悉、亲近的人才能直呼其名；而西方社会则较为开放，长辈与晚辈间讲究平等，多以朋友相处，对老师、长辈、上司都可以直呼其名。中国人尊老敬老，认为老者是智慧、威望的代名词，所以就有了老张、老李这样的称呼，而张老、李老更透着尊崇、尊敬；在西方社会，这样的称呼是不被接受的，西方人通常将老和“老而无用”联系在一起，所以，这样的称呼在西方社会是令人反感的。

再例如，会客或接待宾客的习惯方式，中国人崇尚“礼多不怪，礼尚往来”。去亲戚朋友家常常要带一些礼品。送出礼物时，常讲的话是“小意思，不成敬意”“东西不好，请笑纳”等，而西方人若听到诸如此类的话语，会认为我们看不起他们，拿了不好的礼物来送给他们。西方人更倾向于在送出礼物

---

[1] 张岱年．文化与价值［M］．北京：新华出版社，2004．

时说“希望你能喜欢”等客套话。在收到礼物时，中国人一般会先表达谢意，等客人离开之后再拆开礼物查看，而西方人则会当面打开礼物并表达谢意。面对别人的称赞时，中国人会说“哪里”“不才”等话语，以表谦虚，而西方人则会直接说“thank you”“I am happy to hear that”。中国人初次见面喜欢问“您贵庚?”“您在哪儿高就?”等诸如此类的问题，熟人之间见面则喜欢问“你吃了吗?”“你去哪儿?”等问题以表亲近。在西方社会，与人交谈时，年龄、婚姻、收入、宗教信仰等私人问题是不能问的。西方人对此类问题非常反感，他们认为这种问题是非常不礼貌的，有窥探别人隐私之嫌。西方人更倾向于谈论天气、新闻、交通、体育以及兴趣爱好等话题。

在日常生活中，还有很多诸如对颜色、动物、数字等方面的喜好，中西方的习惯用语和对待事物的看法都不一样，在此就不多述。

总之，由于双方文化的差异导致其对事物理解的符号意义存在着差异，也相应会带来很多不同信息传播与沟通方面的差异，其沟通效果自然也有所不同。究竟西方的沟通方式和中国的沟通方式哪个更好？哪个更有智慧？可能更好的回答既不是A，也不是B，这要根据不同事件的处理，最终达到预期结果而定，正如俗话所说，谁的脚穿什么鞋，只有脚知道。不过，通过对前学者的研究理论以及古今中外案例的研究，我们可以找到中西方共同认可的自然法则。这就是道，道是自然规律，是客观存在，不以人的意识为转移。根据不同国家的国情和文化基因的不同，均可依循道法自然的智慧，从不同的沟通方式中寻找到适合自己的沟通方式和最有效的沟通方式。

尤其是面对多元文化的交流和融合，在人际交往方面，我们均应在尊重他国文化习俗的基础上，向他人学习先进的沟通与传播经验，以弥补自己的不足。至于如何取长补短，后面的章节中我们会详细探讨。

2.4 提高多元文化的传播与沟通能力

当今世界，随着国际互联网和信息技术的迅速发展，文化的开放势不可当，这本来是一件好事，因为它带来了经济、信息的快速发展。但同时，它也带来了文化的巨大冲击和影响。特别是改革开放以来，近代西方文化的强势进入，已经越来越深地影响着我国的中青少年一代，强烈冲击着中国传统的道德伦理观念。冷漠、戒备、强者为尊，一切向“钱”看的价值观一时占据人们的心灵。在我国优秀的传统文化和伦理道德规范体系尚未完全恢复的情况下，在这种无目标、无信仰、行为无规范、缺失内在精神、拜金价值观的指导下，人与人之间的有序关系被打乱，耸人听闻的社会事件层出不穷，各种天灾人祸频繁降临，人们开始忧心忡忡，“是世道坏了，还是人心坏了?”在物质飞速发展的今天，为什么物质的丰富、欲望的加大，并没有使人与人之间、国与国之间的矛盾冲突减小，反而有增大的趋势，我们越加不满足，越加不快乐？我们不得不停下来思考，这些现象出现的原因，这些问题的解决之法。这不仅关乎我国社会主义和谐社会建设和未来中华民族的命运走向，更关系到世界发展趋势以及人类的生死存亡。

对此，我国很多有识之士提出“溯本求源”，向中国传统文化的“孔孟之道”寻求解决之法。而愈来愈多的国家和学者也将目光投入到中国的传统伦理。有“世界著名历史学家、哲学家”之称的英国汤因比博士曾言：“拯救21世纪人类社会的只有中国的儒家思想和大乘佛法，所以21世纪是中国的世纪。”他提醒中国人和全世界，“要想过上幸福美满的生活，要靠中国的传统文化。”❶

胡锦涛在党的十七大报告中强调加强中华优秀文化传统教育：“弘扬中华文化，建设中华民族共有精神家园。中华文化是中华民族生生不息、团结奋进的不竭动力。要全面认识祖国传统文化，取其精华，去其糟粕，使之与当代社会相适应、与现代文明相协调，保持民族性，体现时代性。”

国家“十二五”规划中提道：“文化是一个民族的精神和灵魂，是国家发展和民族振兴的强大力量，必须坚持社会主义先进文化前进方向，弘扬中华文化，建设和谐文化，发展文化事业和文化产业，满足人民群众不断增长的精神文化需求，充分发挥文化引导社会、教育人民、推动发展的功能，建设中华民族共有精神家园，增强民族凝聚力和创造力。”

习近平主席在国内外系列讲话中均肯定了中华传统文化的积极意义，“中华民族有着深厚文化传统，形成了富有特色的思想体系，体现了中国人几千年来积累的知识智慧和理性思辨。这是我国的独特优势。中华文明延续着我们国家和民族的精神血脉，既需要薪火相传、代代守护，也需要与时俱进、推陈出新。要加强对中华优秀传统文化的挖掘和阐发，使中华民族最基本的文化基因与当代文化相适应、与现代社会相协调，把跨越时空、超越国界、富有永恒魅力、具有当代价值的文化精神弘扬起来。要推动中华文明创造性转化、创新性发展，激活其生命力，让中华文明同各国人民创造的多彩文明一道，为人类提供正确精神指引。”❷

为什么当今国家领导人及国内外的有识之士多次强调中华优秀传统文化的重要作用和道德力量，为什么培育社会主义核心价值观必须依托我国优秀传统文化，我国优秀传统文化的核心内容是什么，它的内容究竟对现代人的意识和

---

❶ ［日］池田大作，［英］阿·汤因比．展望21世纪——汤因比与池田大作对话录［M］．北京：国际文化出版公司，1985．

❷ 习近平在哲学社会科学工作座谈会上的讲话［EB/OL］．新华网，2016－05－17．

行为将产生怎样的影响，在多元文化碰撞的背景下，中国优秀传统文化在约束人的行为规范方面有什么指导作用，对人与人之间进行有效率的传播与沟通有什么启示，如何提高有效传播与沟通的能力，厘清这些问题对于学习有效传播与沟通的智慧非常重要和必要。

2.4.1 中华优秀传统文化的核心内容

我们中华民族优秀传统文化的精华，可以浓缩为一个字，那就是“仁”，仁者，爱人。从“仁”这个字面上就可以看出其与传播沟通的紧密关系。单立人，是一个人，右边是二，就是两个人之间如何相处。我国传统文化主要讲述的内容是什么？就是两个人，两个人之间，上级与下级之间，领导与员工之间，父母与孩子之间，夫妻之间，朋友之间，兄弟姐妹之间如何和睦相处的智慧、经验和方法。换句话说，从传播学的角度来看，我国的经典著作指出了很多传播与沟通的基本规律、自然法则，这些经典著作所揭示出的沟通智慧，一旦参究透彻，很多传播与沟通的方法、技能就会随之产生。如果我们仅学习一些方法和技能，学起来不仅非常辛苦，而且使用起来很难举一反三，应对万变。

1. 中华优秀传统文化的核心内容

弄清楚中国优秀传统文化的内涵，可能需要先了解“文化”“传统”及“中华优秀传统文化”的内涵。关于“文化”“传统”及“中华优秀传统文化”的含义，学界有各种不同的解释，汇总众多学者的解读，笔者归纳如下：

（1）“文化”的本义。

《说文解字》言，“文，错画也，象交叉。”“文者，物象之本也”（《说文解字·序》），意思是说“文”是对事物外部形态的描写而创造的书写符号，为传于异地，留给后人，多指文章、诗书礼乐等典籍。“化，教行也，教行于上。则化成于下”（《说文解字》），《增韵》有“凡以道业诲人谓之教。躬行于上，风动于下，谓之化”。这是说讲“道”的“文”能教化人，人接受了“诗书礼乐”中讲述的价值观念、道德规范、高尚情操等伦理道德的教化，人的气质乃至人的品性就会发生显著的变化，所以有“文以载道，以文化人”之说。“文化”二字合起来使用，较早见之于《周易·贲卦·象传》：“刚柔交错，天文也。文明以止，人文也。观乎‘天文’，以察时变；观乎‘人文’，以化成天下。”至于“文化是人类生活中全部的物质财富和精神财富的总和”“文化乃生活方式”，“文化的分层说、复合说和观念说”[1] 等都是从不同的角度对文化的解读，对我们理解文化的内涵均有一定的启示。

---

[1] 郭建宁．当代中国的文化选择［M］．北京：北京大学出版社，2004.

（2）“传统”的本义。

《说文解字》言“传，遽（jù）也，从辵（chuò）从㢊”，其本义是送信的快车或快马，有驰传、乘传、流传之意；“统，纪也”，有将几根绳线一齐打结之意，东汉末年的一部专门探求事物名源的佳作《释名》言：“统，绪也（丝端也）。”《经典释文》解释说：“统，本也；始也。”“传统”二字合起来的意思是“世代相传的帝业、学说及具有特点的风俗、道德、思想、作风、艺术、制度等”。换句话来说，传统就是一代一代流传下来的能够体现事物本性和特点的生活方式即为传统。它对人们的社会行为有无形的控制作用，是历史发展继承性的表现。为此，中国传统文化可以理解为：以中华民族为主体，以先秦文化为代表的，在中国这块土地上形成和发展起来的，具有讲仁爱、重民本、守诚信、崇正义、尚和合、求大同的时代价值特色的，世代传承并影响整个社会历史发展的比较完整的一套文化体系。

（3）中国优秀传统文化的核心内容。

习近平于2014年的五四青年节在师生座谈会上发表讲话时说：“中华文明绵延数千年，有其独特的价值体系。中华优秀传统文化已经成为中华民族的基因，植根在中国人内心，潜移默化影响着中国人的思想方式和行为方式。”并列举了中华文化中的优秀思想和理念，如关于“民惟邦本、和而不同、天下为公”的和谐相处、世界大同的思想；关于“天行健，君子以自强不息；以德治国、以文化人”的思想；关于“言必信，行必果”“人而无信，不知其可也”的诚信忠厚待人的思想；关于“老吾老以及人之老，幼吾幼以及人之幼，出入相友，守望相助”的尊老爱幼、孝悌礼义思想；关于“仁者爱人，与人为善，己所不欲、勿施于人，扶贫济困，不患寡而患不均”的仁爱公平的思想和处世理念；关于“君子喻于义，君子坦荡荡，君子义以为质，德不孤、必有邻”❶的正义、友善利他的思想。关于清廉从政、勤勉奉公的思想；关于俭约自守、力戒奢华的思想；关于“苟日新、日日新、又日新”、革故鼎新、与时俱进，脚踏实地、实事求是、经世致用、知行合一、躬行实践的思想；❷等等。如果将这些优秀的思想和理念用十二个字概括，即孝悌忠信、礼义廉耻、仁爱和平。若用五个字概括其内涵，即仁、义、礼、智、信（五常）或温、良、恭、俭、让。若用两个字概括即为孔子总结的“仁恕”之道。若用一个字概括即是“仁”或“恕”文化。

透过“仁”或“恕”，可以看出我国优秀传统文化的精髓所在，即集儒家（仁爱）、道家（无为而无不为）、佛家（慈悲）为一体的价值观，正如习主席

---

❶ 习近平在北大历数中华文化中永不褪色的思想和理念［EB/OL］. 人民网，2014－05－05.

❷ 习近平在纪念孔子诞辰2565周年国际学术研讨会暨国际儒学联合会上的讲话。

所说："中国优秀传统文化的丰富哲学思想、人文精神、教化思想、道德理念等，可以为人们认识和改造世界提供有益启迪，可以为治国理政提供有益启示，也可以为道德建设提供有益启发。对传统文化中适合于调理社会关系和鼓励人们向上向善的内容，我们要结合时代条件加以继承和发扬，赋予其新的含义。"

2. **中国优秀传统文化中人际沟通的智慧**

中国在历史上为什么被称为礼仪之邦？主要的原因之一是孔子的思想赋予了中国文化基本的道德精神和道德力量，使儒家文明成为"道德的文明"。也就是说塑造了中国文化的价值观，以仁为原则，以礼为标准，在人与人之间、国与国之间建立了"仁、义、礼、智、信"结合的道德规范体系，在人际交往的原则和智慧层面一般具体体现在以下几点：

（1）仁爱、崇德。

仁爱是中华民族最核心的价值理念，是孔子思想中最重要的伦理原则，也是孔子思想中最高的美德。仁爱的内涵虽然很丰富，但仁的根本是孝悌。《论语》言："孝弟（悌）也者，其为仁之本也。"孟子说："孩提之童，无不知爱其亲也；及其长也，无不知敬其兄也。亲亲，仁也；敬长，义也。"强调以孝亲敬长为人之本，教导人知恩感恩、饮水思源。由"孝悌"生发和推延到博爱。《论语》载："樊迟问仁，子曰：'爱人'。"即凡是人皆须爱。孟子说："亲亲而仁民，仁民而爱物。"君子用恩应遵循先亲、次民、后物的次序。将"亲亲"推至"仁民"："老吾老，以及人之老；幼吾幼，以及人之幼。"又将"仁民"推至"爱物"，即爱万物，爱草木鸟兽，爱瓦石山水。宋朝理学家王守仁说："仁者以天地万物为一体，有一物失所，便是吾仁有未尽处。"❶

中国现代新儒家思想家梁漱溟提出，儒家伦理就是"互以对方为重"，以此来说明忠恕之道的伦理态度，就是说，儒家伦理的出发点是尊重对方的需要，而不是把他者作为自我的实现对象。儒家伦理不是突出自我，而是突出他者；坚持他者优先，他者先于自我，这是仁的伦理出发点。1990 年以来，"己所不欲，勿施于人"已经被确认为世界伦理的金律，而在中华文明 2500 年以来的发展历程中，孔子仁学的这一教诲早已深入人心，化为中华文明的道德精神。❷

如果人与人之间乃至国家之间的交往能够做到仁者爱人，博爱慈惠，在情感上有恻隐同情之心，在行为上关怀宽容、和谐共生、互助，即坚持"睦邻友好""互利合作"、珍爱生命、善待万物等，其友情不仅具有持久的生命力，

---

❶ 习近平外交观中的民族品格：讲仁爱、尚和合［EB/OL］，中国网，2015 - 10 - 12.

❷ 陈来．孔子思想的道德力量［J］．道德与文明，2016（1）.

而且可以成为有影响力的人和国家。

(2) 尚和、遵义。

“和合”思想是包括儒家思想在内的中国传统思想文化中最富生命力的文化内核和因子，“和合”之境也是中华民族数千年来追求的理想境界。

儒学的“和合”思想主要体现为“四观”。一是天人合一的宇宙观。儒学视宇宙和自然为天人合一的对象，即使达不到“赞天地化育”“与天地参”“与天地同流”，也应认识到“与天地和其德”“万物各得其和以生”。二是协和万邦的国际观。“协和万邦”语出《尚书·尧典》：“克明俊德，以亲九族。九族既睦，平章百姓。百姓昭明，协和王邦，黎民于变时雍。”强调“协和万邦”是为了“和合万国”，是为了“保合大和”，实现“万国咸宁”和“天下和平”。三是和而不同的社会观。儒学指出“君子和而不同，小人同而不和”，强调社会是由性格、文化、种族、出身等不同的社会人组成的，要承认这种不同，允许别人与自己不同，并能够合作共事，共同生活，社会和谐。四是人心和善的道德观。孔子说“礼之用，和为贵”，《中庸》指出“和也者，天下之达道也”，孟子说“取诸人以为善，是与人为善者也。故君子莫大乎与人为善”，强调要通过“和”与“善”的精神养分培养温和善良、彬彬有礼、内外兼修之人。儒家的“和合”思想，成就了中华民族贵和尚中、善解能容、厚德载物、和而不同的“和合”民族特性。

习近平对中华“和合”文明有精深独到的见解，他说：“这种‘贵和尚中、善解能容、厚德载物、和而不同’的宽容品格，是我们民族所追求的一种文化理念。自然与社会的和谐，个体与群体的和谐，我们民族的理想正在于此，我们民族的凝聚力、创造力也正基于此，甚至还可以毫不夸张地说，我们中华民族传统文化的精神也正是在于这种伟大的和谐思想。”他还说：“在5000多年的文化发展中，中华民族一直追求和传承着和平、和睦、和谐的坚定理念。以和为贵，与人为善，己所不欲、勿施于人等理念在中国代代相传，深深植根于中国人的精神中，深深体现在中国人的行为上。”[1]

在孔子看来，处理“义”和“利”的关系是人类文明永恒的道德主题。他说：“君子喻于义，小人喻于利”（《论语·里仁》），又说“君子义以为上”（《论语·阳货》）。“国不以利为利，以义为利”（《大学》）。无论是人与人之间，还是国与国之间，不能只追逐财富利益，而应该把对道义的追求看作最根本的利益。

习近平强调：“文明相处需要和而不同的精神。只有在多样中相互尊重、彼此借鉴、和谐共存，这个世界才能丰富多彩、欣欣向荣。不同文明凝聚着不

---

[1] 习近平外交观中的民族品格：讲仁爱、尚和合［EB/OL］. 中国网，2015-10-12.

同民族的智慧和贡献，没有高低之别，更无优劣之分。文明之间要对话，不要排斥；要交流，不要取代。人类历史就是一幅不同文明相互交流、互鉴、融合的宏伟画卷。我们要尊重各种文明，平等相待，互学互鉴，兼收并蓄，推动人类文明实现创造性发展。"❶

（3）诚信、理智。

诚信是中华民族的传统美德，也是备受儒家推崇的基本道德规范。儒学认为，诚信是个人安身立命之本，是交朋结友之基，也是治国安邦之道。孔子说"人而无信，不知其可也"，要"言必信，行必果"，为中华民族留下"人无信不立"的道德信条。孟子在其思诚命题中，将诚信视为自然的规律，将追求诚信视为做人的规律，指出"是故诚者，天之道也；思诚者，人之道也"。儒学强调诚信是维系人际关系的道德底线，"与朋友交，言而有信""与国人交，止于信"。

谈到中国人讲诚信，习近平已在多个外交场合谈及。如 2013 年 10 月 3 日，习近平访问印度尼西亚国会时就提出"人与人交往在于言而有信，国与国相处讲究诚信为本"。2014 年 7 月 3 日，习近平出访韩国之际，在韩媒发表的署名文章《风好正扬帆》中强调，"'信'在东方价值观中具有重要地位，'无信不立'是中韩两国人民共同恪守的理念。中韩以信相交，确保了两国关系长期健康发展的牢固基础。"2014 年 6 月 28 日，在和平共处五项原则发表 60 周年纪念大会上，习近平引用"凡交，近则必相靡以信，远则必忠之以信"阐述中国亲、诚、惠、容的周边外交理念。

讲仁爱、尚和合、守诚信、崇正义的伟大民族品格奠定了中华文明世界观的交往典范。其在中华民族的人际伦理和外交观中不仅得到充分体现，而且得到许多创造性发挥。这其中的创造性就是沟通与传播的智慧。

2.4.2 中华传统伦理文化在世界的影响

（1）国外。

日本：汉唐以后，尤其是唐代中后期，日本使节出使我国，长期居住，而后将文化传入本土，唐朝国君将我国的高僧派送日本，从信仰到民俗，从茶道到文字，从家庭伦理到企业管理，都可看到日本文化中的中国传统文化影子。至今的日本和服，都还保留着唐代的痕迹。中国传统文化，包括儒释道思想以及文字、绘画、建筑、雕刻等，传入了日本，譬如程朱理学与陆王心学在日本的传播，形成了日本的朱子学、阳明学。中国儒家的传统家庭伦理观念及人际

---

❶ 习近平：携手构建合作共赢新伙伴　同心打造人类命运共同体——在第七十届联合国大会的讲话［EB/OL］. 2015-9-28，纽约.

关系在日本现代社会中存在着非常明显而深刻的痕迹。目前针对日本文化比较流行的一种说法是，日本人心里认可和承认任何先进和优越的文化，并不断地学习和吸收这些优秀文化的精髓，丰富自身的文化。日本并不只是单纯地模仿，当模仿到一定境界时，它便开始寻求自我突破和发展，进行创新，形成了独具特色的日本文化。因此，日本的汉字、儒学、律令制度、企业管理等方面均残存着大量的中国元素。

韩国：在韩国，影响最大的是中国文化，尤其是儒家思想和明清以后的实学思想，如果人们不知道李退溪、曹南冥、李栗谷、洪大容、丁若镛等人是韩国哲学家，仅看他们的著作难以判断作者的国籍。而中国文化中的礼教内容，在中国早已失传，在韩国还保留得相当完整，因此，韩国被西方国家称为“儒教国家的活化石”。

作为“亚洲四小龙”之一，韩国的现代化程度较高，但韩国的现代化不是在否定和抛弃传统文化基础上的现代化，而是在对传统文化尊重、继承和发展基础上的现代化。到过韩国的人对韩国人的爱国精神和其对民族文化的自豪感都深有感触。譬如，韩国著名的成均馆大学现在仍以儒家思想为宗旨，以仁义礼智为校训。每年 2 月和 8 月，韩国人还会按照传统方式到文庙去祭祀孔子，还有完全按照传统儒家教学方式授课的学院，讲授的主要课程就是儒家的经典“四书五经”。在中国几乎消失殆尽的传统文化书院，在韩国至今还有 300 多所。全球第一所孔子学院也于 2004 年年底在韩国首都挂牌成立。韩国还将儒家文化的精神，通过电影、电视以及其他各种媒体，向全社会广泛宣传。可以说，韩国是以儒家文化立国育民的成功范例，被西方很多学者称作“儒教国家的活化石”“典型的儒教国度”。韩国没有抛弃和否定传统文化，而是把传统文化有机地融入到了现代社会和现代生活中。

其他亚洲国家：中国文化不但对韩国、日本，对东南亚、南亚如菲律宾、新加坡、越南等国家和地区都产生了深远的影响，郑和七下西洋更是加深了这种影响。由此形成了世界公认的以中国文化为核心的东亚文化圈，特别是“亚洲四小龙”的经济腾飞和崛起引起了全世界的关注和思考，焦点是它们与中国文化的关系问题。

新加坡从 20 世纪 80 年代，就开始推行以中国儒家传统文化为中心内容的“文化再生”运动。1982 年春节，李光耀总理号召新加坡人民保持和发扬中华民族儒家的传统道德，并把“忠孝仁爱礼义廉耻”作为政府必须坚决贯彻执行的“治国之道”。1988 年 10 月，第一副总理吴作栋又提议把儒家东方价值观提升为国家意识，并使之成为每个公民的行动指南。1990 年 2 月，新加坡政府发表了充满儒家伦理精神的《共同价值白皮书》。该书提出了五大共同价值观：①国家至上，社会为先；②家庭为根，社会为本；③关怀扶持，同舟共济；④求同存异，协商共识；⑤种族和谐，宗教宽容。

欧洲国家：在明清之际，一些欧洲国家通过西方耶稣会士，东学西渐，受到中国传统文化影响。其中，法国成为当时欧洲中国文化热的中心。从17世纪开始，中国的一些儒家经典如《论语》《大学》等，就通过法国传到了欧洲其他国家。法国18世纪的启蒙思想家很少有不受中国文化影响的。如笛卡儿、卢梭、伏尔泰、孟德斯鸠、狄德罗、霍尔巴赫，他们对中国文化的推崇程度，让我们现在都感到震惊。伏尔泰就在礼拜堂里供奉着孔子的画像，把孔子奉为人类道德的楷模。德国哲学家莱布尼茨、康德、费希特、谢林、黑格尔直到费尔巴哈以及大文豪歌德等人都研究过中国哲学，在不同程度上受到过中国文化的影响。如莱布尼茨就认为，正是中国文化的发现，才使欧洲人从宗教的迷惘中觉醒过来。这种影响或直接或间接地影响了法国的启蒙运动，影响了德国的辩证法思想。

从20世纪下半叶开始，西方学术界对西方现代文化进行了比较全面的反思，在反思中得到这样一个共识，那就是，现代化作为一种生活方式和思想方式，既不是始于16世纪的科学革命，也不是始于17世纪的工业革命，而是始于18世纪的启蒙运动；因为启蒙思想集中表现了现代文化的基本特征，于是，就得出了这样两个基本命题和结论：第一个命题就是中国文化对欧洲启蒙思想发生过重要影响；第二个命题就是“启蒙思想是西方社会现代化进程中的必要条件”。结论就是：西方的现代化进程受到过中国传统文化的影响。[1]

（2）国内。

传统文化在中国社会主义现代化进程中，似乎一直都扮演着某种“纠结”的角色。早在20世纪30年代，中西文化的碰撞就引起了社会性质的大讨论。当时有全盘西化论，也有中国本位论。当时最著名的事件是在1935年，由王新命、何炳松、武堉干、孙寒冰等10位著名教授联名在《文化建设》月刊上发表了一个宣言，叫作《中国本位的文化建设宣言》，其中第一句话就是：“从文化的领域里面去展望，现在世界里面固然已经没有了中国，而中国的领土里面也几乎没有了中国人。”言辞激烈，当然也存在夸张地指出了当时存在严重西化倾向。

20世纪80年代，中国又出现了“文化热”，又开始讨论中西文化的问题。“文化大革命”以后，很多人对马克思主义失去了过去那种信仰般的坚信，人们开始不知所措，开始慌张地寻找某种文化来填补这种“空虚”，于是出现了很多对中国传统文化的批评，如《河殇》，主题就是让中国人惊醒，不要再沉迷于传统文化，抛弃黄土地文化，去拥抱海洋文化。

---

[1] 王杰．中国传统文化在国外的传播和影响［EB/OL］．人民网，2006－05－30．

20世纪90年代，又掀起一次“传统文化热”，标志性事件是1992年北大成立了一个传统文化研究中心，《人民日报》大幅刊登“国学热在燕园悄悄兴起”。

2005年，中国人民大学举办了“国学的历史、现状与未来”学术研讨会。纪宝成先生在闭幕式上发表了一篇名为“中国人民大学为什么要发展国学”的讲话。他认为，改革开放以来，我国受西方文化的影响越来越明显，一些年轻人，甚至有一些领导干部，对西方文化的发展津津乐道，对中国的历史和传统却知之甚少。这绝不仅仅是个人的文化修养问题，更关系到民族的发展和文化的传承。因此，为了中华民族的伟大复兴，适应现代化建设和构建和谐社会的需要，我们有责任也有义务把国学这个大旗举起来，为振兴国学、接续文脉尽一份力量。为此，中国人民大学建立了国学院。此举引起了社会各界的广泛关注和强烈反响。❶

2006年9月，国务院颁布《国家“十一五”文化发展规划纲要》，明确提出了在大中小学进行国学教育。吴光先生更加具体地指出，在国民教育体系中设立国学学科，在大、中、小学课程中设置国学课。

党的十八大报告指出，要把立德树人作为教育的根本任务，培养德智体美全面发展的社会主义建设者和接班人，教育部对此专门颁发了“关于全面深化课程改革落实立德树人根本任务的意见”，将深化教育领域综合改革，全面贯彻党的教育方针，坚持立德树人，加强社会主义核心价值体系教育，完善中华优秀传统文化教育，增强学生社会责任感、创新精神和实践能力落到实处。

《国家中长期教育改革和发展规划纲要（2010—2020年）》强调，要着力培养学生服务国家、服务人民的社会责任感。什么是责任感？责任感是一种基本的文明素质，是衡量一个人精神素质的重要指标，也是一切道德的基础。中华民族几千年的传统美德均强调责任。

随着信息技术飞跃式的发展，全球经济一体化趋势的不断加强，世界范围内的文化、经济交流与合作不断增多，信息网络、多元文化使得我国学生的成长以及人际交往环境更为复杂。优秀的文化和沟通的智慧是不分国界的，由于不同的文化背景及文化传统，中西方在思维方式、价值观念、生活方式、个人喜好、行为准则等方面存在较大的文化差异。为此，培育我国社会主义核心价值观，学会运用我国传统文化中沟通与传播的智慧解决生活中出现的问题尤为重要。

2.5 您是一个优秀的传播者与沟通者吗

研究者发现，几乎所有能同时取得事业与个人成功的人都有一个共同的特

---

❶ 楼宇烈．中国的品格［M］．北京：当代中国出版社，2007.

点，即具有出众的人格魅力和传播沟通的技能。

2.5.1 周恩来总理与人交往和沟通的故事

周恩来（1898～1976年），字翔宇，曾用名伍豪等，原籍浙江绍兴，生于江苏淮安。伟大的马克思列宁主义者，中国无产阶级革命家、政治家、军事家、外交家，中国共产党和中华人民共和国的主要领导人，中国人民解放军主要创建人和领导人。他是以毛泽东同志为核心的党的第一代中央领导集体的重要成员，在国际上也享有很高威望。周恩来同志的卓著功勋、崇高品德、光辉人格，深深铭记在全国各族人民心中。他的自信、他的风度，通过外国人的眼神就能看出来！他被称为国际上最难对付的政治家……

联合国秘书长哈马舍尔德于1955年在北京会见周总理后说过一句广为流传的话："与周恩来相比，我们简直就是野蛮人。"美国前总统尼克松说："中国如果没有毛泽东就可能不会燃起革命之火；如果没有周恩来，就会烧成灰烬。"印度尼西亚前总统苏加诺说："毛主席真幸运，有周恩来这样一位总理，我要是有周恩来这样一位总理就好了。"苏联前总理柯西金对毛主席说："像周恩来这样的同志是无法战胜的，他是全世界最大的政治家。"末了，他又补了一句："前天美国报纸上登的。"

"两弹元勋"钱学森说："许多党外人士说，我们是认识周恩来才认识共产党的，相信周恩来才相信共产党的。"著名作家冰心老人说："周恩来总理是十亿中国人民心目中的第一位完人。"更多的人说，周恩来是中国共产党的楷模、中华人民共和国的代表、中国共产党的一面旗帜、中国人民心中的一座丰碑、中国共产党的优良作风和传统的化身、密切联系群众的光辉典范、人民的好总理、中国人民的骄傲。

故事1

一次，周恩来总理去某地视察工作，飞机着陆后，他同机组人员一一握手，表示感谢。这时机械师正蹲在地上工作，周恩来和其他同志握手后就站在机械师身后耐心地等他，并示意别人不要惊动他。机械师工作结束后转过身来，才发现总理站在身后，不禁大吃一惊，忙说："对不起，总理，我不知道您在等我。"

总理笑着说："哎，我没影响你的工作吧？"

"没有，没有"，机械师赶忙说。

周总理这种尊重别人、讲礼貌的好品质、好作风深深地感动了机械师和在场的所有人。

故事2

周总理设宴招待外宾。上来一道汤菜，冬笋片是按照民族图案刻的，在汤里一翻身恰巧变成了法西斯的标志。外客见此，不禁大惊失色。周总理对此也感到突然，但他随即泰然自若地解释道："这不是法西斯的标志！这是我们中国传统中的一种图案，念'万'，象征'福寿绵长'的意思，是对客人的良好祝愿！"接着他又风趣地说："就算是法西斯标志也没有关系嘛！我们大家一起来消灭法西斯，把它吃掉！"话音未落，宾主哈哈大笑，气氛更加热烈，这道汤也被客人们喝得精光。

在外交场合出现法西斯的标志很容易引起外交纠纷，尤其是曾经遭受法西斯铁蹄蹂躏的国家，他们看见这种标志是很反感的。周总理的解释（**传播能力**）及时解除了他们的误会，但令人叫绝的是周总理借题发挥（**沟通智慧**），号召大家一起来消灭法西斯，把那个菜吃掉。这么一个被动的意外场面，经周总理反意正解，反倒起了活跃宴会气氛的作用。

故事3

美国代表团访华时，曾有一名官员当着周总理的面说："中国人很喜欢低着头走路，而我们美国人却总是抬着头走路。"此语一出，话惊四座。周总理不慌不忙，脸带微笑地说："这并不奇怪。因为我们中国人喜欢走上坡路，而你们美国人喜欢走下坡路。"

美国官员的话里显然包含着对中国人的极大侮辱。在场的中国工作人员都十分气愤，但囿于外交场合难以强烈斥责对方的无礼。如果忍气吞声，听任对方的羞辱，那么国威何在？周总理的回答让美国人领教了什么叫柔中带刚，最终尴尬、窘迫的是美国人自己。

故事4

长沙马王堆汉墓发现不腐女尸引起世界轰动。基辛格博士秘密访华时曾向周总理提出一个要求："尊敬的总理阁下，贵国马王堆一号汉墓的发掘成果震惊世界，那具女尸确是世界上少有的珍宝啊！本人受我国科学界知名人士的委托，想用一种地球上没有的物质来换取一些女尸周围的木炭，不知贵国愿意否？"周总理听后，随口问道："国务卿阁下，不知贵国政府将用什么来交换？"基辛格说："月土，就是我国宇宙飞船从月球上带回的泥土，这应算是地球上没有的东西吧！”周总理听后哈哈一笑说：“我道是什么，原来是我们祖宗脚下的东西。”基辛格听后一惊，疑惑地问道：“怎么？你们早有人上了月球，什么时候？为什么不公布？”周总理笑了笑，用手指着茶几上的一尊嫦娥奔月的牙雕，认真地对基辛格说：“我们怎么没公布？早在5000多年前，我们就有一位嫦娥飞上了月亮，在月亮上建起了广寒宫住下了，不信，我们还要派人去看她呢！怎么，这些我国妇孺皆知的事情，你这个中国通还不知道?”周总理机智而又幽默的回答，让博学多识的基辛格博士笑了。

长沙马王堆汉墓女尸经历千年而不腐烂，这是一个应当严禁外泄的国家科研机密。周总理不为基辛格博士提出的用月土交换木炭的方案所动心，并且巧妙地借用中国古代传说，婉转地拒绝了对方的请求。

2.5.2 曾国藩与人相处的风范

曾国藩（1811~1872年），汉族，初名子城，字伯涵，号涤生，宗圣曾子七十世孙。中国近代政治家、战略家、理学家、文学家，湘军的创立者和统帅。与胡林翼并称“曾胡”，与李鸿章、左宗棠、张之洞并称“晚清四大名臣”。官至两江总督、直隶总督、武英殿大学士，封一等毅勇侯，谥曰文正。

曾国藩出生于晚清一个地主家庭，自幼勤奋好学，6岁入塾读书。8岁能读四书、诵五经，14岁能读《周礼》《史记》。道光十八年（1838年）中进士，入翰林院，为军机大臣穆彰阿门生。累迁内阁学士，礼部侍郎，署兵、工、刑、吏部侍郎。与大学士倭仁、徽宁道何桂珍等为密友，以“实学”相砥砺。太平天国运动时，曾国藩组建湘军，力挽狂澜，经过多年鏖战后攻灭太平天国。曾国藩的崛起，对清王朝的政治、军事、文化、经济等方面都产生了深远的影响。在曾国藩的倡议下，建造了中国第一艘轮船，建立了第一所兵工学堂，印刷翻译了第一批西方书籍，安排了第一批赴美留学生。可以说曾国藩是我国近代提倡中西文化有机结合的开拓者。他在与人交往的过程中又有哪些过人之处呢?

郑小珊是京城的一名医生，因为经常到曾国藩家里为其及家人看病，所以和曾国藩很熟悉。但有一回，因为一些误会，两人吵了起来，郑小珊拂袖而去，两个人就断了来往。事过之后，曾国藩反思自己的言行，认为自己当时太冲动了，有些不近人情，所以十分愧疚，想找个机会到郑小珊家中赔礼道歉，与他言归于好。恰好此时，郑小珊主动上门来了，曾国藩便热情地接待了他，两人相谈甚欢，好像从来没发生过那件不愉快的事一样。当天晚上，曾国藩又亲自到郑小珊家进行回访，两个人谈了很久很久。又过了几天，曾国藩约了另一个叫岱云的朋友，由曾国藩出钱，请郑小珊一同到饭店吃了一顿饭，从那以后，二人和好如初。

当时的曾国藩，虽然还没有后来那么大名声，但也是一名政府官员，而郑小珊只是一个医生。可当二人发生过节后，曾国藩不是把一切责任全推到对方身上，而是积极进行检讨，从自己身上找问题，并打算主动登门赔礼道歉。当郑小珊登门后，他更是热情接待、及时进行回访，并安排一顿饭，使两个人尽释前嫌。这种大度的心态和沟通的智慧，令人敬佩。

曾国藩在京城为官时，经常会有同乡因为生活困难到他这里来借钱，曾国藩总是尽力帮助他们，使他们渡过难关。因为这些借钱同乡的家人和曾国藩的家人同在原籍居住，曾国藩担心家里人会直接找借钱同乡的家人索债，就写信告诉家里人："我在京城借给很多人钱财，如果我不寄信告知家里，家里则不必索要。全仗着好名声，才能够在社会上立稳脚跟。今后外人借了侄儿银钱的，仍然让他送还到京中，家中不要收取。如果侄儿未有信用，那么以后即使有求于人，人家肯答复吗？"显然，在曾国藩心中，别人既然向自己借钱，手中一定是不宽裕，所以，人家如果不主动归还，自己绝不能上门索要。可他还是放心不下，担心老家的亲人上门索债，因此特意在信中提及此事。曾国藩所强调的，是"信义"二字，既然当初借钱给对方、帮助对方，就要讲诚信，如果上门索要，即使是家里人上门索要，也是一件违背诚信的事。坚守诚信，是曾国藩做人的一个重要原则。

后来，曾国藩和弟弟曾国荃为朝廷立下了汗马功劳，位极人臣，地位极为显赫。有很多人求他们兄弟两人，让他们帮助自己谋个前程，对于那些真有才干的人，曾氏兄弟都给予了帮助。那些得到了帮助的人，自然是感恩戴德。但曾国藩对他们从不以恩人自居，他认为既然帮助了对方，就应该是无私的，不求回报的。不但自己这样做，还在信中提醒弟弟曾国荃："凡是大臣私下保荐的人，任何时候都不要提起，否则就像是在挟功，等于让他还报于你。"由此可见，曾国藩在与人相处时是非常细心的，很注意一些细节性的东西，而且能站在对方的立场考虑对方的感受，的确难能可贵。

曾国藩与人交往的故事很多，仅从这三个小故事里，我们就可以看到曾国藩为人处世的三条原则：一是发生矛盾后勇于从自己身上找原因；二是在交往中讲究诚信为上；三是在交往中能站在对方角度替对方考虑问题。正是因为有了这三条交往原则，曾国藩才使自己立于不败之地，并成就了一番功业。

2.5.3 古今中外名言警句中传播与沟通的智慧

1. 中国

(1) 子曰：教民亲爱，莫善于孝；教民礼顺，莫善于悌；移风易俗，莫善于乐；安上治民，莫善于礼。礼者，敬而已矣。故敬其父则子悦，敬其兄则弟悦，敬其君则臣悦，敬一人而千万人悦。所敬者寡，而悦者众，此之谓要道也（《孝经·广要道章》）。

意思是说，孔子说："教导人民相亲相爱，没有比孝道更好的了；教导人民知礼顺情，没有比敬爱兄长的道理更好的了；欲转移民风，改变旧的习惯制度，没有比用德音雅乐更好的了；更使君主安心，百姓心服，没有比用礼教办事更好的了。所谓的礼，也就是敬爱而已。所以尊敬他人的父母，其儿女就会喜悦；尊敬他人的兄长，其弟弟妹妹就愉快；尊敬他人的君主，其臣下就高兴。敬爱一个人，却能使千万人高兴愉快。所尊敬的对象虽然只是少数，为之喜悦的人却有千千万万，这就是礼敬作为要道的意义之所在啊。"

(2) 人而无信，不知其可也。大车无輗，小车无軏，其何以行之哉（《论语·为政》）！

孔子说："人要是失去了信用或不讲信用，不知道他还可以做什么。(就像) 大车没有车辕与轭相连接的木销子，小车没有车辕与轭相连接的木销子，它靠什么行走呢？"

(3) 君子和而不同，小人同而不和（《论语·子路》）。

孔子说："君子在人际交往中能够与他人保持一种和谐友善的关系，但在对具体问题的看法上却不必苟同于对方。小人习惯于在对问题的看法上迎合别人的心理、附和别人的言论，但在内心深处却并不抱有一种和谐友善的态度。"

(4) 益者三友，损者三友（《论语·季氏》）。

孔子说："有益的朋友有三种，有害的朋友有三种。与正直的人交朋友，与诚信（谅，诚信）的人交朋友，与知识广博的人交朋友，是有益的。与谄媚逢迎的人交朋友，与表面奉承而背后诽谤人的人交朋友，与善于花言巧语的人交朋友，是有害的。"

(5) 不学礼，无以立（《论语·季氏》）。

意思是说，学礼则品节详明，而德性坚定，故能立。[1] 礼教恭俭庄敬，此乃立身之本。有礼则安，无礼则危。故不学礼，无以立身。[2]

---

[1] 朱熹. 论语 大学 中庸［M］. 上海：上海古籍出版社，2013：201.

[2] 钱穆. 论语新解［M］. 上海：上海三联书店，2002：397.

(6) 爱人者人恒爱之，敬人者人恒敬之(《孟子·离娄章句下》)。

意思是说，爱别人的人，别人也永远爱他；尊敬别人的人，别人也永远尊敬他。[1]

(7) 屈一己之欲，乐四海之民(《唐太宗集·金镜》)。

唐太宗做到了屈一己之欲，乐四海之民，所以赢得了上下百姓的爱戴。

2. 国外

(1) 真正的领袖人物的一个标志就是会率先认识他人……走过来，对你伸出手并且打招呼的人总是个大人物。

——大卫·J. 舒瓦茨《敢做敢想的奇迹》

(2) 对人类来说最大的惩罚不是去恨他们，而是对他们漠不关心。那是不人道的精髓。

——乔治·本纳德·萧

(3) 传播是最重要的，也是唯一的影响人类健康以及与他人关系的因素。

——弗吉尼亚·萨蒂尔《创造新人》

心理学家告诉我们，我们需要他人，正如我们需要水、食物和住所一样。当我们与人的联系被切断的时候，我们便会茫然迷失、不知所措，我们的生活也会如履薄冰。一般来说，与他人隔离的人(通常是那些缺乏良好社会关系的人)最容易患各种疾病，而且总是比那些拥有良好而丰富的社会关系的人短寿。

看了以上的名言警句，您自问一下，自己是不是一个优秀的传播者呢？您每天都在传播，每天都要面对面地接触许多人，但这并不意味着您就是一个有效率的传播者。在生活中或交流中我们经常会忽略他人的感受，以至于我们好不容易建立起来的关系遭到损害。或者由于我们的传播技术、技巧出了问题，导致接受信息的人产生误解，从而使传播与沟通完全无效。

如果您想提高自己在社会生活、工作和学习中的人际交往能力，那么就要从现在开始学习传播与沟通的原理和智慧。为使大家提高有效传播与沟通的技巧，并达到预期的目标，本书还将探讨以下几个相关的问题：

(1) 如何提高自我理解的能力以及自我传播的能力；

(2) 了解您自己以及与您相关的人是如何看待事情的，以及为什么他们和您看待事物的态度一致或者不一致；

(3) 理解性别、文化、媒体和新技术是如何影响传播的；

(4) 提高倾听的能力，迅速抓住您所听到的信息；

(5) 提高对您和他人传递的非语言信息的敏感度；

---

[1] 孟子. 孟子卷八 离娄下［EB/OL］国学网，2014-08-19.

（6）了解语言是如何影响您及您周围的人；

（7）理解关系是如何维系并发展的；

（8）提高在处理矛盾时委婉表达不同意见的能力；

（9）了解哪些行为会成就一个成功的团队、成功的决策、成功的领导和成功的团队建设；

（10）了解信念、价值和态度是如何影响信息的形成、接收以及沟通关系发展的；

（11）抱有将所有这些技巧和理解运用到每个传播场合中去的愿望。

总之，本书希望通过向大家阐释传播与沟通的基本原理、沟通之道、技能、技巧、策略、案例等，开启我们传播与沟通的智慧，为提升人们的人文素养和有效传播与沟通的能力奠定坚实的基础。帮助大家在今后的学习和生活中建立更多有意义的关系，在正确的思想观念指导下，使我们的人生更加幸福和美满。

“幸福不是房子有多大，而是房里笑声有多甜；幸福不是能开多豪华的车，而是开着车能平安到家；幸福不是爱人多漂亮，而是爱人笑容多灿烂；幸福不是听多少甜言蜜语，而是在伤心时能有人对我说：没事有我在！”网上流传的这段话里，其实蕴含了很多传播与沟通的智慧。

在当今这样一个物欲横流、信息技术迅猛发展的时代，人人都需要沟通与传播。我们不能仅仅充当一名被动信息的接受者，而应当争取做一个有效率的沟通者和传播者；我们希望把我们所学到的做人之道、沟通之道落实在生活中，轻松自然地表现出来，用我们的言行影响身边的每一个人，用我们的沟通智慧创造幸福的生活，最终使我们身心得到康宁，使每一个家庭和睦，使每一个社区和谐，使我们的社会环境越来越美好，这大概是我们写这本书最期望达到的目的。

思考题

1. 中华优秀传统文化的核心内容是什么？

2. 中国伦理学的沟通智慧体现在哪些方面？

3. 简述中华传统伦理文化及其沟通智慧对当今社会的价值。

4. 从传播与沟通的层面，在多元文化交融的时代，您认为中西文化如何取长补短？

5. 成为优秀的传播者和沟通者需要探究哪些问题？

第二部分

传播与沟通的基本常识

第3章 传播与沟通的基本要素

传播与沟通是我们人类生存的本能，只要有传播或沟通的事实发生，这个过程就会涉及7个要素：谁、信息、渠道（媒介）、噪声、环境（语境）、反馈、效果。有的书上说8个要素，这是因为把第一个要素“谁”分成了两个，即传者和受者。

3.1 传播的要素

3.1.1 人：谁（传者、受者）

在信息传播过程中至少存在4个环节：传者、信息、媒介、受者。无论是组织传播、大众传播，还是人际传播，其传播过程都少不了这4个环节，这就是说，信息的传播过程是有顺序的，传者在先为“上”，受者在后为“下”，发布信息者为“上”，接受信息者为“下”。由于大众传播与组织传播具有明显的单项传播特点，一般将信息传播主体（信源）称为信息传播上位者，信息传播受体（信宿）称为信息传播下位者。但在人际传播中，因其具有双向的互动的传播特点，一般发布信息时为传者，接受信息时为受者，所以有时“传与受”或“上与下”可以交换。

人类的传播与沟通自然包括人与人之间、个人与全体之间、个人与媒介之间。这些传播活动均发生在信息发出者（编码者）和信息接受者（解码者）之间。传播是一个信息持续流，当我们与一个人交流时，或者进行小组交流或开会时，我们同时既在发出信息又在接受信息，这种情况属于双向交流，我们既是信息的传播者，也是信息的接受者。当我们在看报纸或者看电视的时候，我们往往仅是信息的接受者，一般情况下，很少马上给电视台的记者打电话述说自己对此节目的感受，这种情况属于单向传播。而当我们向他人转达电视节目的内容时，我们才可能既是信息的传播者，又是信息的接受者。

3.1.2 信息：传播什么内容

1. **信息的内涵**

当今时代，信息一词的使用频率比较高。在现实生活中，经常有人把新闻当作信息，把信息当作新闻，不仅我们现代人这样，就是古代人也常常把新闻与信息混同起来。比如：唐诗中就有“荡子江湖信息稀，疲兵关塞肌肤裂”“梦断美人沉信息，目穿长路倚楼台”，这里面的信息是音讯、消息的意思。还有《红楼梦》中，也是两者混用。如第一回：“当下雨村见了士隐，忙施礼赔笑道：‘老先生倚门伫望，敢问街上有甚新闻？’”有时又用信息，如第四十七回：“邢夫人犹不知贾母已知鸳鸯之事，正还要来打听信息……”这里的信息是指新情况、新动向。在曹雪芹的笔下，信息和新闻几乎没什么区别。

我们现代人也经常把两者混用，比如，你刚从上海出差回来，就会有人问你，这次上海之行带回什么新的信息了，有什么新闻吗？为什么会出现这种情况呢？

这与新闻传播从信息传播衍化而来有关系。古人传递信息是靠口头、手势、结绳或者烽火传信、击鼓为号。公元六七世纪隋唐年间，随着印刷术的出现，逐渐有了印刷品传播和报纸传播；19 世纪末，随着无线电波的产生，20 世纪二三十年代有了广播、电视；七八十年代广播电视迅速发展；80 年代末计算机网络涌现，90 年代迅猛发展；特别是 20 世纪末的卫星数字电视、数字式电子传播给人类带来了第五次信息传播革命，这种现代电子媒体的传播方式和手段大大加快了信息和新闻的传播。随着社会的发展和人际沟通的需要，人们对信息的要求强度和广度增大了，迫切要求从大量的信息中挑选出最为需要的部分，然后再用日益先进的手段，以最快的速度向最广泛的区域传播。这就是信息传播进入新闻传播的过程。

随着第二次世界大战后电讯业的发展，一些物理学、工程学和数学专家对语言符号进行了量化的研究，这就是信息论。“信息”一词来源于拉丁文 information，意思是解释、陈述。目前，学术界对信息也没有统一的标准，比较有代表性的是 20 世纪 40 年代美国数学家克劳德·香农博士（Claude Shannon）提出的，他给信息下了一个高度抽象化的定义：信息是用以清除随机不确定性的东西。信息是指能够消除认识上的“不确定性”的东西。他把信息看作人们获得新知识，改变原来的认识状态，从而减少或消除原来的不定性。从这个意义上，新闻也是一种信息，新闻是能够消除认识上的不确定性的信息。但是如果一定给它一个区分，我们可以看出，新闻强调的是新近发生或正在发生的事实的报道。而信息强调的是消除不确定性的东西。这个东西，包括的范围就广泛了，它可以是一个事实，可以是一个数字，可以是一个知识点，可以是没有结论的资料。

意大利学者郎高认为：信息是反映事物的形成、关系和差别的东西，它包含在事物的差异之中，而不在事物本身。我国学者冯秉铨赞同这个看法，信息就是差异。比如“啊”字，某人发出一个稳定的持续的声音“啊”，可能从中得不到什么信息，但是如果发出抑扬顿挫的声调，就会产生不同的信息。啊（扬，疑问）啊（降，感叹）啊（~~，恍然大悟）。

或者说信息是碎片，新闻是相对完整的事实。我们一般不把图书、资料都当作新闻，而多把它们看作是信息和知识。从这个意义上讲，新闻是信息，但是信息不等于新闻。从宏观上看，它们都是客观事物的反映，都是帮助人们了解和认识世界的。但是从微观上看，新闻只是信息中具有新闻价值的那部分信息。换句话说，新闻具有新鲜性、及时性、真实性、公开性等基本特性，而信息则不一定具备这些特性。另外，新闻具有传播信息和反映舆论的双重功能。

2. 符号

我们与他人进行传播时，一般用什么交流？用语言符号。语言符号是我们用来交流思想的工具，语言符号所表达的语义是信息的内容。

什么是符号？语言就是一种符号，语言是一个将符号统一于一体的系统。一般都认为，符号是一切传播活动的基础。现代符号学的创立者查尔斯·桑德斯·皮尔斯认为，符号代表某个事物，并将其称为指涉物。换句话说，符号的意义就依赖于人脑中的形象和思想即所象征的事物。后来许多符号学理论家对这一基本思想进行了详尽的阐述和扩展。

语言学家苏珊·朗格认为，表意是指符号的意思；或者说是一种简单的刺激因素，它宣告了某种事物的存在，是符号与事物之间简单的、一一对应的关系。本义是符号和其所指代的事物之间的关系。[1] 比如，20 世纪 50 年代之前的文献，“自下而上”语言符号的语义最初表意是事物上下方位的变化。也就是说“自下而上”语言符号的表意和本义，与“自上而下”相对应，最初主要用来描述自然界事物上下方位的变化，后来又引申为指代组织关系中的地位高低、上下级职位、权力强弱等。符号的引申义是指符号与概念之间的直接关系。“引申义包括语言使用者一切与该符号有关的个人情感和联想”。[2]

在符号学里，语言符号系统主要指语言符号和非语言符号。也有的称为有声语言和无声语言。人类的一切行为都包含了符号和意义，符号学对语言学研究产生了重大的影响。

我们都知道，信息传播的目的是让受者理解和接受。因此，我们非常喜欢听口才好的人讲话，喜欢某位主持人主持的节目，喜欢看某位小品艺术家表演

---

[1][2] 斯蒂芬·李特约翰. 人类传播理论［M］. 史安斌，译. 北京：清华大学出版社，2004：75.

的小品。因为听他/她的节目或看他/她主持节目，很轻松，能够较好地获得较多的信息，也能够很好地与之互动。

3. **语言符号**

众所周知，语言是一种特殊的社会现象，语言符号分为有声语言符号和无声语言符号，一般有三种类型（见图2－1）。

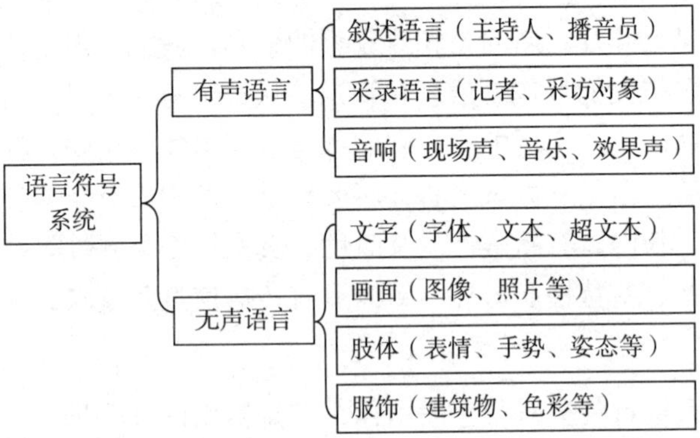

图2－1　语言符号系统

（1）有声语言。

含义：用语音表达或接受思想和感情的、以说和听为形式的口头语言。在传情达意的过程中，它是最直接、最普遍、最常用的基本语体。❶

有声语言的特性包括：有声性：有声语言是靠语音来表情达意的。其中的各个语言单位均有声音，根据表达的需要，须对声音做高低、升降、快慢、起伏的语调变化，这是有声语言的本质特性。

自然性：有声语言即自然语言，相对于书面语言来说，它显得通俗、平易、自然。它保留了生活现象中许多语音、语汇与语法现象。如方言、俚语、暗语，还有儿化词、象声词、叠音词、语气词以及省略现象、易位现象等。

直接性：有声语言的传达和交流一般是面对面进行的，不像书面语那样要经过一连串的视觉反应。

即时性：相对于书面语言，有声语言突发性强，现想现说。很多话来不及认真思考就要表达出来，有时难免不严密、不完整；有时即时更改，即时补充，并运用一些重复、补充、插入语来填补表达的空缺。

灵活性：有声语言的表达可根据地点、人物、话题的需要进行灵活的变动与调整。由于表达是在说与听中进行，交谈双方的发展趋向很灵活，可以随机应变，因情制宜。

❶ 欧阳有权．口才学［M］．长沙：中南大学出版社，2002：39.

（2）无声语言（势态语言）。

无声语言又称作势态语言，是有声语言（口语）的重要补充。它通过身姿、手势、表情、目光等配合有声语言来传递信息，也称体态语言。

势态语言常常通过人体某一部分形态的变化来交流思想和表达情感，势态语言与有声语言一起构成语言交流的整体，两者相辅相成，共同表达确切的、完整的信息。

美国心理学家艾伯特·梅瑞宾发现，在一条信息传递的全部效果中，只有38%是有声的（包括音调、变音和其他声响），有7%是靠语言（只是词），而55%的信息是无声的。由此可以看出，在交际过程中，处于辅助地位的势态语言有它巨大的信息容量。

我们知道，语言表达有它完整的符号系统，如语素、词组、句子、句段等，势态语言作为一种特殊的交际语言也有它的传播符号系统。

势态语言包括动态势语和静态势语。

动态势语包括表情语和手势语；表情语包括目光语和微笑语；手势语包括手指语、手掌语、鼓掌语、握手语、挥手语。

静态势语包括体势语、方位语和服饰语；体势语包括站姿语、坐姿语、步姿语；服饰语包括服装语和饰物语。

势态语言的特性包括：可靠性：发自身体的势态语一般源于大脑的潜意识指挥区，是内心世界的外现，因而传递信息一般是较可靠的，具有一定的稳定性。口语是靠思维支配的，思维的内容无论真实与否，都可以用语言直接表达出来，因此口语表达往往有虚假的可能性。而无声语言，常常是讲话者自然表现出来的态势语言，如一个眼神、一个手势、一个表情等，这些情感的自然流露一般是比较真实的。

广泛性：社会语言学家认为，口语交际的辅助工具多种多样，如旗语、烽火、信号弹、红绿灯等，但这些都受制于一定的外部条件。相对来说，势态语则随时随处都可运用，它适用广泛，用途多样。

直观性：势态语作用于人的视觉、听觉、肤觉等，可视性大，可感性强，因而交往直接，表达直观。

区域性：势态语的运用有很大的区域性。譬如仅就势态语中的手势语而言，肩部以上的手势，多表示理想的、想象的、宏大的、张扬的内容和情感；从肩部到腹部这一区域的手势，多表示记叙事物或说明道理；在腰部以下的手势区域称为下区，多表示憎恶、不悦、鄙视、不齿的内容和情感。

美国著名人类学家爱德华·霍尔教授告诉我们：“一个成功的交际者不但需要理解他人的有声语言，更重要的是能够观察他人的无声信号，并且能在不同场合正确使用这种信号。”他在《无声的语言》一书中强调“注意观察对方的脸或其他肢体动作语言，有时会比说话得到更多的信息”。[1]

比如：眼睛是心灵的窗户，脸部是感情的晴雨表，手势是一个人个性的舒张，姿态则是一个人风度的体现。

（3）类语言。

类语言，又称副语言，是交际过程中一种有声但无固定意义的语言，通俗理解就是指“说话的声音变化”。它是一种很特殊的语音现象。

类语言一般分为两种情况：一种是伴随有声语言的体现而出现的声音特性，如停顿、重音、快慢、语调等；另一种是表意的功能性发声，如笑声、哭声、呻吟声、叹息声、咳嗽声、哼声、啧啧声、叫声、掌声、口哨声等。这些表达形式都不是正常的分音节语言，其本身没有固定的含义，只有在特殊的语境中才能表达特殊的意义。

有这样一个小故事：意大利的悲剧明星罗西应邀参加一个欢迎外宾的宴会。宴会上，客人们纷纷要他表演节目。罗西清清嗓子，然后用意大利语念了一段“台词”。尽管外宾都听不懂台词的意义，却被他悲惨凄凉的语调和跌宕起伏的声音所感动，许多听众潸然泪下，可是罗西的一位朋友却忍俊不禁，跑出大厅大笑不止。原来这位悲剧明星朗诵的并不是什么悲剧中的台词，而是宴席上的菜单。罗西出色的表演，不仅来源于他娴熟的表演技巧，也取决于他高超的驾驭语言的能力。他充分地运用了类语言中的语调、速度、重音、哭声、叹息等传情达意功能。

心理学家达维茨曾做过这样一个实验，让8位实验对象通过朗诵英语字母表示愤怒、害怕、高兴、妒忌、难受、紧张、骄傲、悲伤、满足和同情等10种感情。实验结果表明，没有实在意义的字母，通过不同声音的体现完全可以表达出人们的喜怒哀乐。

说话声音的不同可以表达不同的情感和含义。不同的说话语境所表达的含义有更多的不同。这说明信息一般具有差异性、传递性、时效性、选择性、认知性和可转换性的特点。

事实上，在每一个人际传播、小团体传播和公众传播的场合下，我们都在发出和接收语言和非语言的信息。您所谈论的东西，您用来表达思想和感受的语言，您发出的声音，您的坐姿和手势，您的面部表情，或许还有您的触摸、气味、微笑、皱眉、呼喊、低语或转身……都在传递着信息。所以，我们说信息是传播行为的内容。

（4）语言的变化或表达与文化背景或历史背景有关。

不同的文化背景对语义的解释和理解是有差异的。另外，词语并不是永远

---

[1] Edward T. Hall. The Silent Language. Fawcett. 1959.

指代一个意思，随着时间的推移和时代的变迁，一个词语常常一年又一年地被赋予新的含义。

比如，“小姐”最早出现于夏商的奴隶制社会时期，那时这个词专指女性奴隶而言，到了春秋战国时期以后，此词义发生了转移，成了对有一定社会地位的人家未出阁的少女的雅称。从元代开始，到明清至民国时期，“小姐”一词多指富家未嫁少女，有尊称之义。直至新中国之前，“小姐”一词的内涵指的都是在社会上有一定地位、势力以及影响的名门望户的“大家闺秀”。实质上，它成了一种在世俗意识中比较高贵的地位与身份的象征。

民国时期，随后兴起的白话文与“新文化”非但没有抛弃“小姐”，还让“小姐”攀上了洋亲戚“Miss”，成为新女性的代名词。

解放后至改革开放初，“小姐”一词消失殆尽，不分男女的“同志”通行全国。在彼此较熟悉的场合，老人对年轻女性称闺女、姑娘、妹子；平辈称年轻女性为同志；少儿称其为大姐姐，或是阿姨。这种现象称为词的消亡。

进入20世纪80年代，在改革与开放的大背景之下，“小姐”一词重新被激活，并因时尚趋向及流行同化的作用，在我们的生活中又一次流行开来。

20世纪90年代初，“小姐”大多用来称年轻女性，基本上是中性词，似乎略有褒义。因为此时，改革开放的社会风气大开，英美的“Miss”们大行其道，人们说评之机，总要给“Miss”一个中文名，方能显得名正言顺，因此“小姐”的“芳名”便重被借用。商务印书馆《新华词典》中第985页，对小姐的定义是：旧时对未出嫁女子的尊称。现在一般用于外交场合。

20世纪90年代中后期至今，随着中国夜生活的日趋丰富，各种吧台、厅、夜总会应运而生。部分人们的经济投入自然而然地导致了一些不正当的行业流入。1992年，“小姐”一词出现在宾馆、饭店、商厦等服务行业，如“服务小姐”“导购小姐”“公关小姐”等。现在顾客对一般服务行业只要年龄看上去不是太大的各类女服务员、女售票员都称为“小姐”，甚至不分对象，凡生人皆称“小姐”。例如，顾客对饭店服务员常直言：“小姐，埋单。”❶

在一些娱乐场所的特殊语境下，“小姐”一词有了一个令人不齿的义项，即为他人提供不正当服务或色情服务的女性。正因为如此，一些报刊媒体在报道扫黄打非事件时讳言“三陪女”“卖淫女”，而以“小姐”代称，此外在这个义项上形成一些固定搭配，如“三陪小姐”“舞小姐”“坐台小姐”等，更加巩固了它的这一语义。

现在在社交场合，对女性的称呼一般偏爱用“美女”。美在现代社会变得日益多元化、流行化，不管是相貌庄重的、优雅的，还是相貌普通的，不管已

---

❶ 埋单，原为粤语，传入北方话地区后也说买单。

婚还是未婚统统都称为“美女”。

言语特别是口语，常常会随着时间和地点的变化，随着不同文化背景的变化，其语义常常会有不同的解读。

有没有基本不变的语言？有，中国的文言文。四大文明古国中，为什么中国是唯一一个没有中断历史的国家？其中一个主要的原因就是使用了文言文。我们可以与圣贤人交朋友，与古人对话，而古印度、古巴比伦、埃及他们的文化的载体——古文字的消亡，致使其很多优秀的文化丢失了。

汉字的表意性使汉字成为世界上唯一能跨越时空的文字。中国的教材，能把唐诗、宋词作为儿童必读的启蒙材料。而三四百年前的英文，除了专家之外，其他人很难读懂。

那些拉丁文基本没有人懂，只有少数考古学家知道一些，但也不能完全懂得。只有中国老祖宗最聪明、最有智慧，发明了古汉语。老祖宗发现，有声语言会随着时间的推移其语义发生天翻地覆的变化，而“文”的含义不会因时代的久远而改变。我们看到的四书五经因为使用的是文言文，多少年都不会变，因而，至今我们还能够学习圣贤的思想和智慧。所以“语”跟“文”走两条路，“语”不管怎么变，其“文”不会变。我们学会了文言文，就能跟老祖宗对话，尽情地吸纳经典著作中包含的丰富智慧。

3.1.3 渠道（媒介）

谁，说了什么，都要通过一种媒介或渠道传播出去让他人接收。不同的个体或群体因传播的信息内容不同所选择的媒介也常常不同。大众传播媒介有报纸、电台、电视台、网站、电影等；人际传播媒介有电话、书信、宣传册、集市、朋友、人体本身等。人既是多媒介的传播者，也是多媒介的接收者。我们接收到的信息有：声音信息、视觉信息、味觉信息和触觉信息。有效的传播者在沟通的过程中，不仅善于转换媒介，而且善于使用多种媒介。

下面我们看一段对话，我们看看他们使用媒介的情况。

妻子：你怎么又迟到了！我们总是不能按时赶到亚当斯家。

丈夫：我已经尽力了。

妻子：**（挖苦地）**是啊，你尽力了。你总是尽力了，不是吗？**（摇晃着她的手指）**我看我带着这个东西的时间不会太长了。

丈夫：**（提高声调）**你说什么？我只不过是办公室有点事情来晚了。

妻子：可我的工作也和你一样忙，你知道的。

丈夫：**（放低声音）**好。好。我知道你也一样工作很忙。我从不怀疑那一点。听着，我确实因为有一个会要开。**（把他的手温柔地放在妻子肩上）**别想这些了。走吧。去比尔和艾伦家的路上我会好好告诉你是怎么回事。

妻子（**最初的信息发出者——编码者**）对丈夫（**信息接收者——解码者**）发出了什么信息？她通过她的语言、声音和身体动作让他知道她生气了。丈夫则以同样的方式，运用语言、声音暗示和手势图解他的举动。在这个过程中，两个人都被事件的性质（**约会迟到**）、各自的态度（**他们对所发生事件的感受**）和双方过去的经历所影响。二者之间运用的媒介主要是人体本身变换出的不同媒介，如诉诸声音的耳媒介、诉诸视觉的眼媒介及人体势态语（**服饰语**）等，学者们将人本身称为多媒体。

3.1.4 噪声（障碍因子）

在传播的环境中，我们可能或多或少地会受到一些干扰。噪声是指任何扰乱或歪曲我们发出和接收信息的能力的事物。虽然我们总是习惯地将噪声想成是一些特殊的声音或声音群，但是传播者认识到，噪声的形成可能同时具有内部的和外部的。内部的噪声可以归结为传播者的心理和天性、智力能力以及身体状况。外部噪声则可以归结为环境（客观环境和人为环境）。也就是说，噪声既包括了外界干扰因素，比如响亮的汽笛声、电话线断了、声音不清楚、电视信号不好、让人厌烦的气味、燥热的房间；又包括个人因素，比如偏见、空想、不满足的感觉，还包括语义因素，比如不能确定对方话语中真正的意思。这些都会影响信息的传播与沟通。

试想一下，我们每个人都可能至少受三种干扰。一是外部环境的干扰，由于我们不能改变沙尘天气，或街道噪音的干扰。二是受他人的干扰，在您的生活周围，总有一些人这样或那样地干扰您的进步和成长。您又无法改变这些人，所以非常苦恼。三是自我的干扰。有时我们会因为不能如愿而烦恼，有时我们也会莫名其妙地烦恼。

怎么办？有没有什么办法可以排除这些干扰？要知道，只有排除了这些干扰，我们在与他人的沟通过程中，才能取得较好的效果。排除这些干扰的方法只有一个，那就是首先进行内向传播，想清楚应当如何走出这种困境，唯一的办法就是改变自己。如果我们把内部干扰因素和外部干扰因素看作各占50%的话，首先改变自己这50%，这样干扰因素就少了一半。久而久之，您会发现，自己的言行改变其实时刻都在影响着他人的言行。排除内在的噪声更重要。

3.1.5 语境

传播总是发生在某一特定的语境和场景中的。语境常常是影响传播与沟通的因素。所谓语境就是语言的环境，或者使用语言的环境。语境这个概念的含义十分丰富，狭义的语境，专指说话的前后句、落笔的上下文，它针对的是语言符号的言辞语境，像语音、词汇、语法的这种系统（或称语流语境）；广义的语境，是指使用语言的主客观情境，它不直接表现为语言符号，但是影响和制约语言的使用及效果，一般称之为言辞外语境（情景语境）。言辞外语境又可分为主观因素和客观因素。❶

主观因素包括谈话参与者的身份地位、心理背景、文化背景、谈话目的、谈话内容、谈话方式，以及他们之间的关系；客观因素主要包括谈话的时间、地点、场合、交际渠道（所选择的媒介等）。综合起来说，语境就是交际过程中说话人运用语言表达思想感情时所依赖的各种因素，这些因素或显现为话语中的上下文，或显现为话语外的主客观情境。

我国修辞学的奠基者陈望道认为，与语境最有关涉的不过六个问题，“何人、何故、何事、何地、何时、如何”。这里的何人指的是“谁对谁说”，包括传、受双方。在他看来，语境就是从写说的酝酿阶段到发表、传播阶段的全过程中的六个要素。因为，每个人讲话，描述一件事，表达自己的思想、观点，都离不开一定的时间、地点、场合。

城市方言学派社会语言学家拉波夫也提出三个变量，他认为，社会语言学的基本问题就是，某人、为什么、说某种话。也就是什么人、为什么、如何说，具体来说，就是这个人（或那个人）在这个情况下（而不是在另一个情况）非要这样说（而不是那样说），而且用这种说法（而不用另一种说法）来说这种内容（而不是那种内容）的问题。实际上，这三个变量可以理解为六个变量，即什么人、何地、何时（在特定的社会语境里）、为什么这样说（怎么说）、对谁说、说的什么内容（说什么）。

无论是六要素，还是六变量，其实都是语境概念的基本内涵。有一则“一顿好饭惹了两肚子气”的故事，就说明了语境对传播的影响。

有一对新婚夫妇，互相间你爱我，我疼你，但说话都不太注重地点条件和时间条件。有一天，妻子给丈夫做了一顿油炸糕，是豆沙枣泥馅儿的，丈夫吃着又香又甜，就说：“这油糕真不错，我最喜欢吃。”一听丈夫这么说，妻子当然高兴了，正好头天的馅儿没包完，第二天她又做了一顿油炸糕。这一天，她丈夫干的是割麦子的活儿，顶着烈日干了一上午，又热又渴。中午回来，他一心只想吃点稀的、喝点汤水什么的。一看又是油炸糕，就说：“怎么又吃这个？”妻子说：“你不是说油炸糕最好吃吗？”丈夫说：“好吃？好吃也不能天

❶ 吴郁．主持人的语言艺术［M］．北京：北京广播学院出版社，1999：33－34.

天吃这个呀，你不是存心整我吗？”

……妻子本来满心欢喜地想让丈夫吃顿可口饭，谁想他却不冷不热地冒出了这么一句，当然不高兴了，就也不客气地说：“哼，好心当成驴肝肺。早知道你这样，我还不如把油炸糕喂了猫呢。”她这么一说丈夫可就受不了啦，于是，两人就你一句我一句地吵起来了。……结果是一顿好饭惹了两肚子气。

这小两口之间的交流与对话，是否受语言和语境的影响？说话者除了要掌握说话的艺术外，也要讲究语言与语境的融合，这样才便于沟通。在外工作与回到家里，因说话的时间和地点不一样，所使用的语言符号也要做相应的改变。如果丈夫看到妻子辛辛苦苦给自己做油炸糕，心里虽然不高兴，也不要破坏这个气氛，他可以开玩笑地来一句“好吃，好吃，你真傻得可爱，给我火上浇油呀，快给我倒杯凉白开，我凉快一会儿再吃饭”。妻子看到丈夫又热又渴，应该主动地倒杯水，并抱歉地说：“对不起，我今天忘记了你下地干活去了，应该给你做稀饭来着”。这么一说，两口子可能就不会争吵了。我想，在日常生活中，很多矛盾大概都是因为语言表达欠完善或不懂沟通艺术造成的。

实际上，“我想怎么说就怎么说”，是一种不存在的、一厢情愿的愿望。事实上，人不能想说什么就说什么，不能想怎么说就怎么说，不能想什么时候说就什么时候说，不能想在什么地方说就在什么地方说，不能想对什么人说就对什么人说。我们在说话的时候，总是顾及这顾及那，看人的脸色，不断地改变初衷。“我们在做语言的奴隶，不折不扣的奴隶。我们在受非语言环境的左右，也在受语言性语境的左右……”❶

这就是说，语言或者说话语，包括词汇选择、组织和诉诸声音的方式方法要适应语境的变化，这也就是语境对于话语的干涉；无视这种干涉，不看对象、不问场合都用同样的方式、口吻说一样的话，就可能出现在这里通达，在那里碰壁的情况。

人际传播有一个特点，交际双方不管自觉不自觉，实际上都是从自己的特定目的、特定的语言环境出发运用语言的。同样的语言表达，完全可能因目的或语境的差异，导致理解上的歧义。作家老舍讲过一个笑话：

有一个人，他的太太很笨，干什么活都干不好，还不承认自己不行。有一

❶ 钱冠连. 语用学：人文网络言语学［J］. 读书，1996（11）.

回，丈夫到人家吃饭回来，对太太说："人家请我吃饺子，他太太做的饺子，皮儿、馅儿、火候都好。真好吃！"这位太太接过话儿说："包饺子谁不会？明天把那位先生请来，我让你们瞧瞧！"

第二天，丈夫约好了客人。这位太太买了二斤面、二斤菜、二斤盐，动手就做，客人夫妇来了，由先生陪着，三个人说着话，一会儿，这位太太从厨房里端出三个一尺多长的大饺子，摆在桌子上，说："你们吃吧！"

先生一看就愣了，说："天哪！"太太忙回答："不能添了，一人就一个。"先生气得用手指着太太的鼻子说："你呀！"太太回答："我呀，用不着你们管，我也有一个，在厨房里正煮着呢！"[1]

老舍讲这个笑话，意在说明"好的笑话，是没法子翻译的"。是的，这个笑话的可笑之处，在于汉语的同音异义词引起说、听之间的误解；假如翻译成外语，大概很难让人笑起来。不过，从中也可以看出误解的另一个原因：说、听目的的差异，丈夫为表达生气而用"天哪""你呀"这两个感叹语，而妻子大概是怀着得到丈夫称赞的期望进行交流的。目的不同语义也就相左了，结果就成了笑话。

在日常生活中，我们每个人的谈话内容常常会受到社会、时代、地域、文化等因素的影响；为此，我们在进行信息"编码""解码"的时候要考虑各种因素的影响。仔细想想，有时候在不知不觉间，地点条件和时间条件即语境的不同，常常会影响我们的传播。

3.2 沟通的要素

3.2.1 反馈

反馈（feedback）：介于信源与接受者之间的一种结构，是由接受者在接受讯息后对信源的一种后续的反向传播，也是沟通环节的重要因素。

沟通与传播的要素一样都离不开人、信息、渠道（媒介）、噪声、语境、反馈和效果。只要我们和一个或多个人进行交流，我们自觉或不自觉地会使用这7个要素，传播与沟通的不同之处，传播重在信息的传递，而沟通重在信息的反馈。

在传播过程中我们所感知到的回应的语言和非语言暗示就起到了反馈的作用。反馈的语言符号在某种程度上决定了传受双方信息交流的持续或结束。反

---

[1] 转引自《午间半小时》1987年播出稿。

馈的信息内容往往给他人留下深刻的印象。别人对我们行为的一个微笑、一次皱眉、一声大笑、一句讽刺、一句低吟，甚至只是一段沉默，都会让我们彻底改变、修改、继续或结束某件事情。鼓励我们继续行动的反馈，我们称之为积极的反馈，它的作用是促进任何正在进行的行为。相反，消极的反馈则抑制行动的进行，它起到矫正的作用，而不是支持的作用。所以消极反馈能帮助我们减少那些不被人所期望的、无效率的行为。使用消极反馈时，需要注意两个问题：一是看我们与交流的对象的熟悉程度，如果对信息的接收者比较熟悉，使用消息反馈可能会对其起到积极的作用，相反可能会导致双方关系的不良影响；二是看我们的思维方式，“积极”和“消极”这两个词不能被简单理解成“好”和“坏”，其实这两个词只不过体现了反应是如何影响行动的。

积极反馈和消极反馈都可以从内部或外部生发出来。内部反馈是指自己给自己的反馈，用来指导自己的行为或表现；外部反馈则是由传播事件中其他人传递来的。要想做一个有效的传播与沟通的人，您必须对这两种反馈都十分敏感，对自己的反应和对他人的反应报以同样的重视。

3.2.2 效果（关系）

当人们在进行传播与沟通的时候，总会在某种程度上因为这个互动的过程而改变。换句话说，传播是具有某种影响的，而且这种影响可以被看作各种影响的交换。这意味着传播与沟通总是对您以及与您互动的人或人群产生一定影响。

这种影响可以是感情上的、身体上的、认知上的，或者这三种的任何组合。一次人际传播、团体传播或者公众传播都可以造成愉悦、愤怒或悲伤的感觉（感情上的）；传播与沟通也能使您打架、争吵、变得无动于衷或是逃避（身体上的），或者，它也能带来新认识、新知识、对问题的重新考虑、沉默或迷惑（认知上的）。最终沟通的结果也可能是刚才提到的三种影响的任何组合。但是，由于影响并不总能被别人发现或马上就被观察到，所以也就不只是简单的对视觉或听觉的满足，而很明显要复杂得多。

比如网络新技术的出现，在很大程度上改变了社会装置，它正潜移默化地影响着人与人交流的方式。尽管网络和 E－mail 的运用让人与人之间交流的某些形式增多了，但它同时也限制了其他一些形式的运用。比如，对于网络使用者来说，13% 的人说他们与家人和朋友的联系减少了，59% 的人看电视的时间减少了，34% 的人看报纸的时间减少了，25% 的人由于花太多时间在网上所以工作时间也延长了。[1]

怎样提高自己的传播与沟通效果呢？首先，要积极地参与到传播与沟通的学习中，让自己有机会在实践中得到锻炼，使自己传播与沟通的智慧增长；其次，要相信提高传播与沟通的技能对您的生活质量将产生无可估量的作用。

思考题

1. 传播与沟通的要素有哪些？
2. 在人际交往过程中，为什么无声语言（势态语言）不可或缺？
3. 简述中国的“语”与“文”有什么不同？
4. 从沟通的角度来看，“见什么人说什么话”有道理吗？为什么？

[1] Stanford Institute for the Quantitative Study of Society [J]. New York Times, 2000 (2).

第4章
传播与沟通的应用类型

传播与沟通的类型主要有三大类：人际传播与沟通、大众传播与沟通和组织传播与沟通。

4.1 人际传播与沟通

人际传播（interpersonal communication）是个人与个人之间的信息传播活动，也是由两个个体系统相互连接组成的新的信息传播系统，从广义上讲，人际传播是指个人与个人、个人与群体、群体与群体之间通过个人性的媒介（面对面传播时使用的自身感知器与非面对面时使用的个人性的通信媒介，如电话、手机、信函等）所进行的信息交流。人际传播可以借助一定的传播媒介相互交换信息，但更多时候，它指的是人与人之间面对面的信息交流。

人际沟通与大众传播相比，更多地表现出沟通的本质含义。它不仅表现为人们之间各种活动、经验、能力的交流，还表现为人们的情感、意向、意见、思想、价值和理想的相互沟通与理解。

人际沟通的形式来源于内向沟通（自我交流即主我与客我的互动），它是在内向沟通的基础上发展起来的一种重要的沟通方式。人们有自己的语言，这是人的一种天赋。正是由于人们有语言，会说话，所以人们往往在思考问题的时候会自言自语。当有沟通对象存在的情况下，这种自言自语发展成为人与人之间的面对面交流，即人际沟通。这不仅包括言语沟通，也包括非言语沟通，不仅指面对面的交流，也包括使用电话和写信等形式的沟通。人际传播是社会生活中最直观、最常见、最丰富的传播现象，也是最重要的沟通方式。

人际传播包括很多方面的内容，既包括交流关于环境变化的有用信息，也包括交换有关特定问题的看法和意见，还包括沟通人与人之间的感情。人际传播具有传递和接收信息的渠道多、方法灵活，信息的意义更为丰富和复杂，双向性强、反馈及时、互动频度高等特点。人际传播的社会功能是多方面的，它是社会成员交流信息的重要渠道，是实现社会协作的重要纽带，也是传承社会文化的重要工具。对个人来说，人际传播也是完善和发展自我的重要途径。

人际沟通有三个主要功能，即联系功能、心理活动功能和约束功能。联系功能指人与人之间、人与环境之间的联系是人际沟通所提供的；心理活动功能是指人际沟通使我们能够感应、记忆、计划我们的思想、心理活动以及表达方式；约束功能是指人际沟通可以使人们人为地规定某些规章制度并得以认同，从而用来约束自己和他人的行为。这三种功能从物理、情感和智力方面揭示了人际沟通对于人们生存的重要意义和其客观属性，指出人们以此从文化、社会和心理上建立和发展与世界的联系，以此说明人际沟通在我们实际生活中所起的重要作用，向我们展示了人类借助人际沟通从自然王国向自由王国进化发展的历程。

人际沟通是否仅指人与人之间面对面的沟通？回答是否定的。

首先，在参与沟通的人数上是有限定的。仅指两个人之间的沟通而言，如果多于两个人在一起进行信息交流，我们通常称为小群体沟通。

其次，两个人之间的沟通主要是指面对面的沟通。但是，除去面对面的沟通之外，两个人之间的沟通有时也通过其他中介形式进行，例如第三方人士等。我们常常也将这种两个人通过中介进行沟通的形式归为人际沟通的范畴。

人际沟通与人际关系有着密切的联系，它是人际关系影响的反映。人际沟通是一种活动，是参与者为了实现一个共同的目标一起工作，而不是一个人对另一个做工作；不是一方对另一方的操纵，而是双方彼此的相互影响，而且这种影响或改变是相互的、不定向的。过去，人们一直认为，劝服一般发生在一个人对另一个人的说服过程。结果应该是劝服者改变被劝服者，最终结果只有开始安排的“被劝服者”改变了态度和行为。但沟通的实践表明，这是理想化的模式。事实上，当一个人试图改变他人的态度和行为时，结果被改变的往往不是目标对象，而是自己。这是因为人际沟通是一个相互影响、相互作用的过程。在此过程中，被劝服者尤其要对劝服者做出反应。同时，很有可能被劝服者试图利用特定的机会和形式劝服了“劝服者”的态度和行为。这样，结果与初始的角色有可能调换过来。在人际沟通过程中，这种角色互换现象是随时发生的，参与者实际扮演着双重角色。当一个人试图劝服对方时，应将对方看作同样角色来对待，尽可能发现对方的长处和优点。只有这样，才能使劝服成为一种互动过程。

此外，沟通活动也受到控制关系、信任关系和亲密关系的影响。控制关系作为人际关系的一个层面是指在人与人关系中的权力分配形式，特别是这种权力对互动的驱使，或者说对人际关系相互作用的影响力。这种控制一般表现为一方的主动意见和另一方的被动顺从，这种关系是一种服从关系或互补关系。

这种控制关系很难带来真正意义上的沟通。信任关系表示对对方的相信程度，一方对另一方表现为一种义务的承担关系。亲密关系指双方可以独立地满足对方的需求，而被满足者认为是情理中的必然。

4.1.1 人际传播与沟通的特点

1. 具有双向交流、反馈及时的特点

人际传播与沟通主要指人与人之间的信息交流。人际传播简便易行，不受机构、媒介、时空等条件的限制。所以在传播活动中，人际传播是广泛应用的基本传播形式。特别是在媒介使用还不够普及、不够方便的广大偏远农村，人际传播往往是主要的沟通方式。

就传播活动中信息的发出者和接受者而言，在同一次人际传播活动中交流的双方可以互为传播者和受传者。接受信息的一方能够即时做出反应，而且使反应传递到传播者，这时，开始发出信息的传播者就转变成了接受信息的一方，成了受传者；而原来接受信息的一方转变成了信息的发出方，成了传播者。所以，在人际交流的过程中交流的双方或多方都在不断地变换着自己的角色，不断地接受信息和发出信息。换句话说，沟通双方的每一方既是讯息的发出者（传者），又是讯息的接受者（受者）。在试图影响他人的同时，也受到他人的影响。

由于人际传播中的反馈及时，所以双方的交流也就容易充分。交流的双方都可以即时了解对方对信息的接受情况和自己的传播效果，这样就能够及时地调整自己的传播策略和技巧，以提高传播的针对性。如在健康教育的人际传播活动中，健康教育人员应该根据传播的目的、信息内容和传播对象的反馈随时了解传播效果，随时调整传播技巧，以提高传播效果，实现传播目标。这种在传播活动过程中即时收集反馈信息、即时调整传播技巧的特点在大众传播中就无法做到。

2. 具有信息渠道（媒体）多样化的特点

加拿大著名的传播学家马歇尔·麦克卢汉（Marshall. Mcluhan）在撰著的《媒体通论：人体的延伸》一书中提出：媒体是人体的延伸，笔是手的延伸，书是眼的延伸，文字是视觉的延伸；广播是耳的延伸，无线电通讯是听觉的延伸；电视是眼和耳的延伸，数字是触觉的延伸；衣服是皮肤的延伸；房屋是人体调温器官的延伸；交通工具是脚的延伸。他的一个著名的观点是“媒体就是讯息”（the medium is the message）。

在人际传播与沟通过程中，特别是面对面的交谈时，被称为多媒体的人体本身，常常会使用多种渠道或媒体进行交流。例如，一个人想与另外一个人终止过去曾经特别浪漫的关系但又不想伤害对方，这个人可以与对方进行面对面的谈话。此时所使用的媒介渠道，除了声音媒体（有声语言），还有视觉媒体(势态语)。但是，假如不想面谈，因为可能有时不好意思或怕对方处于一种尴尬的状态，他就有可能干脆送一个纸条（运用纸介媒体）。又如，一个人忽然得知在外地的母亲病了，需要送上他的安慰和爱，这时他可以打电话。因为如果写信时间可能太长，打电话的好处可以使他听到对方的声音，同时也许还可以判断病情的严重性（使用手机媒体）。因此，时代的变化，媒体的发展，使得我们比起远古时代的人们在沟通方式上有更多选择的机会，这是以沟通媒体为代表的现代社会的特征。当然，也同时要求生活在现代社会中的人要有很高的决策能力来面对这些选择。

3. 具有较强的情境传播特点

人际沟通的过程可以非常简单地描述为：在一定的环境背景下，人与人之间所进行的信息编码和译码过程。首先编码要决定传递什么信息，如何进行传递才能更有效，对方才能透彻地理解。所以在交流的过程中，双方尽可能地运用比喻或讲故事的形式，将对方带入一个相对容易理解的场景中，使对方通过这个情境领悟所表达信息的意义。这不仅表现在一系列的心理活动上，而且还显示一个人的语言知识水平。译码同样需要语言知识、生活经验、社会经验、思维推理能力、文化素养等。可以看出，人际传播与沟通具有较强的情境传播特点。

4. 具有非制度化的自发的特点

这里的非制度化是指，人际交谈过程中所传递的信息比较自由和随意，没有一定的约束性和规范性，很多情况下是有感而发，对某个共同的话题自发地、自由地发表自己的见解。

5. 具有高频度互动的特点

相对大众传播而言，人际传播的信息量虽然比较少，覆盖的范围也比较小，传播的速度也比较慢，但是在一定时限内，人际传播与沟通的信息互动的频率或频度比较高。无论是面对面谈话，还是通电话，都很容易得到对方的反馈。当一方发出信息后，马上可以感知对方的反应，从而有机会和可能给予进一步的解释，答复对方并做出相应的调整。由于双方交互的频度高，对某些问题的看法可能也会从分歧逐渐趋向一致，双方的关系也可能会由陌生到熟悉。

6. 具有受社会性与心理障碍影响的特点

沟通与传播本身是一个信息循环过程。信息从传者发出去，再由受者返回来。因此，传者与受者之间是信息往返的空间。在这个空间中，因为接受者的理解能力、知识背景、接受习惯以及记忆力等原因，双方对信息内容的理解和认知均可能大相径庭。特别是在多级的人际传播活动中，接受者受社会性与心理障碍的影响，信息更容易走样。因此，在进行人际传播活动时，应更多地从对方的角度理解信息的内容，并注意对信息质量进行监测，从而获得较理想的沟通效果。

7. 传者与受者双方易于相互理解

传者与受者双方都可以借助言语和非言语沟通来表达自己的情感和意见，有助于相互理解。在语言方面，双方可以及时核对并澄清对方所用的词句，消除不确定性的疑虑。在非语言符号方面，如表情、眼神、姿势、语气、谈话节奏、声调、气质、服饰等都可以表露双方内心的喜欢、厌烦、急躁、从容、窘迫等倾向，以及对对方内心世界的理解。

4.1.2 障碍人际沟通的关键因子

障碍人际沟通的原因很多，有客观方面的、主观方面的、文化方面的、环境方面的、经济方面甚至政治方面的，等等，但最重要的关键因子有 3 个。

1. 没有信息沟通的意愿

信息沟通的意愿主要来自两方面：一方面，人的社会价值是否愿意实现，即人所拥有的隐性知识与显性知识是否愿意让众人共享，为社会做些贡献。“人的社会价值是指个人的创造活动对于满足社会需要所作的贡献。”爱因斯坦曾说过：“一个人对社会的价值首先取决于他的感情、思想和行动对增进人类利益有多大作用。”如果双方没有信息沟通与传播意愿，也没有求助他人帮助的意愿，双方的关系可能很难有进一步的发展。另一方面，人的个人价值是否愿意体现。“人的个人价值是指社会对人的创造性活动在物质和精神两个方面给予尊重和满足；也是为满足个人需要所做的发现和创造。”人的社会价值与自我价值是统一的、不可分割的。一个人把社会公共利益放在首位并为社会作出贡献，他就具有了很高的社会价值，同时也使自己受到社会的尊重，变得高尚完美，实现了个人价值。如果忽视个人价值，只讲社会价值，势必会挫伤群众的积极性。因此，在人际沟通活动中，社会或相关组织应对个人的付出给予支持和奖励，以激励其信息沟通与传播意愿的产生。

2. 各自以我为中心

在人际沟通的过程中，如果一旦把自己看得过重，始终以我为中心，可能会不知不觉地会轻视他人的想法和见解，而固执己见地用自己的经验去对他人做出判断，或试图控制他人或只想说服他人，从而不能真正地倾听和理解他人的信息内容，导致沟通不畅或引起对方反感，这是关系人际沟通是否有效的主要因子之一。

3. 自以为是

在人际沟通过程中，如果把自己的位置抬得很高，总认为自己比对方强，自己懂得很多，这样在与别人交流时，往往会轻易打断别人的话，或者会自认为对方听懂了自己的意思，不再注意对方的表情和反应，或者左顾右盼、心不在焉，或者不能够虚心和耐心地听完对方的讲话，这种行为自然会影响对方对自己的信任程度，导致沟通停滞。可见，了解人际沟通的特点固然重要，但是更重要的是要善于在实践中努力培养自己谦卑的心态和忘我的能力。

4.2 大众传播

大众传播（mass communication）是指个人或组织通过文字（报纸、杂志、书籍）、电波（广播、电视）、电影、电脑、网络等印刷和电子媒体，利用图像、符号等形式，向不特定的多数人表达和传递信息的过程。因为大众传播是通过媒体（media）的形式进行的，是少数传者与多数公众之间进行的传播，因此也称媒体传播。

传递信息是媒体的基本功能。在传播沟通过程中，一种信息要在传者与受者之间加以传递，必须通过某种介质。例如，人的谈话需要的媒体是空气中的声波；手势或体态语的媒体是光波刺激受者视觉从而达到传递的目的。因此，对媒体的分析有助于我们对适合传递形式的鉴别以及受者的理解能力的选择。例如，如果利用谈话作为沟通形式，我们必须通过神经、肌肉的运动来创造声音，同时也一定要能够听到并理解这种声音才行。体态语的信息也需要使受者能够看清。简言之，无论利用任何一种沟通媒体，印刷、电话、电影或广播，都需要将一种信息转化为适合于传递媒体和人类感官的形式。

我们的时代是一个大众传播的时代，书籍、报刊、广播、电视等大众传媒的信息传播活动不仅普及到社会的每一个角落，而且渗透到社会生活的各个方面。在现代社会里，大众传播是人们获得外界信息的主要渠道，是实现国家和社会目标的重要手段，是社会上各利益集团争取和维护自身利益的工具，又是社会文化中娱乐的提供者。所谓大众传播，指的就是专业化的媒介组织运用先进的传播技术和产业化手段，以社会上一般大众为对象而进行的大规模的信息生产和传播活动。大众传播具有环境监视、社会协调、社会遗产传承和提供娱乐等功能。

4.2.1 大众传播的特点

（1）具有组织性。大众传播的传者通常是一个庞杂的机构，内部有精细的分工。如以报纸传递信息的报社，即由采访、编辑、评论、广告、经营等许多部门组成。

（2）在传播内容上具有公开性和易逝性。大众传播与密码、旗语、信鸽、书信等传播现象不同，它不带有保密的性质。这就决定了各种社会制度下的政府部门，往往以不同的方式或在不同的程度上，对传播内容加以审查和控制。报纸刊登的消息，广播、电视播送的节目，通常只具有一次性阅读、视听的价值，除非受传者为了某种用途，以剪报、录音、录像等方式将信息贮存起来。这就迫使传者必须注重信息传递的时效。

（3）具有很强的选择性。一是传播工具对受众有一定的选择；二是受众对传播工具有一定的选择偏好，年龄、性别、职业、文化素养、个人兴趣等可以使受众分为不同的读者层、听众层或观众层；三是受众对传播的内容可以任意选择；四是受众对参与大众传播的时间可以自由选择。受众的选择性表明，大众传播并不意味着对每个人的传播。

（4）受众具有不知名和参差不一的特点。传者可能了解受众总体的某些情况，但对具体的受传者往往是不熟悉的。

（5）在信息流通上具有单向性。受众无法当面提问、要求解释，整个传播过程缺乏及时而广泛的反馈。

（6）具有快速性。不断吸收最新科学技术，提高传播信息的速度，是大众传播的一个发展趋势。

（7）受众覆盖范围大。由于信息技术不断地更新和发展，各种电信传输系统、无线电广播系统、有线电视网络系统、卫星电视网络系统、计算机网络系统等都在不断地出现、应用、普及和提高，加大了图像、声音、文字等多种媒体大容量传输和远距离传输，其受众覆盖范围也相应扩大。

4.2.2 大众传播与人际传播的区别

一般认为，大众传播和人际沟通相比，主要有两点不同：①大众传播反馈较难或往往滞后；②大众传播受者的选择性较强。具体区别见表 2－1 所示。

表 2－1 人际传播沟通与大众传播沟通的区别

指标	大众传播	人际沟通
1. 一次感官的调动	限于 1～2 个	所有感官
2. 反馈机会	最少，推迟	最多，立即
3. 谈话速度的控制	不能控制	可控制
4. 讯息代码	高度言语性	高度非言语和言语性
5. 增殖力	高	低
6. 讯息流向	单向	双向

续表

指标	大众传播	人际沟通
7. 讯息准确率	高	低
8. 保存讯息力	高	低
9. 选择受众能力	低	高
10. 克服选择性和噪音的能力	低	高
11. 满足特殊需要的能力	为共性需要服务	为特殊需要服务
12. 对广大受众的沟通速度	快	慢
13. 可能的效果	获得知识	改变态度和行为

4.3 组织沟通

组织是指为了一个共同目标而结合在一起工作的群体。例如，有研究者认为，“组织是一个通过协调活动来达到个体和集体目标的一个社会集合体。通过协调活动，某种程度的组织结构得以建立起来，以帮助组织成员处理相互之间以及更大的组织环境中其他人之间的关系。”❶ 这种目标无法靠个体单独完成，需要组织成员齐心协力共同完成。而在此过程中，则需要大量的沟通传播活动。“人们必须组织起来获得生存，而人们主要通过传播来组织。主要以人类互动的本质和有效性为核心，当这种互动发生在工作环境中时，就称为组织传播。”❷ 组织传播便是组织内部成员间和组织与其他群体间的信息交流活动。

具体地说，组织传播是由各种相互依赖的关系结成的网络，为应付外部环境的不确定性而创造和交流信息的过程。它的根本任务是清除或减少组织及组织成员对自身环境的不确定性，沟通组织内部的联系。

4.3.1 组织传播的功能

1. **内部协调**

组织中的各部门❸与各岗位都由一定的信息渠道相连接，每个部门和岗位同时也都执行着一定的信息处理职能，是组织传播的一个环节。这些环节通过

❶ ［美］凯瑟琳·米勒. 组织传播［M］. 袁军，等，译. 北京：华夏出版社，2000：1.

❷ ［美］埃里克·M. 艾森伯格等. 组织传播——平衡创造性和约束［M］.（3 版）. 白春生，等，译. 北京：中国传媒大学出版社，2004：5.

❸ 郭庆光. 传播学教程［M］. 北京：中国人民大学出版社，2003：101－109.

信息的传达和反馈相互衔接，使各部门和岗位成为既各司其职，又在统一目标下协同作业的整体（见图 2－2）。

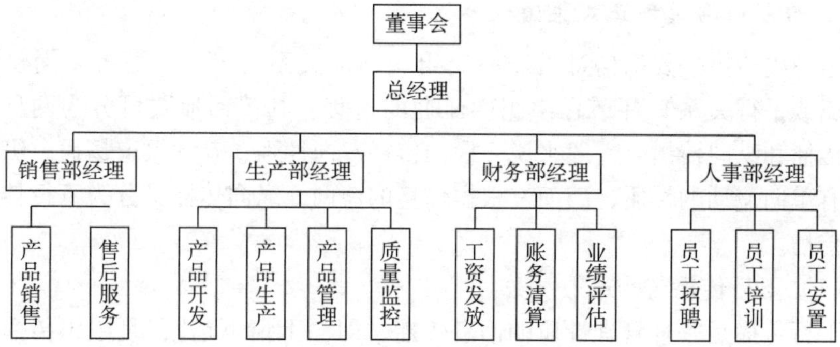

图 2－2　某企业组织传播结构

2. **指挥管理**

组织目标和组织任务的实施需要进行指挥管理。在一个组织中，从具体任务指令的下达、实施、监督、检查、总结，到组织活动规章制度的贯彻和日常管理，一定的信息活动都是在一定的信息互动机制下进行的。

3. **决策应变**

组织是一个永远处于运动和变化之中的有机体，它不断面临组织内部和外部出现的新情况和新问题。适应新情况、解决新问题的过程就是决策应变的过程，这个过程本身就是建立在信息的收集、整理、分析、判断的基础之上的。

4. **形成共识**

一个组织要保持高度的凝聚力和战斗力，必须围绕一系列重要问题如组织目标和宗旨、组织规划、组织方针和政策等，在组织成员中形成普遍的共识。共识的形成本身就是一个组织内的传播互动过程，必然伴随着围绕特定问题的信息传达、说明、解释、讨论等各种形式的传播活动。

综上所述，传播是组织的一个基本属性。组织的任何活动都伴随着信息传播，以至于我们很难说出一种与传播无关的组织活动。考察组织传播，也就是考察组织本身。

组织传播包括组织内传播和组织外传播两个方面，这两个方面都是组织生存和发展必不可少的信息沟通保障。它们的传播具有不同的特点，二者在相互促进的同时也在一定程度上相互制约。

4.3.2 组织内传播与沟通

1. 组织内沟通的正式渠道

组织内传播主要指信息沿着一定组织活动关系（部门、职务、岗位以及其隶属或平行关系）环节在组织内流通的过程。其传播形式可分为两种，即横向传播和纵向传播。一般来说，横向传播双向性强，互动渠道畅通；纵向传播则有单向流动的性质，因而，根据信息的流向，纵向传播又分为下行传播和上行传播。

（1）下行传播与沟通。

下行传播是一种管理性质的信息传播，即“上情下达”，是组织传播最基本和最重要的过程。它在总体上是以最高管理层为信息起点，最基层的个体岗位为终端的自上而下的信息流动。例如2005年浙江省在全省启动了“百万农民信箱”工程，浙江农民信箱采取给每个农民设立一个可管理的免费实名制信箱的办法，使注册用户能够利用电脑和手机短信进行网上交流，这种使农民朋友快速、方便地获得科技、市场信息的方式就是一种下行传播的方法。

下行传播的内容一般包括5个方面：①关于工作任务和内容的指示或说明；②关于组织成员权利和义务的信息；③关于部门和岗位的职责、权限及其相互关系的信息；④工作单位上司对部下工作的评价和奖惩信息；⑤关于组织的目的、理念以及社会作用或贡献的信息。

下行传播的作用，包括使组织成员适应组织环境，了解工作内容，熟悉自己的职责、权利和义务，培养成员对组织的一体感，等等，它是一种以指示、教育、说服和灌输为主的传播活动。

（2）上行传播与沟通。

下级部门向上级部门或部下向上司汇报情况，提出建议、愿望与要求的信息传达活动。这个过程很重要，有三方面的意义：第一，上行传播是中枢指挥管理部门获得信息反馈的重要渠道。通过这个渠道，指挥管理者可以了解组织目标或任务在第一线的贯彻落实情况，并据此对既定决策进行修改，使之更符合实际；第二，基层部门或第一线人员是组织的窗口，他们对外部环境的变化往往握有第一手信息，这些新的信息反映上去，能够成为组织进行新的应变决策的重要依据；第三，上行传播是把握组织成员的精神状态的重要渠道，指挥管理者可根据下面反映的情况及时采取措施，把成员的情绪和士气调整到组织所需要的理想状态。

（3）横向传播与沟通。

组织内同级部门成员之间互通情况、交流信息的活动，其目的是达成相互之间的协调和配合。在横向沟通中，沟通双方不具有上下级隶属关系，平等的协商与联络是沟通的主要形式。横向传播是否活跃，对组织有重要意义。在一个组织中，横向沟通必须得到制度的保证。

2. 组织内沟通的非正式渠道

制度性组织关系以外的信息沟通渠道。非正式渠道中传播形式主要有两种：一是组织内的人际沟通（组织成员工作之余的交谈、单位内外的各种私人交往等）；二是非正式的小群体传播（兴趣小组、自发的创新小组等）。

小群体沟通的特点：①共同的兴趣或目的；②交流的信息广泛；③交流的双向平等性；④本意交流和情感交流的成分多；⑤领导角色互换。

3. 组织内传播的媒体形式

（1）书面媒体。以文字形式书写的文件、报告、信件等。

（2）会议。组织内成员聚集同一场所进行议事的一种传播形式。

（3）电话。现代组织的各部门、各岗位之间，一般由电话系统相互连接。

（4）组织内公共媒体。如一些大企业的社内报、闭路电视系统等。

（5）计算机通信系统。组织传播中使用的其他类型媒体还有许多，例如电传、复印等。

4.3.3 组织外传播与沟通

组织与其外部环境进行信息互动的过程，包括信息输入与信息输出两方面。

1. 组织的信息输入活动

组织为进行目标管理和环境应变决策而从外部广泛收集和处理信息的活动。

2. 组织的信息输出活动

组织任何与外部有关的活动及其结果都带有信息输出的性质。主要指有组织、有目的、有计划地开展宣传活动。主要类型有：

（1）公关宣传。组织为了与其所处社会环境建立和保持和谐关系而进行的各种宣传活动。

（2）广告宣传。广告是一种以付费形式利用各种媒体进行的大面积宣传活动，也是社会组织尤其是企业组织广泛采用的一种信息输出方式。

（3）企业标识系统（CIS）宣传。企业组织使用统一的象征符号系统来塑造、保持或更新企业形象的活动。

4.3.4 案例：农村组织传播

农村组织化程度虽然比较低，但2000年以来，随着农村各项事业的进一步发展，农村组织传播也具有组织传播的一般性特征，特征有如下几个方面：

1. 多种传播方式相结合

组织传播是多种传播沟通方式的综合，它包括人际传播、会议、交流以及座谈培训等不同形式的群体传播，以及新技术引入和应用大众媒介的传播与沟通。

2. 正式传播与非正式传播相结合

按传播方式的组织化程度可分为正式传播和非正式传播。正式传播是指通过组织明文规定的渠道进行的与工作相关的信息传递和交流，这与组织的结构相关。如组织中上级的命令、指示逐级向下传达、下级的情况逐级向上报告，以及组织内部规定的会议、汇报、请示、报告制度等。非正式传播是指在正式传播渠道之外的信息交流和传递，它以社会关系为基础，与组织内部明确的规章制度无关，它不受组织的监督，自由选择传播渠道。如朋友聚会、团体成员私下交换看法、传播的谣言和小道消息等。

3. 单向传播与双向传播相结合

按传播的方向划分，传播可分为单向传播和双向传播。单向传播是指在信息沟通时，一方只发送信息，另一方接收信息，接收信息者不再向发送者反馈信息。如做报告、演讲、下达指标等。双向传播是指在信息沟通时发送信息者不仅要发出信息且还要听取信息接收者对信息的反馈，发送与反馈可进行多次，直到双方有了共同的理解为止。如交谈、协商、谈判等。农村组织传播作为农村的一种传播现象，同时具有如上所述的单向传播与双向传播两种形式。

4. 组织内传播和组织外传播相结合

组织传播包括组织内传播和组织外传播两个方面，这两个方面都是组织生存和发展必不可少的信息沟通保障。它们的传播具有不同的特点，二者在相互促进的同时也在一定程度上相互制约。尤其是组织外传播，容易引起我们的忽视。在“媒介化”社会下，组织的“形象管理”非同小可，而组织外传播则能够或正面塑造，或修复受损的组织形象。

例如：浙江省忘不了柑橘专业合作社便具有组织传播的一般特征，其根据《浙江省合作社示范章程》制定了合作社章程和有关规章制度，坚持“民办、民管、民受益”的原则，做到入社自愿、退社自由，利益共享、风险共担，民主管理、自求发展。合作社的重大事项广泛听取社员和股东意见，民主决策。日常工作在理事会的直接领导下进行，对收购、运销、财务等工作，内部分工明确，纪律严明，工作井然有序，赏罚分明，既有分工又紧密协作。合作社对每一个岗位的职责都做出了明确的规定（见图 2-2），并且各岗位职责制作上墙。合作社对社员也建立了明文规定的奖惩机制。

另外，浙江省忘不了柑橘专业合作社在内部管理上创造了新的合作社管理模式，实行内部分级管理，使合作社的组织结构逐步从“合作社—社员”这种无中间机构的组织向“合作社—生产小组—社员”这类具有科层组织的结构转变。社员被分成若干个生产小组，每个小组与合作社的企业成员建立稳定平等的合作关系。

12 个生产小组，每个小组分别由“一个发起人 + 若干农户”组成，相互订立合同，以“五统一”（统一土壤化验、统一品种搭配、统一用肥用药、统一栽培标准、统一原料采购）为基础，形成紧密型的合作关系。这种合同关系以相对稳定的合作关系为基础。其中的发起人可以是专业贩销大户，也可以是农业龙头企业，或者是非本村的商业企业（超市、水果专业批发市场、加工企业等），完全打破了常规的当地人合作、农户之间合作的模式，而是企业与农民平等合作。[1]

思考题

1. 一般来讲，传播与沟通的类型有哪些？
2. 人际沟通与人际关系有着什么样的联系？
3. 人际传播与沟通的特点有哪些？
4. 大众传播与人际传播的区别有哪些？
5. 组织传播的功能是什么？组织内传播与沟通的渠道主要有哪些？

[1] 周霖. 农民专业合作组织成长与市场进入壁垒的消解效应——关于农民专业合作社产权结构的市场效应研究 [J]. 中共浙江省委党校学报，2007 (5)：52-59.

第5章 信息传播与沟通的基本的模式

模式是指对所描述事物的基本构架及关系的一种理论化的简约表述，或者说是使人可以照着做的固定样式。

5.1 单向传播模式

单向传播模式也称为线性传播模式，即谁（Who）？说什么（Say what）？通过什么渠道（Through which Channel）？对谁（To whom）？取得什么效果（With what effect）？这个模式是传播学者拉斯韦尔（Lasswell，Harold）最先在《传播的社会职能与结构》（1948年）一文中提出的（见图2－3）。“5个W模式”对传播学研究产生了深远的影响。但是也有学者认为此模式过于简单，不能说明传播与沟通的过程的全部内容。后来布雷多克在《拉斯韦尔公式的扩展》（1958年）一文中又增加了2个W，即：在什么情况或背景下？为了什么目的？

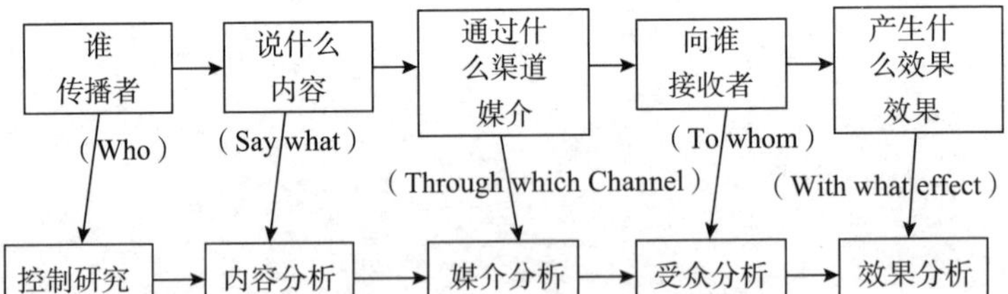

图2－3　拉斯韦尔的线性传播模式

这的确又前进了一步。就在拉斯韦尔提出5W模式的第二年，学数学出身的香农和韦弗在《通讯的数学原理》（1949年）一书中提出了传播的“数学模式”。他们从信息的角度，对传播的结构性因素进行了研究。即：信源（要传递的信息）—发射器（有将信息转变为信号的能力）—接收器（有将信号解释为信息的能力）—信宿（信息要送达的目的—人或物）；再加上噪音（各种干扰）（见图 2－4）。

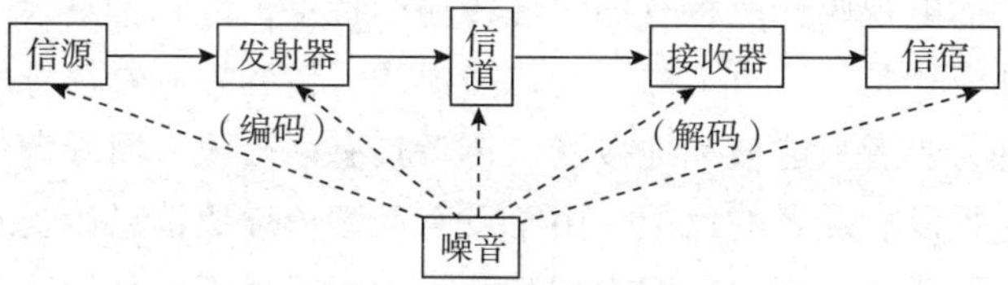

图 2－4　香农－韦弗传播模式（1949 年）

这是描述电子媒介讯息传递过程的基本模式（见图 2－4）：传者将发送的讯息送给发射器，发射器把讯息转换或加工成为信号（模拟信号或数字信号），信号通过信道（适当的渠道）传送给接收器，接收器将所收到的信号转换或还原为讯息。在大众传播过程中，电视制片人、导演和主持人将大众需要的信息经过加工处理录制成节目，将节目带送到发射部，由发射装置将运载信息的声音和图像转换为便于电波传输的音频信号或视频信号，然后经无线电波或导线传送出去，最后由接收装置（收音机、电视机）送至听众和观众的感官。

在此模式中，我们看到，在传者与接收者之间多了一个可能影响传播效果的要素——噪音。这种噪音的干扰一般分为客观和主观因素干扰。客观因素：如在收看广播电视节目时，天线接收功能不好，电视信号弱而非电视信号又过强，造成图像不清晰；教室里光线过强，影响了显示在屏幕上的投影图像的清晰度；教室外过道上的谈话声过大，影响了课堂的教学授课及学生听讲等。主观因素干扰：如接受信息者从心里深处排斥传者发布的信息内容，或因身体不适、情绪低落对讯息内容理解不够全面，甚至曲解或误解了传播者所传送讯息的原意，最终导致到达信宿的讯息并不一定是同样的意思。这是传播或沟通失败的普遍原因之一。

在人际传播中，说话者的大脑就是信源，发声系统就是传送器，空气就是信道，听众的耳朵就是接收者，接收者的大脑是传播的目的地。在人际沟通或传递信息的过程中，噪音可能会有意或无意地对传者和受者发出的讯息带来各种形式的干扰，产生某些衰减、失真、或误读。

该模式里的发射器和接收器主要是从大众传播媒介角度来考虑的。这个线性传播模式，主要适用于大众传播模式，这个模式的进步之处，在于对噪音的研究，无论是大众传播，还是人际传播、组织传播，在传播的过程中都可能由于各种各样的干扰而影响传播效果。这也是“噪音说”对传播学发展的杰出贡献，提示人们：“传者对讯息的理解和解释，受传者对讯息的反应都是影响

传播效果的重要因素”。❶

从这些单向传播模式中，我们可以看出，它们从某些方面反映了大众传播媒介尤其是广播电视媒介所特有的线性传输的特点，但它将复杂的人类传播简单化了。这种模式是一种自上而下的传播模式，传者控制着信息的内容，无论传播什么信息，受者只能被动地接受。传者具有话语权，而受者却被剥夺了话语权。因为这里没有受者的反馈。由于没有反馈，导致信息传受双方信息不对称。在传播与沟通的过程中，双方很难消除和修正噪音带来的问题，使沟通效果不佳。这也是大众传播的局限性。可见，单向传播模式已经不能满足人们的需求，解决的方法就是调动受者积极参与和互动的积极性，加强自下而上的信息对接，以弥补单向传播的不足。

5.2 双向沟通模式（环型模式）

双向传播模式也称为环型传播模式（Osigood 和 Scheamm）。传递信息的过程是双向的，每个人既是信息发送者又是接收者，既编码又译码，具有双重行为。而这种双向的关系是建立在反馈这一机制上的。也就是说，双向对话传播模式更注重信息反馈，注重传播效果。无论是人际传播，还是大众传播，要想取得良好的沟通效果，就必须在反馈上下工夫。

循环传播模式，是由传播学者施拉姆提出的，但他也承认自己的许多观点是建立在奥斯古德首创的基础上，受奥斯古德的启发得来的。于是，有人据此将循环模式归入奥斯古德与施拉姆两人名下（见图 2－5）。这个模式强调一个观点，即在信源与信宿之间，只有在共同经验范围之内才真正发生所谓的沟通。因为只有这个范围内的信号才能为信源的发出者与信宿的接收者所共享。直线模式的兴趣点放在传受者之间的渠道上，而环型模式则注重于沟通过程，而且传者与受者之间是一种平等的、等量的沟通，双方均受各种因素的影响。而大众传播则是一种非等量的传播。

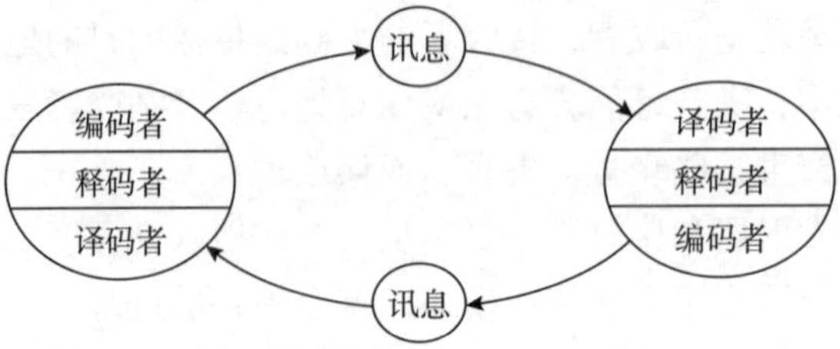

图 2－5　奥斯古德—施拉姆模式

❶ 王德海. 农村发展传播学［M］. 北京：中国农业大学出版社，2012：64－65.

双向环型模式的优点：首先它以双向的环型结构真实地呈现了信息交流的复杂性，较全面地反映了传播的主要过程；其次它增加了另一组要素，以显示信源获得反馈可以经由多种途径（大众媒介设施和反馈设施），而反馈则使信源有可能不断改进传播方式以更有效地适应信宿，从而增加双方之间的相互理解，达到共同性和一致性。同时，该模式也显示了双方之间产生不一致的一个重要原因，即噪音的干扰。

从这个模式中我们可以看出，双向传播模式是对单向传播模式的一种超越，一种进步。而且这一模式较为适用于人际传播，而对大众传播模式分析不够。我们都知道，我们看电视节目时，对于不喜欢的节目提出反馈意见的途径不仅仅限于电视媒介，还可以通过电话、电子邮件、群体传播、人际信息传递等途径提出反馈意见。

5.2.1 感知模式

在双向沟通的模式中还有几种模式，其中之一就是感知模式，即格伯纳模式（Gerbner's General Model）。此模式的贡献在于指出了个体与个体之间的沟通过程不是静止的，而是一个动态的过程，其中也包含不断变化的要素、关系和环境。例如，甲将自己对春晚的感受告诉乙，乙对甲的看法做出反应，同时在某种场合下，又借助某种工具（电话）将自己的看法转告给丙，参与的双方或多方由于相互交流，不断扩大着认知领域，参与者不断地在交流中获得更多关于春晚的观点和知识等信息。这使人们注意到沟通过程是不断向前发展的，现在的传播将影响以后传播的结构和内容。

从这个模式中，我们可以看出感知者与传播产品之间的关系和相互作用的性质（见图 2－6）。

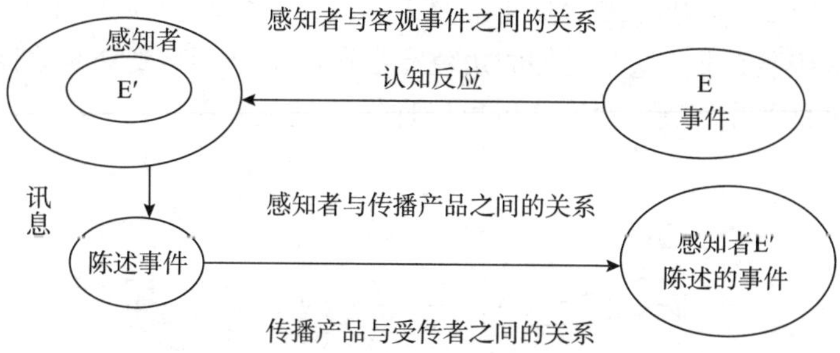

图 2－6　感知沟通模式（源于格伯纳模式）

感知模式对事物的感知一般要经过三个过程。

1. 感知者与客观事件之间的关系

在这一模式中，E 代表被感知的客观事件，E′代表对事件的看法，不同的感知者由于知识背景、个人经历、文化程度等不同，可能对该事件也有不同的认知结果。

2. **感知者与传播产品之间的关系**

感知者想将他对事件的反应或认知 E′传给其他人。于是感知者便制作了一种讯息（包括形式和内容），即对事件的描述或表达。由于制作技术的影响，感知者制作的讯息可能与感知者最初想要表达的意图有差异。

3. **传播产品与受传者的关系**

紧接着，这种讯息可能又被另外一个传者（感知者′）所感知。同样，如同事件（E）被感知者认知后成为（E′）一样，感知者（受传者）所观察到的讯息有可能与传播产品不同。这就是感知模式在人与人之间交流中的特点。

这一模式给人们的启示至少有两点：其一，人际沟通过程常常是主观的、有选择性的、多变的和不可预测的。其二，人际传播与沟通系统一般不是封闭的，一般是一个开放的系统。

5.2.2 中介模式

此模式来源于纽科姆的对称模式（Newcomb'ABX Model）和韦斯特利—麦克莱恩的模式（Westley and Maclean's Conceptual Model）。这是一个试图既能反映情况复杂的大众传播过程，又保留了纽科姆模式中关于两个个体之间动态的传播关系的扩展模式。

韦斯特利和麦克莱恩在 1957 年将当时的各种研究成果加以整理，提供了一个特别适合大众传播研究的系统的模式。此模式根源于社会心理学家海德的早期“平衡及互相理论”和费斯廷格的“认知平衡”[1]。韦斯特利和麦克莱恩分两步修正了纽科姆模式，修正后的模式（见图 2－7）中增加了一个要素——大众传播者 C。这个增加的角色充当在信息源 A 与受众 B 之间传递有关外界环境讯息 X 的“看门人”（也可以称作“把关人”）。

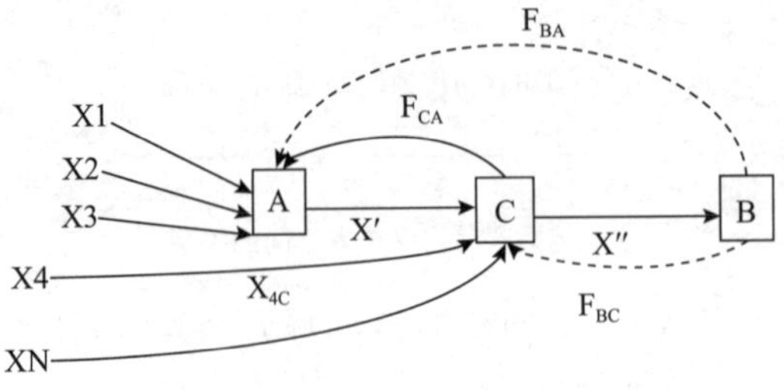

图 2－7　韦斯特利—麦克莱恩模式

---

❶ 戴元光，金冠军．传播学通论［M］．上海：上海交通大学出版社，2000：129－132.

ABX 模式是从社会心理学角度研究两个个体之间沟通关系的一个非常简单的代表模式（见图 2－8）。理论的含义是，当两个人面对同一种外部事物时，由于个人互相喜欢，而同时又喜欢第三者或客体时，在某些关系方面呈现一种平衡（见图 2－9）。

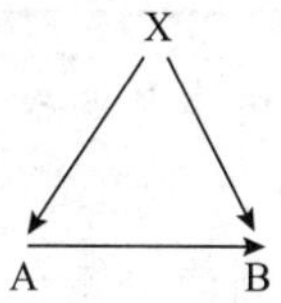

图 2－8　表示两个个体（A 和 B）之间分解，在 A 和 B 之间明确反馈关系

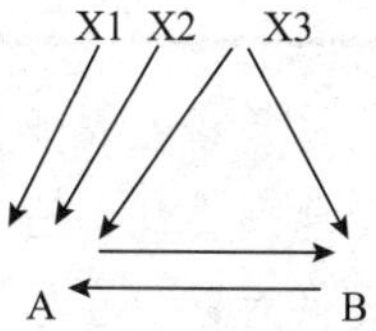

图 2－9　将 X 相互影响以及与另一环境客体（X）之间的关系

当 A、B 双方相互喜欢，但只有其中一个人喜欢第三者或客体时，这时会呈现不平衡状态（见图 2－10）。如果 A、B 双方的关系是平衡的，那么，双方都会抵制变革，保持不变的态度。

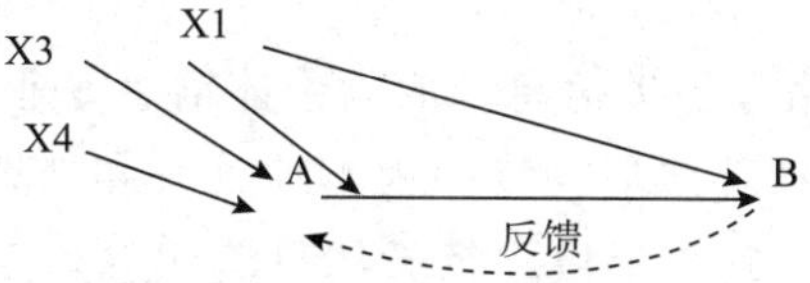

图 2－10　对 ABX 模式的第一步修改

当双方关系处于不平衡的状态时，就需要通过沟通，或者说多次沟通，最终取得认知的一致性，达到平衡。这个模式就是中介模式。

这个模式应用有极强的现实意义，它可以帮助研究大众传播者或媒介组织自身的问题。但是还存在着一定的问题。一是它假定三个主要参与者（鼓吹者 A、传播者 C 和受众 B）之间的关系是平衡的。如果在自由运行的条件下，它可以使发送者和接受者的利益保持均衡，而这在现实中几乎是不可能的。二是它夸大了大众传播的一体化程度，夸大了三个主要参与者对这个过程看法的一致性，而实际上三者都有各自的独立性。三是此模式过分强调了传播者 C 对社会（尤其是在政治事务方面）的独立性。而现实中情况并非都是如此，尤其是在集权统治较强的国家，传播者 C 通常受国家政权的影响。❶

笔者认为虽然这个模式在创建时是针对大众传播的，但是在组织传播和

---

❶ 黄晓钟，杨效宏，冯钢．传播学关键术语释读［M］．成都：四川大学出版社，2005：92－95．沃纳·赛佛林，小詹姆斯·坦卡德．传播理论：起源、方法与应用［M］．郭镇之，等，译．北京：华夏出版社，2000．

人际传播中也可以找到扮演中介角色的C，因此，此模式也能应用于对组织传播和人际传播的研究。并且，组织传播与人际传播运行中的一些机制恰恰能在一定程度上弥补这个模式的缺陷，达到更加理想的传播效果。

案例1　作为中介的信息专业户

信息专业户是指在农业信息领域内充当中介，利用本身的信息专长或交流活动能力接受他人委托，进行信息搜集、传递、报道、推销或帮助分析行情、调查研究、提供对策，在信息交流完成后收取一定报酬的个体户。这种信息专业户可以分为两种：一种是出售或转让信息成果、提供各种信息服务的中介组织（或人）；另一种是仅受雇于一方（信息生产者或信息消费者）为寻求信息及成果买卖服务的中介组织人。❶

据悉，宝鸡陇县城关镇的农副产品购销部就是深受当地农户欢迎的个体信息中介。该信息服务部的经理刘喜泰凭借诚实、良好的信誉，为农户发布或提供市场信息、产品销路等各类信息，成为个体信息专业户。他聘有4名员工。1992年成立了这个信息部之后，专门为本地菜农和外地菜农服务。他的信息沟通工具是1部电话、2个手机。每天从早晨四五点工作到晚上10点左右，到菜场看行情，给客户打电话通报市场农产品行情，然后帮客户组织货源，帮助顾客装车，不收信息服务费，仅收一点装车费。每年为当地农户带来经济效益160余万元，被当地菜农誉为农户之友、致富的帮手。❷

5.2.3　中介模式的启示

1. **讯息的被选择性**

选择可以发生在沟通过程的各个阶段。信息到达的目的地的环节越多，说明被选择的机会也越多。

2. **信源多样化的存在**

多样化的信源，可使受者得到满足。

3. **充当“把关人”的作用**

作为中间角色，可根据受者的需要去收集相关信息。

---

❶ 张曙光．WTO呼唤现代农村信息经纪人［J］．科技情报开发与经济，2002（3）：7－8.

❷ 谭英．中国乡村信息传播实证研究［M］．北京：社会文献出版社，2007.

在传者与受者之间充当“把关人”的作用。

在信息传递中组织协调。

4. 反馈的重要性

反馈在沟通中起着重要的作用，中介角色的C对A或B的反馈，有助于保证各组分之间的关系的系统性。中介C既要从A（组织机构或某个体）或B（个人、团体、组织）中选择双方感兴趣的信息，同时又要选择适当的反馈方式（如非评价型反馈等）反馈给A或B，以保证双方的关系的持续发展。

5.2.4 网状传播与沟通模式

网状传播模式是在电子空间展开的发散式传播模式（见图2－11）。因为网络化的信息系统是个高度开放的电子信息空间。它不同于传统的线性传播方式，网络用户不分国家、民族，不论思想、政见，都可以进入网络，自由地获取、传递信息。因此，网络信息的传播呈多向、发散式的形状。在网络上，所有的网络信息用户都直接面对广泛而丰富的信息资源。作为传者，“把关人”信息优先占有权将不复存在。网络用户在网络中不仅可以主动地选择信息，更为重要的是可以积极地发布信息和意见。

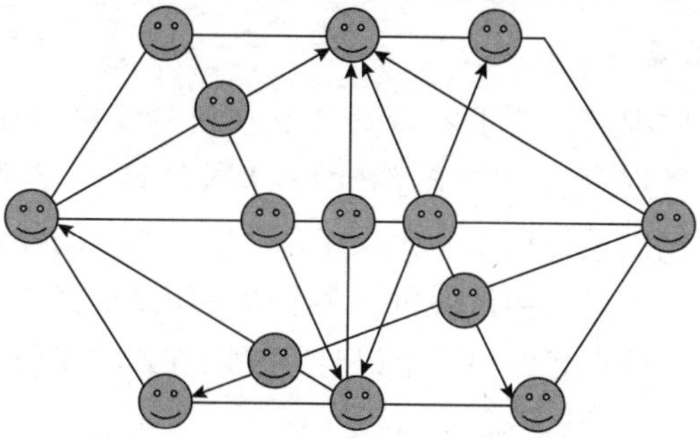

图2－11 网状传播与沟通型

在这张分散型的传播巨网里，任何一个网点都能够生产和发布信息，所有的网络节点生产和发布的信息都能够以断续相间的非线性方式流入网络的经纬当中。每一个点都是一个信源，都是信息发布中心，传统的传受关系不再固定不变，受众可以介入传播过程。

假如我们撇开传统的人际传播和大众传播的惯用形式，而依据网络传播或互动传播的现存状况和发展趋势来看，应当是这样的图状（见图2－12）：

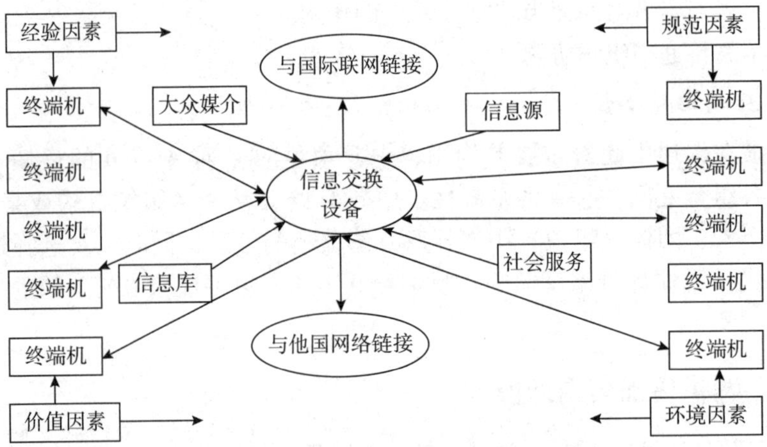

图 2－12　阳光模式

1. **终端机**

理想配置应包括个人电脑、电话、电视机、录音录像机、激光唱盘视盘、翻译机、传真机、复印机、自动打印机以及调制解调器和呼要设备等多媒体，或者主机具有上述功能。云终端是一台不需要 CPU、硬盘和 CD－ROM 的 Windows 多用户网络终端设备，可以最大程度地发挥 Windows 计算机的潜能。

2. **信息交换设备**

这是网络传播的枢纽，要求容量大（交换机的交换容量，是交换机接口处理器或接口卡和数据总线间所能吞吐的最大数据量）、性能高、线路多，以便亿万只终端机之间以及信息库、大众媒介、信息源之间任意联通和交流。千兆端口，万兆端口，信息交换设备包括多个中央信息交换单元和多个外部信息交换单元，后者每个都在各路由器上以时分复用方式收发信息。

3. **信息库**

包括印刷资料库、声像资料库、档案资料库和各种科研资料库。

4. **信息源**

如新华社新闻信息系统、路透社经济信息系统、中国经济电讯系统等，也包括音像品生产、制作中心和有关提供信息的组织。

5. **社会服务**

如“三金”工程系统（“金桥、金关、金卡”工程。这是国家在近年开始起步并正在逐步实施的重大电子信息工程）、电视、电脑购物系统、社会咨询系统（股票行情、天气预报、健康与心理咨询等）。

四项因素是指互动传播中的经验因素、环境因素、价值因素和规范因素。

还有连接成网络的干线传输通道，今后用无线取代光纤、光缆将是一个趋势。这个模式被戴元光称为“阳光模式”。当然这个模式并非尽善尽美，随着认识的深入和扩大，应该进一步加以补充和完善。

随着受众群体的小众化和多元化，信息传播模式也会越来越多。

5.3 中立模式

中立模式是相对于“传递型”模式（单向传播、双向传播等）或“工具型”模式而言的。“传递型”模式或“工具型”模式的主要特征是传者为了达到对一定距离以外的控制目标所实施的符号传递。这种信息的传递说明传播只是一种工具，是传者与受者之间的信息传递。对这一过程的研究，使人加深了对人类传播中相互作用、反馈和解译的认识，以及社会环境对传播的重要性。

与“传递型”模式或“工具型”模式不同的还有“表达型传播或仪式型传播”模式及“展示型”传播模式。

5.3.1 仪式型模式（表达型模式）

这种模式更注重“表达”和“展示”，就像生活中人们举办的均认同的各种仪式，如生日宴会、婚宴、升旗仪式、祭祀等。这种传播常需要以某种“表现形式”来实现，其靠的是人对某事件的理解和对人情感的分享。它是与共享、参与、交际、伙伴关系以及具有共同信念等术语相联系的，不以功利为目标。表达型传播的讯息通常是潜伏的、不明确表达的，所依赖的交际方式和符号不是由参加者选择的，而是由当地文化习俗决定的。这种模式中的媒介（人本身）与讯息一般是很难分离的，也是相对永恒不变的。

什么是仪式？仪式，多指典礼的秩序形式，在古代这个词也有取法、仪态或者指测定历日的法式制度的意思。

人类学家 Victor Turner 用“liminality”解释过仪式，这个词的词源意味着“门槛”（threshold）。在 Turner 的论述中，仪式意味着人从一种状态向另一种状态转化的过渡阶段、中间状态。换句话说，举行仪式是为了转化，为了帮我们准备好走入另一种空间、时间和角色；为了确认和确立权力关系；为了帮助人们按照社会规范，表达情绪，抒发感情，辨识别人的行为和情绪；《我们为什么需要仪式》这样描述了：“良好的习惯能使我们心灵安稳，处事泰然，能更好地面对生活提出的要求，因此我们应该呵护仪式。”[1]

---

[1] ［德］洛蕾利斯·辛格霍夫（Lorelies Singerhoff）．我们为什么需要仪式［M］．刘永强，译．北京：中国人民大学出版社，2009．

比如祭祖仪式。在古代，自皇族乃至于老百姓祭祖、祭天、祭祀过世的人都是生活中必不可少的大事，特别是清明节、冬至、春节的公祭日，常有一群专职或兼职的工作人员为此事忙很久，有些部门主要工作就是筹备祭祀相关事宜，正式、隆重、大型的祭祖仪式，流程规矩都是非常多的。

清明节祭祖已是延续5000年的风俗，直到现在每年的清明节仍会有很多游客来到华夏始祖轩辕黄帝陵前参加公祭典礼活动。如2015年4月5日，在陕西省黄陵县桥山黄帝陵祭祀广场隆重举行了黄帝陵祭祖大典，据报道，当时有万余名海内外中华儿女参加了这一古朴、庄严的仪式（见图2－13、图2－14）。

图2－13　黄帝陵祭祖大典现场A

图2－14　黄帝陵祭祖大典现场B

典礼仪式由中共陕西省委常委、常务副省长江泽林主持，在优雅的颂乐声中，典礼正式拉开序幕。象征着全国34个省、自治区、直辖市、特别行政区和台湾地区以及海内外中华儿女对先祖无限崇敬之情。

1. 祭祖仪式传播的意义

清明节、中元节、寒衣节、除夕，是中国传统节日里祭祖的四大节日。古时，这种礼俗很盛。因各地礼俗的不同，祭祖形式也各异。有的地区把重阳节也作为祭祖的日子。

清明扫墓与踏青，本来是两个不同的文化主题，宋以后慢慢融为一体，并不断被赋予肯定的文化意义。人们把祭祀先人与中华民族重视孝道、慎终追远的民族性格直接联系起来，认为清明节俗体现了中国人感恩、不忘本的道德意识。其文化意义类似西方感恩节。几千年来，人们在这个“气清景明”的节气中，进行“祭之以礼”的追远活动，为已逝的亲人、祖先，庄重地送上自己的思念与敬意。这神圣的生命与生命交流的传播的仪式，一代代传承，构成了中华民族敦亲睦族、行孝品德的传统习俗。

这一隆重的仪式，与中国文化深层的祖先崇拜、孝文化之间有着深刻的关系，而这种文化正是中国社会几千年来得以和谐稳定发展的支柱，有助于在古人与今人、前人与后人之间建立和谐的代际关系，进而促进人与人、人与自然之间的和谐关系，这也是清明节具有强大生命力的民族根基。

近几年来，在国家倡导传统文化复兴的背景下，许多地区的家族和家庭开始恢复祭祖的习俗。在过年的时候，很多地区都有恭迎老祖宗回家过年的仪式，一般都很隆重。据悉，湖北、广西等地的农村，很多家族都有祠堂，有的祠堂门楣上写有诸如“忠厚传家”“知恩报恩”等字，其寓意就是希望子孙后代勤俭持家，忠厚待人，做事要凭良心，吃亏是福。每到祭祀的日子，一个家族的人都要到祠堂祭祀先祖，并叙述和继承先祖的德风。

“春秋祭祀，以时思之。生事爱敬，死事哀戚，生民之本尽矣，死生之义备矣，孝子之事亲终矣”（《孝经·丧亲章》）。在春秋两季举行祭祀，以表示生者无时不思念亡故的亲人。父母亲在世时以爱和敬来侍奉他们，在他们去世后，则怀着悲哀之情料理丧事，养生送死的大义都做到了，才算是完成了作为孝子侍奉亲人的义务。

孔子说：“孝子之事亲也，居则致其敬，养则致其乐，病则致其忧，丧则致其哀，祭则致其严。”意思是说，做儿女的孝养父母要做到五个方面：对父母亲的侍奉，要竭尽恭敬；在饮食生活的奉养方面，要保持和悦的心情去服侍；父母生了病，要尽心照料；父母去世了，要竭尽悲哀之情料理后事；对先人的祭祀，要严肃恭敬，礼法不乱。这五方面做得完备周到了，方可称为对父母尽到了子女的责任。

为什么要祭祖？为什么这种仪式能流传几千年？

祭祖的深义就是让人饮水思源，不忘自己的根本。《论语·学而》记载：曾子曰：“慎终追远，民德归厚矣。”曾子说：“谨慎地对待父母的去世，追念久远的祖先，自然会培育出忠厚老实的百姓。”也就是说在“慎终追远”之后，在生者与逝者的对话中，对人生的意义有了新的感怀。人有生也有死，人生活在世上，应该踏实做人、精心做事、立德树人、善始善终，以尽天年。人生的意义在于奉献，留给后人精神财富。当走完人生之时，不给自己留遗憾，不给后人添烦乱，不给社会增加负担。通过祭祀仪式，对亡者缅怀、感恩、追思，从而理解生死问题和人生价值，使我们对人生的意义更明了，使我们的人生观、价值观、道德感更加清晰，德性也能够更加彰显。

慎终追远是中华民族的传统美德，也是中国优秀传统文化的重要组成部分。什么叫慎终追远？慎终：谨慎地做事，做任何事都要考虑它的后果，这个后果是否会让祖先父母蒙羞。另外一种解释，慎终是指谨慎治丧，以哀戚为本，不可以厚葬。追远：追溯老祖宗们都留下了些什么，先祖常常告诫我们什么，我们的家风是什么，父母期望我们做什么，我们的所作所为是否符合先贤、先祖或父母的要求，我们应当如何效法和承传优良家风，在慎终追远中感念祖宗或过世之人的恩德。

祭祀不在于形式，而在于内涵。上坟烧纸是古老的祭祀形式，有其社会背景，而现代社会崇尚文明，除了尊重民俗以外，采用敬献鲜花、植树绿化、踏青遥祭、经典诵读等方式缅怀故人，也能达到祭祀的目的，而且更能体现清明的本意。文明与清明无疑是最不可或缺的两个维度。清明，让我们在慎终追远中，感悟这份传统文明，感受生命的价值，进而自觉培育和践行社会主义核心价值观，不辜负这大好春光。❶

2. 祭祖仪式的程序

我国传统的祭祖节俗主要有清明节、中元节（阴历七月十五）、寒衣节（阴历的十月初一）和除夕（阴历三十）。传统的“寒衣节”，也是我国传统民俗中的三大“鬼节”之一（清明、七月十五、十月初一）。古诗有云：十月里来十月一，家家户户送寒衣。祭奠先人御寒气，敬老孝老世代传。这个时节已入冬季，人们怕在冥间的祖先缺衣少穿，因此常常在这一天祭奠祖先，除了常见的祭拜供品之外，还会给他们送去“寒衣”。随着时间的推移，各地区祭祖的仪式也不尽相同。虽然各地区各民族祭祖的仪式不同，但是祭祀的主题基本是一致的。

祭祖分公祭与家祭（包括墓地祭、在家祭）。在此仅对家祭仪式的程序做简单介绍。凡仪式均有一定的程序，程序不分好与坏、对与错，重要的在于祭祀者的心。当然，如果内容与形式能够有机结合，取得更好的祭祀仪式传播效果是最理想的。

如何依理依法地祭祖，如何在继承中发展，在发展中创新，是一个重要的问题。在此仅向大家介绍民俗专家秦东魁所讲的祭祖方式，供大家参考。

案例2　祭祖仪式

祭祖的安排：

（一）祭祖需要准备的东西

1. 香；2. 水果；3. 糕点（五谷）；4. 纸（麻纸即黄纸，不要用冥币）；5. 蜡烛（点蜡烛的意思是给子孙指明方向，走仁义大道，不要走偏）；6. 白酒（五谷的精华）。

（二）注意事项

1. 贡品一点即可，且不可把供品留在坟地。有的地区特别是南方的城乡，祭祀时习惯用肉食供奉，这是地方上的旧习俗，事实上并不通礼节；能够记住祖先或先人留给后人的家训，并以此品德约束自己的行为是对祖先或亡人最厚重的供奉。

2. 祭拜祖先时，右腿先跪。一般为三叩头。道教是三拜九叩。礼佛，三

❶ 久久泰平．清明祭祀意义在深思生命价值［EB/OL］．中国文明网，http：//www.wenming.cn/，2016－03－29．

起三下。

3. 心情要温和平静，眼睛要微下看。不能抢头香，长者先，幼者后。有的地方上的旧习俗认为女人不要去坟地，这是不合情理的。女人可以上坟的，不上才是恶习。

4. 对先人讲话，要赞叹祖宗之德，家中有什么好事均可以叙述。向祖宗报喜不报忧；不要揭伤疤，不抱怨任何人。如果家里有人做事多有不顺，最重要的是先找自己的问题，检查一下自己对父母是否真正做到了孝敬。俗话说，诸事不顺皆因不孝。

5. 在墓地，祭祀行礼要安静，要恭敬；不要大声喧哗，不要随地大小便。

6. 在墓地，言谈举止要端正。如果在墓地嬉笑打骂，给亡人买纸人（意思是送“二奶”，送“小三儿”），这是玷污祖先。

7. 穿着要庄重；不要穿短裤、裙子等。

8. 不要在墓地照相。

9. 烧纸钱时，不要用棍子挑纸，要有恭敬的念头。

10. 如果在墓地栽树，最好栽四季青或柏树；家里有男女工作的要在坟墓近处栽龙柏，左为男，右为女。忌讳种椿树（“独眼龙”）。

11. 先从脚下烧，顺时烧香从东南西北中，围着坟一圈。其有两种含义，保佑孩子在任何方向顺利；脚底下这块代表子孙，要烧两把香。

什么是风水？遇人要有人味，遇物要有物味，这就是风水。管好自己的心、口和行为。做仁爱的人，做诚信的人，做真人，就能改变周边的环境。

（三）祭祖的程序

1. 摆上一点清淡的供品和水果。

2. 燃香三根，一根一根地插香。(用左手拿香，从右向左上香)

第一根香，礼请某氏历代宗亲来受香、前来享祭；第二根香（主香），供请亡人（老父亲）前来受香享祭；第三根香，是代替因故不能前来祭祀的人，向历代宗亲及老父亲上香，祈求其护佑他们事事顺利，路路畅通。

3. 宣读祭文，祭文要通俗易懂。祭文主要是读给祭祀的人听的，特别是给后人听的，所以祭文的内容以表彰死者功德为主。祭文没有固定要求，由各个家庭根据情况撰写，没时间写祭文的人家可以念叨几句。向祖宗汇报最近的工作和生活并发愿今后更好地回报家庭和社会，让先人放心。总之，要把家庭在过去一年的情况以及新的一年的愿望向祖先“汇报”。记住：报喜不报忧；祈愿和祈福。

4. 主祭首先焚香并叩三个头，祈求实现心中的美好愿望。他做完后，家里的其他成员按辈分和长幼，接着焚香叩头祈福。

5. 向某氏历代宗亲三拜，感恩历代宗亲护佑。一拜；二拜，再拜。礼成。

6. 向逝去的先人三拜，感恩其默默地护持和护佑子孙。一拜；二拜，再拜。礼成。

总之，祭祖要善述祖德。先人们为后代子孙做了好榜样，后人应当继承发扬光荣传统，立身行道，忠厚传家，用实际行动光宗耀祖。

如果工作繁忙，不能回老家墓地祭祀，也可在家祭祀。笔者认为，还是举行一个简单的祭祖仪式比较好。比如在家临时设立一个供桌，摆上少许水果糕点，回忆祖德，读诵《孝经》……

在家祭祖与前面说的正规祭祖仪式相比，虽然在规模、流程、规矩上不太完善。但总比没有仪式好。俗话说，心到神知。

现在的城市家庭已经简化，年轻人成家后，一般都跟父母分着过，平时工作忙，只有到节假日才有机会跟父母团聚。由于平时跟自己父母接触少，对自己家族的情况知之不多，有的年轻人由于爷爷奶奶去世早，自己生下来也没见过，甚至连他们的名字可能都不知道。由此看来过年祭祖是非常必要的。

话又说回来，如果一个人不知道自己的曾祖父（太爷）或者再往上还有情可原，因为离自己太远，但是爷爷、奶奶、姥爷、姥姥的名字总应该知道。这就得通过祭祖来认识了。所以说，过年祭祖也是家庭传统文化教育的无声课堂。

《礼记·坊记》记载："修宗庙、敬祀事，教民追孝也。"

案例3　中国传统结婚仪式[1]

中国古人认为黄昏是吉时，所以会在黄昏行娶妻之礼，因此夫妻结合的礼仪称为"昏礼"，后来演化为"婚礼"。中国人喜爱红，认为红是吉祥的象征，所以传统婚礼习俗总以大红色烘托着喜庆、热烈的气氛。吉祥、祝福、孝敬成为婚礼上的主旨，几乎婚礼中的每一项礼仪都渗透着中国人的传统文化思想。

（一）中国传统婚礼习俗

1. 红双喜

在中国人的婚礼上，大红双喜字随处可见。双喜字由两个"喜"字组成，代表好事成双、喜事加倍，不同一般的高兴和喜庆，也是给新人带来好运气和幸福生活的象征。

2. 龙凤呈祥

中国自古以来就有"人中龙凤"的话语，而在中式传统的婚礼上，龙和凤凰的图案经常出现。在中国，龙和凤凰都是吉祥的象征，代表高贵、华丽、

[1] 中国传统婚礼礼仪［EB/OL］. 学习啦网，http：//www.xuexila.com/，2016－06－03.

祥瑞，象征夫妻和谐美满的关系。《诗经·文王之什》中也有龙氏族王季娶凤氏族鸷仲氏的记载，认为这是龙凤呈祥，“天作之合”。

3. 中式婚礼服装

在婚礼当天，新娘子都会以最美的姿态出现在众位亲友的面前。在传统的中式婚礼上，新娘子一般要着汉服，因为汉服是具有中国特色的传统服装，具有一定的历史意义和严肃的婚姻寓意。

4. 花朵

鲜花是朝气蓬勃的象征，在中国的婚礼上，一般喜欢用牡丹、兰花、荷花和水仙来作为装饰。在中国这些花朵虽是白色，但牡丹代表富贵，水仙代表春天和新生活，兰花芬芳美丽，荷花代表爱情。荷花在中国佛教中也是圣洁的象征。

5. 鞭炮

中国人办喜事或者是在一些重大的节日都喜欢热热闹闹，用放鞭炮来增加喜庆气氛，表达人们的喜悦心情，同时也因为中国人认为放鞭炮可以驱邪。在传统的中式婚礼上，放鞭炮是必不可少的项目，鞭炮放得越多、越响就越能带来好运气。但是由于放鞭炮也会产生很多不良后果（如污染环境、炸伤人等），中国有些地方已经禁止人们放鞭炮了，所以在现代婚礼中，一些人发明了新的庆祝方式，用踩气球来代替放鞭炮，也同样为婚礼增添了不少喜庆气氛。

6. 红豆

“红豆生南国，春来发几枝？愿君多采撷，此物最相思”，这首诗用红豆抒发了自己的相思之情。红豆又名相思豆，在中国传统结婚信物中，红豆通常是被用来制成一种甜品——红豆沙。象征两人结婚后缠缠绵绵，甜甜蜜蜜。

7. 祝福食物

中国传统结婚信物如红枣、桂圆、花生、莲子象征子孙延续、早生贵子、团团圆圆、富贵吉祥。

（二）中国传统婚礼仪式流程

1. 祭祖：男方在出门迎娶新娘之前，先祭拜祖先。

2. 出发：迎亲车队以双数为佳。

3. 燃炮：迎亲礼车行列在途中，应一路燃放鞭炮以示庆贺。

4. 等待：新郎礼车至女方家时，会有一男童侍持茶盘等候新郎，新郎下车后，应赏男孩红包答礼，再进入女方家。

5. 讨喜：新郎应持捧花给房中待嫁之新娘，此时，新娘之闺中密友要拦住新郎，不准其见到新娘，女方可提出条件要新郎答应，通过后才得进入。

6. 拜别：新人上香祭祖，新娘应叩拜父母道别，并由父亲盖上头纱，而新郎仅鞠躬行礼即可。

7. 出门：新娘应由福高德劭的女性长辈持竹筛或黑伞护其走至礼车，因为新娘子在结婚当天的地位比谁都大，因此不得与天争大。

8. 礼车：在新娘上礼车后，车开动不久，女方家长应将一碗清水洒在车后，代表女儿已是泼出去的水，以后的一切再也不予过问，并祝女儿事事有成，有吃有穿。

9. 燃炮：由女方家至男方家的途中，同样要一路燃放礼炮。

10. 摸橘：新娘子迎新车队到达新郎家时，由一位拿着橘子的小孩来迎接新人，新娘要轻摸一下橘子，并赠红包答礼。这两个橘子要放到晚上，让新娘亲自剥皮，意谓招来“长寿”。

11. 牵新：新娘由礼车走出时，应由男方一位有福气之长辈持竹筛顶在新娘头上，并扶新娘进入大厅。进门时，新人绝不可踩门槛，而应横跨过去。

12. 新郎、新娘合卺（jin）礼：即将苦葫芦瓜一分为二，装满甜酒，瓜瓤苦涩，夫妻二人共饮后再将葫芦合二为一，寓意同甘共苦，永结同心。在现代婚礼上，即为大家熟知的“喝交杯酒”。古代的这个仪式就叫“合卺礼”。“合卺”，是指夫妇交杯同饮，但只是互相交换了杯子，而不是像现在的绕过脖子互喝。

13. 喜宴：时下颇流行中西合璧式的婚礼，大都在晚上宴请客人的同时举行观礼仪式，在喜宴上，新娘可褪去新娘礼服，换上晚礼服向各桌一一敬酒。

14. 送客：喜宴完毕后，新人立于家门口送客。

15. 闹洞房：新人被整之灾情大小，端视新人是否曾在其他的婚礼上戏弄别人，或平素待人够不够忠厚等。

结婚庆典会上，新郎新娘的父母要给孩子提出希望，新郎的父母要告诫儿子孝敬岳父岳母，当好丈夫；新娘的父母要告诫女儿孝敬公婆，当好媳妇。

（三）婚礼仪式传播的意义

古代很重视婚姻之礼。娶亲之前，男方三天不奏乐，女方三日不熄灯。为什么呢？就是为了在结婚之前抓紧时间教育儿女怎样去为人夫、为人妇，怎样承担起家庭的职责。当然，这并不是所谓的“现上轿现扎耳朵眼”。其实，父母在平时的言行举止之中已经给子女表演出来怎样做丈夫、怎样做妻子了。到了结婚之前的三天，还要抓紧时间集中进行教导，耳提面命。

在迎娶之日，丈夫要去迎娶妻子之前，首先要祭拜天地。为什么要这样做？就是因为婚姻大事不仅仅关系到两个人、两个家族的命运，而且关系到社会的安定、天下的太平。所以礼节要求非常慎重，也表达了要把家庭维持好、把儿女教导好、能够使社会和谐这样的存心。

结婚当天，很不一样的是，儿子要接受父亲的敬酒，而且儿子不用回礼。

父亲是代祖宗给儿子敬酒，意思是说，从今以后，祭祀祖先的责任、家庭的德风就要由你来承担了。所以，平时都是儿子给父亲敬酒，而这一天父亲给儿子敬酒。

到了女方的家庭，女方的父母对新郎官非常尊敬，亲手把自己的女儿交到新郎的手上，意思是说，从此我们的女儿就托付给你了。新郎和新娘要跪拜父母，新郎要感恩岳父岳母给自己培养了这样一个贤良的妻子。从岳父岳母的手中接过了新娘，新郎心里这种责任感也就提起来了。

新娘要上花轿的时候，要把她的香扇从轿子里扔出去。什么意思呢？因为以前在家的时候是千金小姐，是父母的掌上明珠，备受父母的关爱，天气热了，可以拿着扇子扇一扇。但是，今天你为人妻，要成家立业了，就不能再有小姐的习气了，随着这个花扇一扔，把千金小姐的作风也随之给扔出去了。

到了夫家，礼节也很有意义。公公婆婆是站在客人的位置上，而把这个媳妇从主人的位置上迎上来。意思是说，从此之后，我们这个家就交给你了，你就是这个家庭的主人了，家道的兴衰就靠你们来承担了。

新婚夫妇要喝交杯酒，喝交杯酒的时候，要把葫芦瓜切成两半。葫芦瓜的丝是苦的，里面装的酒是甜的。意思就是，从此以后，夫妻两个人就要同甘共苦。而且葫芦瓜是一个整体切成了两半，意思是说，“夫妇一条心，黄土变成金”，夫妻两个人本是一体，不分彼此，不要互相计较。礼成之后，葫芦可能还会挂在那儿留作纪念，提醒成家的初心就是要“同甘共苦，白头偕老”。

所以，婚姻礼节的每一个步骤，都是在提起一个人的责任感，一个人的正知正念。使丈夫有恩义、有情义、有道义，使妻子贤惠有德行，这就是古代的婚姻之礼。❶

（四）仪式型传播模式的启示

1. 仪式强调文化的分享，提起一个人的责任感，一个人的正知正念；
2. 它是人们最直接学习做人做事的方式；
3. 仪式传播的内容有利于健全人格的培育；
4. 参与仪式活动，完全是接受者的一种自愿行为；
5. 无论对社会还是对某些关系的建立和保持都有很大的影响。

5.3.2 展示型传播模式

展示型传播模式指传者有意识地展示某种物品和产品表达出的种种信息，

❶ 刘余莉．群书治要十讲［M］．北京：团结出版社，2014.

期望引起大家注意。如电视节目中插播的广告、商品展览会、街道两边的名人塑像等。这些物品由于使用媒介不同，其信息传播的效果也不一样。

拥有物品的人，有为盈利目的而进行产品展示的，也有通过某种物品为公益事业而传播某种思想或价值观的，最终期望达到的目的虽有不同，但均为了引起广大受众的注意，这种传播方式就是展示型传播模式。

这种模式告诉人们，媒介受众常常作为观众而不是参与者或信息接收者，而传者的目的确实希望取得一些效果，如希望产品卖出，或者希望物品能够影响受众的言行，进而达到说服的目的。然而，有时这种物品和产品的吸引力也是暂时的，有时也可能是相反的，其蕴含的信息并不是对每个人都有效，而且极少能达到长期的效果。

不过，这种模式在日常生活中仍然占有重要的地位。许多商家依然希望通过大众传播或不同渠道媒介将某产品介绍给大众，或者引发受众注意，或者激发受众购买欲。它没有任何强迫的意思，靠的是物品或产品无声地诉说其中的故事，促使受众加强对某物品的理解和对产品的情感分享，旨在培育或诉说某种理念，以期达到预想达到的目标。这些都说明展示型传播与沟通模式存在的重要性。

思考题

1. 单向传播的模式类型有哪些？
2. 双向沟通的模式类型有哪些？
3. 简述中介模式中中介角色的作用。
4. 祭祖仪式的传播意义是什么？中立传播模式在人际沟通中的作用有哪些？
5. 用自己熟悉的一个完整案例说明其中一种模式类型。

第三部分

有效沟通与传播的基础原理

在人际交往过程中，在与陌生人初次见面时，人人都希望给他人留下一个好印象。为此，许多专家学者均对第一印象的形成，影响第一印象的因素，如何给他人留下良好的第一印象，以及第一印象的重要性等进行了较为深入的研究。在此方面的大量研究成果都为有效率地传播与沟通提供了很好的帮助。

比如，美国心理学家洛钦斯（A. S. Lochins）提出的首因效应（primacy effect），即“第一印象效应”，指交往双方形成的第一次印象对今后交往关系的影响，也即是“先入为主”带来的效果。虽然这些第一印象并非总是正确的，但却是最鲜明、最牢固的，并且决定着以后双方交往的进程。如果一个人在初次见面时给人留下良好的印象，那么人们就愿意和他接近，彼此也能较快地取得了解，并会影响人们对他以后一系列行为和表现的解释。反之，对于一个初次见面就引起对方反感的人，即使由于各种原因难以避免与之接触，人们也会对之很冷淡，在极端的情况下，甚至会在心理上和实际行为中与之产生对抗状态。[1]

有专家认为，第一印象的形成有一半以上因素与外表有关。不仅拥有一张漂亮的脸蛋就够了，还包括体态、气质、神情和衣着的细微差异。第一印象有大约40%的内容与声音有关。音调、语气、语速、节奏都将影响第一印象的形成。第一印象中只有少于10%的内容与言语举止有关。

许多社会心理学家也做过很多实验，均证明了人们比较重视最先得到的信息，并据此对他人作出判断，即以第一印象判断一个人，我们每个人可能也有类似的经历和感受。

比如，你刚结识了一位新朋友。有一天，你的老朋友对你说：“嘿，我知道那个人，我两年前曾和他一起工作过。他是个特别爱找麻烦的人，就喜欢利用别人，他会糟蹋你的想法，然后据为己有，还会踩在你的头上，然后过河拆桥。他就是这么对我的，他也会这么对待你，走着瞧好了。”

这位老朋友的评价也许是不公正的，甚至是歪曲了的或是完全错误的。也许这个人在这两年中转变了，或者说您的朋友本来说的就是不正确的。但是，听过这些话，您可能会自觉或不自觉地寻找一些证据来证明您对他的第一印象。您之所以这么做，只不过是因为您也担心将来会受到巨大的打击。

首因效应的研究告诉我们，在与别人的交往中，注意不要仅仅凭借

[1] 时蓉华．社会心理学词典［M］．成都：四川人民出版社，1988：157．

对别人的第一印象给他（她）定性。但我们还是难免会对某人形成刻板印象。所谓刻板印象就是一种社会上大多数人都持有的对人、环境或事件的普遍化的观点。

要想不带着刻板的偏见或心理定势判断事物其实很难。而这种偏见常常让我们过于简单化、普遍化地看事物，并极度夸大我们所观察到的东西，也正是这种偏见的干扰使我们对某些人产生了一些成见。

您是怎样感知事物的？您能否准确地感知事物？您对别人的感知是否是僵化的？您是以什么为基础来判断一个人的？是什么决定了您喜欢他还是不喜欢他？是他的经济状况吗？是他的职业决定的吗？感知他人以及他们所扮演的角色是有效传播与沟通过程中至关重要的一部分。

为什么说给人留下一个好的第一印象非常重要？为什么有时候我们会对他人产生偏见？

关于这些问题，或许我们能够从认知原理中得到一些启示。

第6章
认知原理

认知原理，起始于20世纪50年代中期的西方认知心理学，60年代以后，西方的认知心理学飞速发展，1967年正式形成。1967年美国心理学家奈瑟《认知心理学》一书的出版，标志着认知心理学已成为一个独立的流派。

认知心理学有广义、狭义之分，广义的认知心理学是指凡是研究人的认识过程的，都属于认知心理学，而目前西方心理学界通常所指的认知心理学，是指狭义的认知心理学，也就是所谓的信息加工心理学。它是指用信息加工的观点和术语，通过与计算机相类比、模拟、验证等方法来研究人的认知过程，其认为人的认知过程就是信息的接受、编码，贮存、交换、操作、检索、提取和使用的过程，并将这一过程归纳为四种系统模式：感知系统、记忆系统、控制系统和反应系统。它强调人已有的知识和知识结构对他的行为和当前的认知活动起决定作用；被学者称为认知原理，其最重大的成果是在记忆和思维领域的突破性研究。

认知学派认为，人对客观世界的认识和观察，包括感觉、知觉、注意、选择、理解、记忆、思维、语言等生理活动和心理活动。对事物的感知和认识的过程，也是将过去存储的知识或经验等重新进行信息的筛选、组合和加工的过程。如果我们依据片面的或不正确的信息作出错误的推论，往往会引起情绪不良或者作出错误的决定。相反，如果发现自己的认知有偏差而及时得到改变或矫正，情感和行为障碍才会相应好转。

这个认知原理揭示了人们认知事物的一般规律。具体来说，认知原理包括三部分：认知结构、认知选择性和认知一致性。

6.1 认知结构

由于每个人的生理特征、心理特征、文化背景、知识结构、生活环境的不同，对客观事物的感知、反应和认知也不一样。在传播与沟通的过程中，存在着一个主要的障碍就是双方不能相互理解。造成彼此不能相互理解的原因有符号使用、语境、渠道等多种因素，但其中人的内在机制，即人的认知结构和人生观不同也是主要的原因之一。

认知是指大脑神经活动的意识层面，而这种意识层面是有结构的。这种结构决定着人们对客观事物的反应。人的大脑在收集、整理、加工信息的过程中，认知结构起着重要的指导作用。

研究者认为，人的认知结构有先天认知结构和后天认知结构。

6.1.1 先天认知结构

先天认知结构是人脑固有的，在生理上表现为神经细胞的联络方式。人脑中本来就存储着一种如何去理解外来消息的程序，构成人脑中的认知结构。这种认知结构是人类作为自然界的一部分长期演化的结果。从个体上分析与遗传有关，比如家族、家风和历代宗亲优良传统的继承等。每个人的天性中既有纯真纯善的信息，如仁爱、慈悲、怜悯之心，勤劳、善良、谦卑、礼让之德，也有生来具有的秉性，如怨、恨、恼、怒、烦等纯恶的信息。正如孟子所说，人之初，性本善，人人都有一颗向善之心；荀子所说，人之初，性本恶，人人都有自私自利的恶念，只是多少不同而已。有的人善心多一些，有的人恶心多一些，所以每个人的先天认知结构是有差异的。

6.1.2 后天认知结构

后天是在先天的认知结构的基础上，经过个人经验的累积和不断学习而形成的。它是认知实践的结果，并在实践中不断地得到调整和改进。有的人善于学习他人的优点和长处，其良好的习惯就多一些；相反，有的人好吃、懒惰、私欲旺盛，其恶习就多一些。正如告子持有的不善不恶之说，即人生下来本无所谓善恶，人的习性均受后天的影响。所以晋代傅玄在《太子少傅箴》中有言：“故近朱者赤，近墨者黑；声和则响清，形正则影直。”

因而，由于每个人受教育的经历、人生阅历、价值观、知识结构等不同，对同一外来信息的解读也不尽相同，即所谓的“仁者见仁，智者见智”。可见，认知结构是一个人的先天认知和后天认知相互作用并不断进行同化和协调的结果，这是造成人类认识的个体差异和群体差异的根本原因。

比如，奶牛专家、农学专家、生态学家和社会学家到一个村庄调研，不同的专家所关注的问题及在大脑中出现的影像均不相同（见图 3－1）。

图 3－1　一个社区的真实情况

牛奶专家可能最关注的问题是奶牛的品种、饲料饲养问题或是育种技术和疾病防治。在他的大脑中所呈现的影像可能是：这头牛是什么品种，是荷斯坦牛奶、科尔沁牛、三河牛、南阳牛，还是秦川牛、蒙古牛？牛的体重、体高、乳脂率多少（见图 3－2）？

农学专家头脑中的影像，可能是耕地和作物。有多少耕地、多少作物、作物的品种、产量、品质如何，等等（见图 3－3）。

图 3－2　牛奶专家大脑中的影像

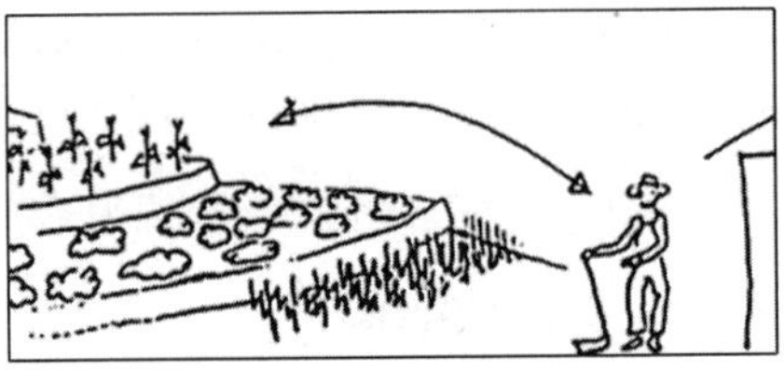

图 3－3　农学专家头脑中的影像

社会学家头脑中的影像，可能是这个社区的家庭结构、生计问题等。如该村有多少农户养殖了奶牛，每头牛每天的产奶量是多少公斤，该村有多少老人、妇女和中青年，该村代际问题、养老问题、婚姻状况等（见图 3－4）。

生态专家头脑中的影像，可能就是物质的循环规律、生态环境的可持续发展问题。这个地区的生态环境如何，能否实施生态林下放养，能否有效解决环境保护问题，山区农民如何做到经济效益、生态效益双丰收，等等（见图 3－5）。

图 3－4　社会学家头脑中的影像

图 3－5　生态学家头脑中的影像

上述的现象说明了什么？打开同一扇窗，人们之所以观察到的景象不一样，是由于人的认知结构不同，进而最终认知选择的结果也不同。

从心理学上来讲，人的认知是有选择性的。在信息的传递过程中，由于信息的繁杂和纷乱，人们对自己感兴趣的信息才会引起注意，所以，有选择性注意、选择性理解、选择性记忆之说。

6.2 认知选择性

人对客观世界的接受和理解是有选择的。研究者认为，认知选择性是由认知结构决定的。人不可能对客观事物全部都清楚地感知到，也不可能对所有的事物都做出反应。人总是根据自己已有的认知结构，有选择地以少数事物作为知觉的对象，对它们了解得比较清晰，而对其余的事物则反应得比较模糊。对有些信息易于吸收，对有些信息予以排斥，这种特性称为认知选择性。

美国心理学家洛钦斯（Lochins）在 1957 年做了这样一个实验。他选择了一个小故事作为自变量。他用两段杜撰的故事做实验材料，故事描写的是一个叫詹姆的学生的生活片断。一段故事中把詹姆描写成一个热情并且外向的人，另一段故事则把他写成一个冷淡而内向的人。然后把这两段故事按照四种组合方式念给随机编排的四组被试听，请他们回答詹姆是怎样一个人。

故事的上半段：詹姆离家去买文具。他和两个朋友一起走在洒满阳光的街道上，边走边晒太阳。詹姆走进文具店，店里挤满了人。他一面等待售货员招呼他，一面和熟人聊天。买好文具向外走的时候又遇到了熟人，他就停下来和同学打招呼。后来告别了朋友往学校走，路上遇到了一个前天晚上才刚刚认识的女孩子，他们说了几句话之后就分手了。詹姆来到了学校。

故事的下半段：放学后，詹姆独自一人离开教室，走出了学校。他开始沿着漫长的路步行回家。街道上的阳光非常耀眼，于是詹姆走到街道阴凉的一边。迎面而来的街道渐渐消失在他身后，他看到前一天晚上遇到过的那个漂亮的女孩。詹姆走进了一家糖果店，店里挤满了学生，他看到一些熟悉的面孔。詹姆静静地等待着，直到引起柜台服务员的注意之后才买到了饮料。他坐在一张靠墙的椅子上喝饮料。喝完之后他就回家了。

洛钦斯把这两段故事进行了排列组合：一种是将描述詹姆性格热情外向的材料放在前面，描写他性格内向的材料放在后面；一种是将描述詹姆性格冷淡内向的材料放在前面，描写他性格外向的材料放在后面；一种只出示那段描写热情外向的詹姆的故事；一种只出示那段描写冷淡内向的詹姆的故事。

洛钦斯将组合不同的材料，分别让水平相当的中学生阅读，并让他们对詹姆的性格进行评价。结果表明，第一组被试中有 78% 的人认为詹姆是个比较热情而外向的人；第二组被试只有18%的人认为詹姆是个外向的人；第三组被试中有95%的人认为詹姆是内向的人；第四组只有3%的人认为詹姆是外向的人。这就是著名的洛钦斯实验，也是对“首因效应”的验证。

从这个实验中，我们可以看出，人们对同一信息的感知或认知虽然有差异，但也存在一个普遍的规律。

一是人人都有选择性记忆，一方面人们容易忽略后面的信息，因为一旦人们觉得自己有足够的信息来做判断，就不再或很少注意随后的信息。另外，在人们的心中，通常后面的信息常常不如开始的信息重要、有价值。或者说，在选择性注意的基础上，人们习惯选择性理解，在选择性理解的基础上选择性记忆。

二是人们对事物的认知和判断，往往带有一定的主观性。比如，人们常常认为一些特质之间存在相互关联，所以当了解到一个人具有某一特质时，就会自动地联想到与这一特质相关联的其他特质，主观地认为此人也具有这些特质。这种现象在心理学上叫“晕轮效应”或“光环效应”。比如，我们常常认为胖子乐观，瘦子孤独，学理科的性格内向，学文科的性格外向，等等。

三是被选择的对象能在人的头脑中产生一定的次序、意义和形态。

四是一个人的认知不是对客观事物的机械记录。

五是人的眼睛不同于照相机或摄影机，耳朵也不同于录音机。

研究者认为，沟通的心理学基础的一个重要方面是认知选择性，无论是传者还是受传者，对所接触的信息，总是先做出选择，这种选择的标准往往是以自己已有的知识和经验为参照系的。对那些自己熟悉的，或者观点和立场一致的内容易于接受，而对那些不一致的或生疏的内容加以排斥。对于信息的选择不仅与自己的知识、经验、价值有关，也与期望和需求有关，经过不断的思考、解释和整理，最终所选择的即所记住的信息决定了他的态度和行为的改变（见图3-6）。[1]

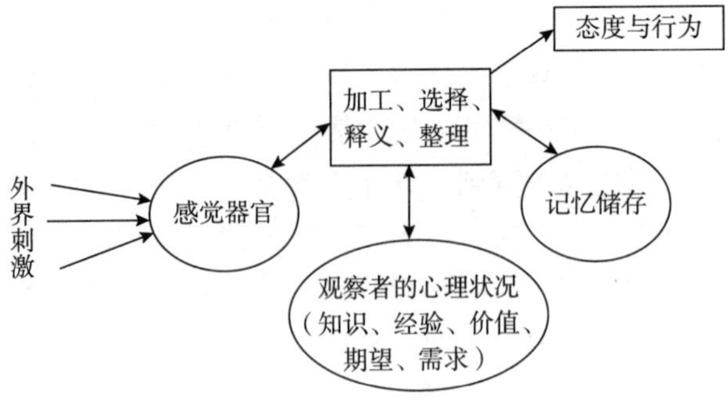

图3-6　个体的认知过程

---

[1] 王德海. 传播与沟通教程［M］. 北京：中国农业大学出版社，2008：16-20.

一般将选择性分为三个方面：选择性注意、选择性理解和选择性记忆。

1. **选择性注意**

注意是一个心理学概念，分有意注意和无意注意。选择性注意指心理活动有选择地朝向一定事物，而离开其余事物。在信息膨胀的时代，人们不可能，也没有必要对所有信息刺激做出反应，而只能是有选择地接受。也就是说，受传者对信息的选择是一种自然的普遍现象和心理活动。因此，传者不必期望发出的所有信息都能引起受传者的注意。只有那些符合受传者认识范围、满足受传者某种需要的信息才能使受传者感兴趣。

2. **选择性理解**

现代心理学研究表明，理解是一个非常复杂的过程，人对客观事物的理解不是一种物理性或机械性的反应过程，人的眼睛和感官并不等于一架照相机或录音机，将所有外部事物都能如实准确地加以反应。当一个人对某一事物加以理解时，除去客观事物本来的要素之外，一般要加入自己原有的某些因素，这些因素包括经验、文化背景、动机、情绪和态度。正因为在理解上的这一选择性特点，使得所受信息常常并不等于所传信息，反之也是一样。

3. **选择性记忆**

记忆是人所经历过的事物在人脑中的反映。同时给不同的人讲同一个故事，最后问这些听众记住了什么情节或细节，不同的人所回答的问题一般有差异，这种差别说明对记什么或不记什么，人脑是有取舍和区别的。这种记忆上的区别或取舍就叫作选择性记忆。

而这种选择性记忆一般由人的主观印象、态度和观点倾向性决定。人们所能记住的信息常常是那些自己熟悉的、与自己原有观点或经验一致的信息，而与自己不相关或者观点相悖的信息常常会被忽视或忘掉。

以上这三种认知选择程序可以看作三种防卫圈：选择性注意是最外的那个圈，选择性理解是中间的圈，选择性记忆是最里的圈，犹如三道防线（见图 3－7）。

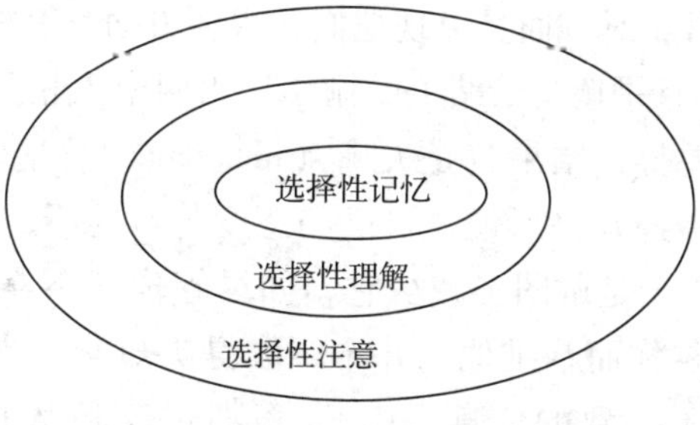

图 3－7　认知选择性的三个防卫圈

人本身对外界环境的反应，对最初接受的信息即“先入为主”的信息，或者已经形成的观念或立场常常记忆深刻，在接受新信息时，与自己头脑原有的东西不符的常常是排斥的，甚至是很顽固的。对于许多自己不熟悉或与自己观点不相符合的信息，人们往往不接触，不去注意，这是第一步。如果有自己熟悉的或感兴趣的信息，第一道防线便会突破，进入第二道防线，即选择性理解。人们开始对自己熟悉的信息进行解释，在解释这些信息时又常常主观地选择性理解，如果这道防线也被攻破，那么最后才进入选择性记忆。研究发现，最后人们记住的东西往往是人们感兴趣的东西，但人们往往没有意识到这种反应。

在人际交往和沟通过程中，认知选择性的形成对于建立有意义的关系有重要的作用。人们通过交流与互动，不自觉地会建立一种关系，构成一个个朋友圈。在这个朋友圈中，人们有目的或无目的地发布一些信息，达到“含义分享”的客观效果，有相同认知的朋友可能会更多地进行交流，而持有不同看法的朋友可能会默默地静观，不发表意见，但是随着时间的推移，可能也会慢慢扩大对别人的理解程度，从而不断地调整或修改着自己的认识，最终达到行为的改变。在心理学中，这个朋友圈也称为心理场。

心理场即人的行为是受环境因素影响的。能够影响人的行为的不是所有的环境因素，而是个体能够感知到的环境因素。也就是说，只有构成心理环境的那一部分环境才可能影响行为。行为是个体同其感知到的环境相互作用的函数。可用公式表示如下：B ＝f（P Es），B（行为）、P（人）、Es（个体能感知到的环境）、f（函数符号）。

根据心理学的理论，人的心理与个体能感知到的环境因素相互作用形成一种力场，这种力场称为心理场。

6.3 认知一致性

人类并非理性的动物，而是善于合理化的动物。社会心理学家F. 海德认为，当两个人互相喜欢对方而且发现他们在很多方面具有相似性时，就表现为平衡（balance），而且平衡是情绪上的愉悦。当两个人相互喜欢对方但发现他们在一些方面具有差异，结果就是失衡（imbalance），这时的情绪是不快的。如心理学家利昂·费斯廷格所说，自己的态度与行为不是一致时即认知失调，人们会出现不适感，于是试图去减少它，如尽管你很不喜欢你的上司夸夸其谈，但为了怕他报复你而恭维他，并希望取得认知的一致性，即有选择地寻求支持信息或避免不一致的信息（C. E. 奥斯古德和P. H. 坦南包姆的一致性理论）。

如何减少认知失衡呢？研究者认为，人们对客观世界的认识和理解倾向于有序化或合理化。也就是说，人们均承认客观存在的自然规律，以及天经地义的道德规范（如孝敬父母），人们比较容易取得一致性，但是在对某事物的看法出现分歧时，人们可能会依据普世的价值观和良知等来采取行动，从而维持一致。比如通过多次沟通，双方各自独立的圆圈会尽量重叠在一起，虽然由于个体差异很难重合，但是通过双方的努力沟通，可以使两个圆圈的重叠面加宽，这个重叠的部分就是两个人的一致点。两个人的相似之处越多，重叠面就会越宽，即相互理解的程度就越大。为此，如何寻找双方都认可的观点是有效传播与沟通的主要任务之一。

当然，在日常生活中，也不排除一种处理方法，如为自己认为不合理的事情或现象找出一些能够说服自己使其成为合理的理由，以便自己得到某种安慰。其实能够说服自己的理由一般还是人性中纯真纯善的东西。

6.4 认知原理对传播与沟通的启示

（1）存在于大脑中的知识是由个人的经历和经验的积累所形成的；人与人之间是有差异的，这种差异是由于人的知识结构不同所造成的。

（2）人们对于保护已形成的观念或立场是很顽固的。

（3）接受的信息常常是符合受者的“参照框架”知识水平或知识结构的，并与其兴趣和期望紧密联系。因此，在人际沟通的过程中，应更多地理解和包容他人。

（4）人与人之间应该相互学习。（尊重、换位思考、集思广益、使自己变得聪明、不能用自己的判断代替他人的判断）

（5）整体并不等于部分的总和，认为整体不等于部分之和，意识不等于感觉元素的集合。（奥地利及德国的心理学家创立的格式塔心理学所强调的）

（6）知识是通过信息加以传递的，每个人都存在着向别人学习的必要性。

如果我们能够认识到这一点，在生活中主动向别人学习，主动去改变自己，友好地与他人进一步沟通和交流，不断地影响他人，得到他人的理解，最终才可能排除内外的干扰。

① 对认知原理的感悟：

A. 找对环境（平台）。只有把自己放对地方，才能有正知正见，正言正行。因为人是环境的产物。

B. 找对朋友。物以类聚，人以群分，要么影响别人，要么被人影响，跟谁交朋友决定你的一生跟谁一样。

C. 跟对贵人（良师）。先有伯乐后有千里马，人是可以被教育的，关键是你的伯乐在哪里。贵人是给你正确价值观和正确思维理念的人，是帮你理清思路的人，明确方向的人，修正错误行为的人。

D. 选择比努力更重要。方向不对努力白费。

人骑上自行车，两脚使劲儿蹬 1 小时，才能跑 10 千米左右；开上汽车，一踩油门，1 小时跑 100 多千米，人坐上动车，闭上眼睛，1 小时也能跑 300 千米；人乘上飞机，吃着美味，1 小时也能跑 1000 多千米。人还是那个人，平台不一样，载体不一样，结果就不一样了。

认知模式的理论基础是贝克等提出的情绪障碍认知理论。他认为："心理问题"不一定都是由神秘的、不可抗拒的力量所产生，相反，它可以从平常的事件中产生。他提出，每个人的情感和行为在很大程度上是由自身认识世界、处世的方式和方法决定的，也就是说一个人的思想决定了他内心的体验和反应。

6.5 案例及训练

◎ 沟通技能训练

怎样才能减少对别人的偏见或者杜绝偏见的产生呢?

首先，应当检查自己。当我们与他人交流时，我们应当认识到我们是在和某个具体的人交流，而不是和一个印象交流。

其次，还该知道我们对任何群体的偏见都是基于不全面的信息之上的，虽然有时候这个刻板的印象是正确的，但要记住它们永远不可能完全正确。

再次，我们还要意识到，我们的感知过程一般是以个人经验为依据的。

最后，有效率的传播与沟通者常常是谦卑的，从容不迫的。快速、冲动的反应很可能导致错误的感知。

怎样表现自己，才能给别人留下良好、深刻的印象呢?

社会心理学家艾根根据研究发现，在同陌生人相遇时，按 SOLER 模式来表现自己，可以明显增加别人对我们的接纳性，使我们在别人心目中建立起良好的第一印象。

SOLER 是由五个英文单词的词头字母拼写起来的专用术语。其中：S 表示"坐（或站）要面对别人"；O 表示"姿势要自然开放"；L 表示"身体微微前倾"；E 表示"目光接触"；R 表示"放松"。

从上面的描述中我们可以看到，当我们按照 SOLER 方法来表现自己时，会给人一个“我很尊重你，对你很有兴趣，我内心是接纳你的，请随便”的轻松、良好的印象。

心理学家戴尔·卡耐基在其早期名著《怎样赢得朋友，怎样影响别人》一书中，也根据大量来自实际生活的成功经验，总结出了给人留下良好第一印象的六条途径：

①真诚地对别人感兴趣；②微笑；③提别人的名字；④做一个耐心的听者，鼓励别人谈他们自己；⑤谈符合别人兴趣的话题；⑥以真诚的方式让别人感到他自己很重要。

在日常生活中，我们要学会卡耐基总结出来的这些技巧并不难。因为，只要想到我们每认识一个人就等于多打开了一扇世界的窗户，做到真诚地对别人感兴趣、对别人有真诚的微笑并不是难事；如果我们懂得别人需要有自我显示的机会，我们就能耐心地做一个倾听者，并鼓励和支持人们尽情地表现；如果我们知道了人需要别人承认他们的价值，我们就可能处处注意对人们的自我价值起支持作用。设身处地想一想，这些我们自己也同样需要。

有一句谚语是这样说的：第一印象永远不可能有第二次机会。

◆ **案例链接**

不要总认为自己的看法是对的

一个心理学教授到疯人院参观，了解疯子的生活状态。一天下来，觉得这些人疯疯癫癫，行事出人意料，可算大开眼界。

想不到准备返回时，他发现自己的车胎被人下掉了。“一定是哪个疯子干的！”教授这样愤愤地想道，动手拿备胎准备装上。

事情严重了。下车胎的人居然将螺丝也都下掉了。没有螺丝有备胎也上不去啊！教授一筹莫展。在他着急万分的时候，一个疯子蹦蹦跳跳地过来了，嘴里唱着不知名的欢乐歌曲。他发现了困境中的教授，停下来问发生了什么事。

教授懒得理他，但出于礼貌还是告诉了他。疯子哈哈大笑说：“我有办法！”他从每个轮胎上面下了一个螺丝，这样就拿到三个螺丝将备胎装了上去。

教授惊奇感激之余，大为好奇：“请问你是怎么想到这个办法的?”疯子嘻嘻哈哈地笑道：“我是疯子，可我不是呆子啊！”

思考题

1. 简述认知原理与传播沟通的关系。
2. 人与人之间为什么要相互学习？
3. 简述认知的结构性给我们的启示。
4. 简述认知的选择性给我们的启示。

第7章 看待自己及他人的原理

在人际交往过程中，您是怎么评价自己的？又是怎么样看待他人的？您认为有智慧的人是什么样子的？仁德的人又是什么样子的？

关于这个问题，2500多年前，孔子与他的学生就曾经讨论过。

子路见于孔子，孔子曰："智者若何？仁者若何？"子路对曰："智者使人知己，仁者使人爱己。"子曰："可谓士矣。"子路出，子贡入，问亦如之。子贡对曰："智者知人，仁者爱人。"子曰："可谓士矣。"子贡出，颜回入，亦如之。对曰："智者自知，仁者自爱。"子曰："可谓士君子矣"（《孔子家语·三恕》）。

这段话的意思是说，子路被孔子召见，孔子问他："智慧的人是什么样的？有仁德的人又是什么样的？"子路回答说："聪明人使人了解自己，仁德的人能使人爱自己。"孔子说："你可以算得上是士了。"（士，古时称读圣贤书的人）子路出去，子贡进来，孔子又问起同样的问题。子贡回答说："聪明的人了解别人，仁德的人爱别人。"孔子说："你可以算得上是士了。"子贡出去，颜回进来，孔子还是像刚才那么问。颜回答道："聪明人了解自己，仁德人爱自己。"孔子说："可以算得上是读书人当中的君子。"

为什么孔子赞叹颜回说的话？从字面上看，子贡的境界更高一点，但孔子更欣赏颜回的回答。因为颜回更理解孔子的思想。聪明人了解自己，仁德人爱自己。连自己都不了解的人，怎么能够称得上是智慧的人？连自己都不爱的人，说爱别人，这是仁德的人吗？不爱自己的父母，去爱他人的父母，这人靠得住吗？不尊敬自己的父母，而去尊敬他人的父母，这合乎情理吗？孔子认为，唯有真正的仁者，才能懂得怎样去爱他人，怎样对待恶人。如果我们连自己都不了解，不认识，我们怎么能够更好地了解他人，理解他人呢？

我们真的了解自己吗？我们真爱自己吗？我们是如何爱自己呢？

在我们与他人交流的过程中，我们常常关注的是他有什么特点，他是一个什么性格的人，他喜欢什么、厌恶什么，他人是怎么看待我的，我怎样给他人留下一个好印象，等等。而面对自己却甚少关注，很少考虑自己究竟是一个什么样的人，也很少评估我是谁，并不清楚我扮演了几种角色，甚至对我的优势和短板也分析得不够透彻。我到底有多了解自己，我究竟有什么价值，等等，好像对自己总不能观察得很清楚。

如何了解我们自己的内心深处，我对自己应当如何评价，这些认识又是如何影响自己与他人的交流的？当我处在不同环境、遇见不同的人的时候，我会对自己的形象或角色做出多大的改变呢？彻底改变自己是可能的吗？

为什么老子也说："知人者智也，自知者明也"（《道德经·德经第三十三章》）。意思是说，"能够透彻了解别人思想行为的人确实聪慧，能够正确认识自身的长短优劣的人确实最为明智。"我究竟是谁呢？

7.1 自我认知与约哈里之窗

自我认知也叫自我意识，包括对自己的行为和心理状态的认知。自我认知（self - cognition）是对自己的洞察和理解，包括自我观察和自我评价。自我观察是指对自己的感知、思维和意向等方面的觉察；自我评价是指对自己的想法、期望、行为及人格特征的判断与评估，这是自我调节的重要条件。对自己的认知一般受两方面的影响。

一方面，我们对自己的认知，一直在受周围的环境和周围的人的影响，包括自己的父母、亲戚、老师、朋友和同事的塑造。在别人心目中自己的形象引导了他们如何与自己相处。别人都觉得我是个内向的人，与我交流时，大家可能会非常小心翼翼，跟自己交流起来也会感到有点困难。自己也可能会认为，我就是一个很内向的人，有很多本来想告诉别人的事，有可能就闭口不谈了。特别是当那些对自己来说很重要的人对自己有这个印象的时候，自己很可能会坚定地树立起这种自我意识，认为自己是一个很内向的人。相反，当那些对自己来说很重要的人对自己有个好印象，对自己很欣赏，很赞，我们就会觉得自己是被大家接受的、认可的、推崇的、喜爱的，这样我们就可能树立起积极的自我意识，也可能会重新认知自己。

另一方面，自我意识的形成除了受别人和环境的影响外，也受自己对自己的精神层面的影响。

有的人能够比较客观地分析自己的能力、自己的价值、自己性格以及自己的选择，但是有的人对自己的认知却比较模糊。我们常听人说，我也不知道我是一个什么样的人，你们说我是什么人，我就是什么人啦……

有时候，自己对自己的感受会好于别人对自己的感受。比如，自己可能会将自己看作一个天才作家，但是别人可能只把你看成一个电脑黑客。

有很多因素可能会让我们保持着他人看来并不真实的形象。我们太关注自己的表现了，没有注意到他人对我们的反馈。或者，他人可能为了和我们分享同样的感受，而给我们发出了歪曲了的、关于我们自己的信息。

正如有时候我们会把自己看得过于好了一样，有时候我们也会把自己看得过于糟糕。比如，自我觉得自己特别丑，尽管别人都坚持说自己很有魅力。

总之，我们对自我的认知，总是不能够客观地进行评价。那么，有没有办法让我们能够比较清楚地认识自己和了解他人呢？

7.1.1 约哈里之窗的含义——自我世界的解读

在传播与沟通的研究中，有一个很著名的关于自我认知的模型，即约哈里之窗（Johari Window）。这个模式是由美国心理学家乔瑟夫·勒夫（Joseph Luft）和哈里·英格拉姆（Harry Ingram）在20世纪50年代提出的，于是以他俩的名字合并为约哈里之窗的名称。

约哈里之窗是一个关于沟通技巧的理论，也被称为“自我意识的发现—反馈模型”，或“信息交流过程的管理工具”。这个模型好像一扇很大的窗户，里面囊括了全部的自我信息，如欲望、需求、喜欢、厌恶、目标和恐惧。通过这扇窗我们能够很好地觉察自己，了解自己，也能清楚地看待他人，所以这个模型对于提高人际传播与沟通的效率发挥着巨大的作用。因而，此理论已被广泛应用到人际交往心理学、管理学、人力资源等领域。

这扇窗，如同一个人的内心世界。它把人的内心世界分为四个等量的区域，即开放区、盲区、隐藏区、未知区（见图3-8）。

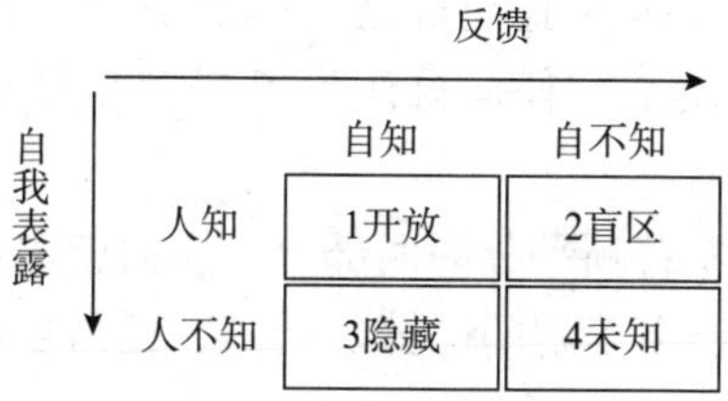

图3-8 约哈里之窗

窗格1，开放区（公开）。表示的是他人都知道的关于你的情况。比如，你的名字、年龄、职业等都包括在这一格之中。这个窗格的大小和内容依据你和他人关系的亲疏程度的不同而不同。你是否允许别人更多地了解你呢？

窗格2，盲区（盲点）。这个区域表示的是别人知道但你并不知道的关于自己的信息。这些信息虽然是关于自己的，自己却看不见，就像盲人一样。有些人这块的盲区很大，基本察觉不到自己的缺点。但是身边的朋友都知道他说话办事不靠谱，他自己却不知道，而且还总是对他人挑三拣四。如果您身边有这样的朋友，您是否能无所顾忌地向其揭示这些东西呢？为什么？您觉得假如您对他揭示出来，这对您朋友的自我形象会产生什么影响呢？

窗格3，隐藏区（隐私）。表示的是隐藏起来的自我。即只有自己知道关于自我的信息，他人不知道。或者是不想让别人知道的信息。《为什么我害怕告诉你我是谁》（*Why am I afraid to tell you who I am*?）一书的作者包约翰是这样表达害怕别人反对的心理的："如果我告诉你我是谁，你可能并不会喜欢我真实的样子。"有时候要想隐藏起来不让别人知道是非常费力的，偶尔我们每个人也会觉得有必要让那些对我们来说很重要的人真正地了解我们，并接受我们现在的样子。但是碍于面子，还是把这些信息隐藏起来了。

当然，我们有权利决定何时向他人分享自己内心最深处的思想、感受和打算，同样，当完全自曝信息并不符合自己的利益时，也可以决定继续隐藏信息到某个时候。每人都允许保留自己的小秘密。

窗格4，未知区（潜能），表示的是无论是自己还是别人，都不了解的关于自我的信息。这个区是我们天性中的未知区，潜藏着自己与他人都不知道的关于我们自己的信息。您是否曾经做过一些让你自己，也让别人大吃一惊的事情？您是否和朋友一起惊呼"哇！我从不知道我还能做这个！"或是"我还不知道你有这个天分！"

7.1.2 约哈里之窗——自我意识的发现模型

这四个区域是关于自我世界的解剖，每个人的自我信息世界都包括这四个部分。如果把它看成一个整体，将这四个区域上下垂直分为两部分，那么，上面的部分就表示别人对我们自己了解的部分，下面就表示别人对我们自己不了解的部分。事实上，任何自认为了解对方的人，也很难了解对方的内心深处。

如果将这四个区域左右顺平分为两部分，左面就表示自己对自己了解的部分，右面表示自己对自己不了解的部分。同样，任何自认为了解自己的人，也不能做到全面地了解自己。

7.2 约哈里之窗的应用——与他人相处的几种类型

如果我们仔细观察身边的人与他人相处的方式，就会发现，每个人大都会有一套自己倾向使用的、较为持续的人际相处的方式。图3－9就展示了四种代表方式。约哈里之窗模型描述的是人与人之间交流互动的动态变化沟通趋势图。

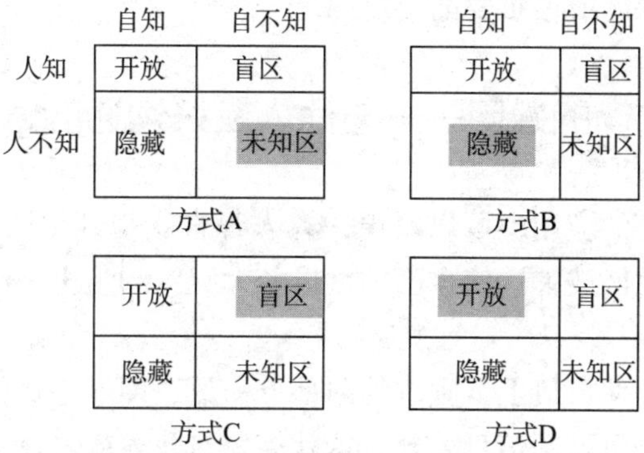

图 3－9　几种人际相处的方式

方式 A 描述的是极端不合群的人与他人传播与沟通的方式。可以看出该类型的人往往是未知区做主宰，由于未知区的放大，其他区域自然变小，即自己对自己的世界也不能全部了解，他人对自己也不能全面地了解。这样的人通常都习惯性地回避接触其他人，如当今爱提及的“宅男宅女”，性格比较内向，不愿意与他人交流，拒绝自我揭发，因此，给人留下了一种严厉的、冷淡的、不可交流的印象。即使交流也常常通过自媒体（网络媒体）生活在虚拟的世界里。

方式 B 描述的是相对封闭的人与他人相处的方式。这类人与他人沟通时，常常是隐藏区做主宰。此种人极端地害怕暴露自己的秘密，对他人具有较多的防备心，从不愿意向他人表达自己的感受，因而总是不相信他人。他人对他的内心世界也了解得不多，类似人们说的神秘人或深藏不露的人。时间久了，与他交往的人也会慢慢远离他而去。

方式 C 描述的是盲区占主导的人群的心理特征。这个区做主宰的人，大都对自己的观点过分自信，却没有意识到自己会如何影响到他人或是如何被他人看待。与他们打交道的人经常会感到自己的意见或预见都不被考虑。给人的印象是喜欢发表自己对人、事物的看法，总认为自己的观点正确，因而常常忽视他人对自己的意见。

方式 D 表述的是开放区做主宰的人，此类人与他人相处时，比较直爽或开放，喜欢坦诚地介绍自己，乐意与他人交往，对于他人的需要和意见也非常敏感，善于比较热情地与他人打招呼，愿意与他人分享自己的内心世界。因而也获得了较多的朋友缘和人脉。

您喜欢哪种人际相处的方式呢？可能多数人都喜欢坦率而开放的人，均愿意与这样的人交流与沟通。因为开放区做主宰的人比较“透明”，与此类人交往起来比较轻松，即使此类人说话比较直白或者有些粗心、懒惰之类的小毛病，人们也愿意与他交往。事实上，如果人与人之间缺乏足够多的开放区，是很难与人达到有深度或很重要的交流的。

7.3 约哈里之窗的妙用——与他人友好沟通的途径

从约哈里之窗的应用中可以看出，人人都喜欢与开放区做主宰的人交往。如何使自己的开放区放大，使自己的世界变大呢？约哈里之窗也给我们揭示了两个途径。

一个途径是，使窗口上下垂直的两部分一致，即缩小自己的隐藏区和未知区，将别人不了解自己的信息公开，这就需要自我表露。也就是使自己的开放区放大，把自己真实的情况自愿地、主动地告诉他人，并且尽量多找机会与他人分享自己的信息。这里的信息是指正能量的信息，即能够给人积极向上的带给人益处的信息。

另一个途径是，使窗口左右平行的两个部分一致，即缩小自己的盲区和未知区，将自己不了解的部分变为了解的部分，这就需要别人的反馈，需要别人将其了解自己的部分告诉自己。这种反馈是否能够做到，一方面取决于个人是否愿意征求和倾听别人的意见，另一方面取决于别人是否愿意告知。

总之，约哈里之窗不是静止的而是动态的，传播与沟通的过程是一个永远不会静止的动态过程。我们可以通过内、外部的努力改变约哈里之窗四个区域的分布，使自己成为大众喜欢的类型之人。无论您希望维持哪种关系，您的目标都应该是增加开放区范围，同时降低隐藏区、盲区和未知区的范围。我们都在思考他人，而他人也都在思考我们。问题在于我们是否有能力而且愿意去与人分享我们正在思考的东西。

7.4 约哈里之窗带给我们的启示

（1）承认自我是处在变化过程中的自我；

（2）承认别人是处在变化过程中的别人；

（3）应变得乐于接受那些完全没有预料到的失误；

（4）提倡适当的自我表露，及时洞察自己的心念；

（5）正确地评价自己，勇于承担风险。

我们要记住，争取让自己的态度变得开放，使我们开放区的窗口增大。人人都是可以变化的，可以改变的，虽然有“江山易改本性难移”之说，但是我们也应相信这一句话——“本性难移并不是不能移”。

通过观察自己和他人，我们要善于调整自己的心态，如要放下架子、谦卑待人。同时，努力修正自己的不足，勇于更新自己，借用商朝的开国君主成汤王刻在器皿上用来警戒自己的箴言“苟日新，日日新，又日新”，坚持日日改过自新，就一定能够成为一个新人，一个可爱的人、可敬的人。

思考题

1. 究竟我有多大能力，正确地评价自己对提高我们的沟通能力起什么作用？

2. 究竟我能为他人带来什么影响？

第 8 章

有效沟通与传播的伦常之理

在人际传播与沟通的研究中，心理学、社会学、传播学、语言学等学科有很多的传播与沟通的基础理论，这些理论的应用对提高传播与沟通的效率、建立和谐相处的人际关系均起到了重要的促进作用。然而，蓦然回首2500年前我国的优秀传统文化，才发现，善于观察和学习的古圣先贤们早已把他们发掘出的人际交往中的伦常大道记录下来，我们把它称为有效传播与沟通的伦常之理，即人际交往中恒常不变的原理。换句话说即“伦常大道”，乃一切传播与沟通理论都可从这里找到它的源头，依循五常之伦理原则与人处之，能够直接、快速、有效地去除沟通中的障碍，使冰冻三尺的“坚冰关系”从此解冻、融化，直至相互理解、包容，天荒地老，情无尽穷。

8.1 人际交往中的自然之道——伦常之道

8.1.1 伦常之道的内涵

何谓伦？伦是指关系，人与人之间的关系。何谓常？“常”在这里指恒常，不变。何为道？这里的“道”是指恒常不变的自然的法则和规律。在人与人之间的五伦关系中，存在着一种恒常不变的自然之道。这个“道”，一般通过五个方面的德行表现出来，概括为五个字“仁、义、礼、智、信”，即五伦为道，五常为德。它是做人的起码道德准则和伦理原则。

“它不同于康德的规则伦理，也不属于任何形式的美德伦理，而是将二者统一在一个伦理学当中，通过修德而实践道和理解道。”[1]“道”是客观存在，不随人的意志而转移，但在使道成为现实即实践仁、义、礼、智、信这些美德时，它又具有了主观性，而这些主观性又是在道（五伦）的基础上建立的，

---

[1] 刘余莉．儒家伦理学［M］．北京：中国社会科学出版社，2011：166－167.

所以道与德又是统一的，即知行合一或天人合一。“道”与“德”的关系不是静态的，而是动态的。一个有德的人，就是一个得道之人。一个得道之人，必然是有德之人。圣人是得道之人，圣人的品格是内圣外王的统一体，这就是儒家伦理学独特的地方。[1]

为了让普通人更好地理解看不见、摸不着的道，孔子提出了被大多数人理解和接受的“仁、义、礼”代替道，孟子延伸为“仁、义、礼、智”，董仲舒扩充为“仁、义、礼、智、信”，后称为儒家的“五常”，这“五常”与“四维八德”贯穿于中华伦理的发展中，构成中国优秀传统文化价值体系中最核心的行为规范。

仁：仁者，爱人。“仁”是一种内在的道德情感，“爱人”则是这种情感的外显，它必须通过显性的行为表现出来。因而，通过什么方式，怎样去爱人，就成为仁德的具体行为规范。因此，“仁”体现多方面的伦理道德价值，也是对各种美好品德的高度概括。它的核心是“爱人”。而这种爱是从孝敬父母、尊敬兄长开始的，“孝悌也者，其为仁之本与”（《论语·学而》）。离开了亲情之爱，仁者爱人就成为无本之木。亲情之爱孕育了对他人的爱心，爱人就是爱亲之心的外展与扩充，即所谓“老吾老以及人之老，幼吾幼以及人之幼”。

在人际沟通过程中，有仁爱之心，处处为对方所想，即人心德也。心德就是良心，良心即是天理，乃推己及人之意也。作为为仁之方的行为模式就是自己所追求的、希望得到的东西，应当积极使别人也得到。即孔子说的“己所不欲，勿施于人”，即当您的行为可能给他人带来影响时，必须考虑它的后果是否能为他人接受。孔子说，“己欲立而立人，己欲达而达人”，也是为他人着想。我们喜欢做的事，也要帮助他人成就，这就是“忠”；自己不喜欢的事不要强加于别人，这就是“恕”。“夫子之道，忠恕而已”（《论语·里仁》）。可见，实践仁德要从自己做起，从一件件生活的小事做起。体现“仁”的德目有孝、悌、忠、信、礼、义、廉、耻，温、良、恭、俭、让，宽、信、敏、惠等。

义：义者，宜也，即应当、应该、适合的意思。义就意味着善的和美的，应该的和合理的。也就是说，与人交往时，人的行为要与一定的准则和法则相适合。如做人要像天地那样无偏无私，做事光明磊落，堂堂正正，循理而行。孔子提出“君子喻于义，小人喻于利”，荀子主张“义与利者，人之所两有也”“先义而后利，先义后利者荣，先利后义者辱”，清初的颜元把道义与公利结合起来，提出：“正其谊以谋其利，明其道以计其功”。

---

[1] 刘余莉．儒家伦理学［M］．北京：中国社会科学出版社，2011：117－119．

与人交往，符合道的事就做，违背道的不该做的就不做。“见得思义，义然后取，义以为上，随顺自然之道。”原始儒家以爱亲为仁，尊贤为义。或者说，仁是“爱亲”的推广，义是“尊贤”的推广。后人把“仁”规定为“爱人”，“爱善”，又把“义”规定为“善之方，德之进，事之宜”。道家的《关帝明圣经》也讲“仁莫大于忠孝，义莫大于廉节”，二者五常之首，指出“仁义”的重要。

礼：礼者，序也，敬也。孔子说：“礼者，敬而已矣。”礼的本质乃恭敬他人，礼敬万物也。“礼之用，和为贵”（《论语》），礼的作用就是“和”，它是我国传统文化中突出的精神，主要指人与人相处要有恭敬、谦让的精神和行为，这样才能达到“和”的目的。如果能够做到长幼有序、处事有规、淫乱不犯，也就不会破坏人伦关系了。这里的“和”不只意味着与他人结成和谐的社会关系，也意味着自身的和谐。因为自身和谐的人才能以平和的心态来实践礼。礼具有双重的作用：个体的自我实现，可使两个独立的自我身心和谐，两人与两人的和谐就是社会的和谐。2500 年前，孔子就已经把人际沟通的原理说清楚了。可见，“礼”作为一种道德规范，在个人修身成人及和人交往中有重要的意义。

智：智者，知也。这里的知识指智慧的意思，即明辨是非也。“智者，不惑”就是强调要过智慧的生活。与他人沟通的过程中，能够明白是非、曲直、邪正、真妄，不对立，不争斗，是为智也。孟子把智看成判别是非善恶的一种能力，提出“是非之心，智也”。西汉董仲舒则强调“必仁且智”。中国古代思想家对智的解读还包括以下几个方面：尊道而行；利人利国；自知智人；慎言慎行；见微达变；好学知过，量力而行；居安思危。《中庸》载：“好学近乎智，力行近乎仁，知耻近乎勇，此三者，天下之达德也。”在孔子看来，只有不断地学习（好学），实践（力行），知过改过（知耻），才能达到德，即体悟出德背后的道，最终成为受益者。“德者，得也。”

信：信者，不疑也，不差爽也，诚实也。与人交往，能够用诚心交心，以诚居心，处世端正诚实，不狂妄，不欺诈者，是为信也。“信”被儒家称为“进德修业之本”“立人之道”和“立政之本”。孔子提出：“人而无信，不知其可。民无信不立。”孟子在“五伦”学说中提出“朋友有信”，并将信与诚相连，阐发了诚信的内在关联和规范意义。荀子则进一步推行于选贤治国，使信不仅是朋友伦理、交际的规范，而且扩展到君臣上下伦理关系，皆以诚信为本。强调诚信之德在于言行一致、表里如一、真实好善、博济于民。

我国古代圣贤人发现，五常是社会稳定、美好和谐的基础。生活中若缺少了伦常之道，人类社会将会陷入混乱。所以《左传》上讲“人弃常则妖兴”，是说人要是把伦常舍弃掉，将会变成妖魔鬼怪。做人不仁爱、不讲义、不懂礼、不讲智、不守信，就违反了做人的常理，人就不像人，人就变成妖魔鬼怪，社会就会大乱。所以说“仁、义、礼、智、信”是维系人与人之间友好交往的起码的道德规范，也是人际关系持续交往下去的自然法则和规律。

此外，“仁义礼智信”将道体现得淋漓尽致。有恒长不变的理，也有变化多端的相。仁爱是人固有的道德情感，但仁爱并不是偏爱、滥爱、无理智的爱，不是姑息养奸、是非不分，而是爱人以智、爱人以德。就是说，对待他人，该仁爱的时候给予他仁爱，该严厉的时候给予他严厉，这就做到了“智”和“义”。以适当的方式示“仁”，就做到了“礼”。发乎情，止乎礼。有礼有节，就做到了“义”。以真诚心待人行事，就做到了仁。“此谓唯仁人，为能爱人，能恶人。”（《大学》）唯有真正懂得仁爱的人，才知道如何爱他人，如何批评和教化人。所以我们说，“道”是行出来的，“德”是做出来的，能够尊道而行德，是最可贵的。正如老子所说“尊道贵德”。在现实生活中，很多人似乎明白了其中的道理，但是很难持之以恒地落实德。

“五常”也是做人的五道防线。如果第一道防线“仁”没有了，还有讲“义”（正义）的人；如果第二道防线“义”没有了，还有懂礼的人；如果第三道防线“礼”没有了，起码还有讲理智的人；如果第四道防线“智”没有了，还有讲诚信的人。诚信是人际交往的基础。如果最后一道防线“信”也没有了，那就濒临动乱，甚至有亡国的危险。所以孔子在《论语》里面讲，“民无信不立”，这个立是指立国，就是我们讲的稳定，百姓之间互相没有了信用，对谁都不相信了，对政府也不相信，甚至对家里人都不相信，那立国的根基就动摇了。

“立天之道，曰阴与阳；立地之道，曰柔与刚；立人之道，曰仁与义”（《易经》）。天空中的星辰运行不悖，自有它的规律。大地上的山海平原高下相宜，自有它的层次。做人也有做人的规范和次序。《大学》中有这样一句话：“物有本末，事有始终，知所先后，近乎道矣。”

《易经》上也说古代的圣人“上观天象，下察地理”，从中得出了关于世间一切事物产生、发展、变化的规律。既然是一切事物，就不仅仅包含自然界天地的发展变化规律，也包括社会人文秩序要保持稳定、保持和谐，即做人要遵守的人伦大道。正如《三字经》所说：“曰仁义，礼智信。此五常，不容紊。”

8.1.2 五伦十义的沟通智慧

儒家的亚圣孟子指出，人与人之间自然存在着五种关系：①父子；②君臣；③夫妇；④兄弟；⑤朋友。即五伦：“父子有亲，君臣有义，夫妇有别，长幼有序，朋友有信。”这五种关系，不是圣人制定出来的，而是本来就有的、自然存在的。在人们心目中，理想的父母是慈爱的；理想的儿子是孝顺的；理想的君主（领导）是仁爱的；理想的大臣是忠诚的；理想的丈夫是有恩义、情义和道义的；理想的妻子是温柔有德行的；理想的兄长是友爱的；理想的弟弟是恭敬的；理想的朋友是彼此诚信的。如何使这种理想成为现实，并加强和稳固这五种关系呢？根据圣人观察，人性由七种东西组成：喜、怒、哀、惧、爱、恶、欲，即七情六欲。人类也有十种义务：父慈，子孝，兄良，弟悌，夫义，妇听，长惠，幼顺，君仁，臣忠。[1] 对人类有益的是普遍的信赖与和睦，对人类有害的则是利益争夺、抢劫、谋杀。因此，圣人提出五伦十义来调节人的七情六欲。如果每个人都按照人的本性中伦常之道，承担符合自己身份的责任和义务，不仅身心愉悦、家庭和睦，而且人生幸福、社会和谐。

1. 父子有亲——父慈子孝（仁、义、礼、智）

父精母血是生命的来源，孩子是母亲身上的一块肉，孩子的生命是父母给的。父母爱儿女，儿女爱父母，父母与孩子之间有一种天然的亲情，自然的亲情。这种自然的亲情不是圣人要求我们的，而是人性自然而然的表现。父子之间的亲情从小孩子身上特别容易看出来。中国古人说："人生百日，体露真常。"孩子小的时候，他看到父母就有一种发自内心的喜悦，从这种欢悦中我们看到了他对父母的亲爱。怎样把这种自然而然的亲情保持一生，顺着"亲"的方向发展而不改变？圣人观察到，只有父母慈爱教导儿女，儿女孝敬父母，这自然的亲情才能够维系。所以，顺着"父子有亲"这个人伦之道，提出了"父慈子孝"的德行要求，也就是父母要慈爱教导儿女，儿女要孝敬父母。

2. 君臣有义——君仁臣忠（仁、义）

"君"就是领导者，"臣"就是被领导者。他们之间怎么样才能够和谐一体呢？这个一体的观念也体现在处理上下级的关系上。中国人认为，老板与员工的关系是一体的，是互相感恩、互相协助、互相合作的关系，他们之间应该以"义"相处。做领导应该是什么样子的？中国古人用一个字来表示，那就是"仁"。作为一个好的领导者，应该同时具备三种职能，就是"作之君、作之亲、作之师"。不仅要当他的领导带领他，还要当他的父母，像亲人一样去关爱他。仅仅做了这两点，如果不教导他，他仍然可能会做一些假账来蒙骗你。所以，还要教导他做人的根本道理。做领导的对工作要认真负责，体恤关心员工，处处做好榜样，做员工的对待工作也自然会尽心竭力、尽忠尽职。

---

[1] "十义"，出自《礼记·礼运》。

案例　周总理如何对待下属

1935年10月的一天，红十五军团团长徐海东挑选了一匹上好的枣红马，带着马夫周家荣来到周恩来的住所“稻佐铺”，并介绍说马夫叫“马军长”。周恩来很是高兴，望着周家荣说：“哦，也姓周，一家子的嘛！”看到周家荣显得局促不安，又开玩笑责怪徐海东道：“你个徐老虎也真是的，怎么把我一家子的叫‘马军长’嘛！”看到如此儒雅风趣的周恩来副主席，周家荣放松了，抢声说道：“我喜欢首长叫我马军长的。”现场的气氛活跃了，大家哈哈大笑。周恩来也笑了：“那好，就叫马军长吧。”自此，周家荣便鞍前马后跟随着周恩来，成为中央警卫团的战士。1939年9月，周恩来骑马时失事。康复后见鞍前马后没了周家荣的身影，后来得知因自己骑马失事，别人硬把责任推到周家荣身上，因而让他下了部队。周恩来浓眉紧锁，一言不发。后来又知道了周家荣曾两次身负重伤的英勇事迹，既高兴又痛心，立即命令把周家荣接到延安的医院，并由援华抗日的外国医疗专家亲自治疗。不到半年时间，周家荣又生龙活虎地回到周恩来的身边，投入到紧张的工作之中。1946年，周恩来又亲自出面做媒，把在延安工作的广西籍姑娘李永仕介绍给周家荣。自此，二人带着对周恩来的无限感激和嘱托，相濡以沫，度过幸福一生。新中国成立前夕，周恩来又把周家荣送到解放军洛阳荣军学院学习。1952年，周家荣毕业后谢绝了各级政府提供的休养所的挽留，响应毛主席号召，携妻子和两个孩子回到河南省光山县的老家。临行前，一张由周恩来亲自签发的“特别通行证”送到了周家荣的手中。持此证能在整个中国大陆畅通无阻，其中饱含着伟人的深情。

3. **夫妇有别——夫义妇听**（礼、智）

夫妇有别，不仅仅指生理特征之别，在家庭中的职责上也应有分工。这个“别”并不是身份和地位上的差别，而是在职责上有区别。古人认为“男主外，女主内”，双方各尽其责，即做丈夫的要负担经济收入，要养家糊口，让一家人衣食无忧；而做妻子的最重要的职责就是把儿女教导好，让孩子成大成人、成贤、成圣。丈夫能够以身作则，带头做仁义之事，做妻子的自然会听从配合。夫妻这样相互配合，互敬、互爱、互帮、互助，共同照顾老人，培育下一代，整个家庭就会和谐稳定。

4. **长幼有序——兄友弟恭**（礼、义）

一家的兄弟姐妹的出生有一个自然的顺序，这个自然顺序不能够颠倒，应该给予尊重。《弟子规》上说：“兄道友，弟道恭。兄弟睦，孝在中。”兄弟姐妹之间相处，应该是兄长友爱、关心、帮助弟弟妹妹；而弟弟妹妹对于兄长的关心、帮助要感恩，对兄长要恭敬。《弟子规》上还说："财物轻，怨何生。"兄弟姐妹更看重的是手足之情、骨肉之情，把财产看得淡一点，争讼又怎么会产生呢？"言语忍，忿自泯。"兄弟姐妹在交流的时候，言语上互相忍让一下，少说一句，忿忿不平的心自然就泯灭了。这两句话用来处理兄弟姐妹之间的关系也非常有效。在家能够处理好兄弟姐妹的关系，在外自然也能尊长爱幼。

5. 朋友有信——朋诚友信（智、信）

朋友就是和我们地位平等的人，相处的时候一定要做到诚实守信。人言为信，人讲的话必须守信用，否则就不是人所说的话了。古人把这个字看得非常重。孔老夫子说："人而无信，不知其可也。"用我们现在的话比喻，就像汽车没有发动机一样，一个言而无信的人，在社会上也一定寸步难行。

中国自大舜的时候就用五伦大道来教导人民。五伦关系处理好了，社会就自然安定和谐了。反观现在人与人之间的相处，是不是这样有序和谐的样子呢？在家里，爷爷变成孙子，孙子变成爷爷，男的不像男的，女的不像女的，孩子打父母，父母到法院告孩子，朋友之间相互欺瞒，这样的场景很常见。

如果五伦关系错乱了，人间的乱象就出现了，"伦常乖舛（差错），立见消亡"（《朱子治家格言》），意思是说，伦常大道出现差错或违背了自然规律，人的福德顷刻就会消耗，甚至马上消亡。逆天而行，必有灾殃。

老子也说："知常曰明，不知常，妄作，凶"（《道德经》）。知道做人的常道，不逾越地去落实这些德行，这个人是明白人，知常曰明；不知常，不知道这些做人的常道，就会产生很多人生的凶相，这个凶相不只会害了自己，甚至会害了下一代。

从历史上看，很多实例已经证明，周朝的文武之治，汉朝的文景之治，唐朝的贞观之治，清朝的康乾盛世，都是因为尊崇自然规律，遵循人间大道，共守仁、义、礼、智、信，"以德化民，以法辅助，选贤与能，知人善用，以民为本，以孝治国，重农抑商。"清朝末期，由于慈禧太后轻慢圣贤教诲，不讲仁义道德，国家才慢慢衰弱下来。加之一些政治运动，主张全盘西化，导致我国优秀的传统文化教育断代，出现很多社会问题。

这些例证，都可以说明五伦之道的科学性、秩序性和系统性，从科学的角度来看，五伦之学是经得起反复实践、反复验证的。是道则进，非道则退，违背自然规律的事情，最终会被历史淘汰。"人法地，地法天，天法道，道法自然"永远是真理。

多位外国专家和学者也不得不承认：中国有今天的成就，主要原因是保持了自己的文化传统，有选择地学习发达国家的先进经验，捍卫了自己制定政策的空间，由自己来决定何时、何地、以何种方式采用外国的思想和技术。中国模式的独到之处在于：中国的变革是由一个强有力的、致力于发展的政府所领导的。中国较好地处理了稳定、改革和发展三者的关系。主张以人为本，以和为贵，和而不同。

1988 年，75 位诺贝尔奖获得者，在巴黎有一个“联合声明”，声明中说：“如果人类在 21 世纪想要生存下去，应该回首 2500 年以前，到孔子那里去汲取智慧。”

五伦教育可谓源远流长，如《孟子·滕文公》说：“人之有道也，饱食暖衣，逸居而无教，则近于禽兽。圣人有忧之，使契为司徒，教以人伦，父子有亲，君臣有义，夫妇有别，长幼有序，朋友有信。”教导人们社会生活的基本准则，简称纲常。

纲常理论能帮我们缓和与他人的紧张度，也较容易让他人感到愉悦与适度，建立和谐、守信的良好社会关系。圣人把公式和原理给了我们，我们只要照做就会有结果。有了纲常理论，复杂的东西就简单了，我们人际关系愉悦了，负能量就少了，正能量就增多了。社会的文明程度就提升了。

以习近平主席为首的这届政府，执政以来就提出要实现中华民族的伟大复兴，要求各级领导干部都要带头学习我国经典文化，提出严以修身、严以用权、严以律己，以及谋事要实、创业要实、做人要实。树立和发扬好的作风。

中共中央政治局就培育和弘扬社会主义核心价值观、弘扬中华传统美德进行第十三次集体学习时，习总书记强调，“培育和弘扬社会主义核心价值观必须立足中华优秀传统文化。牢固的核心价值观，都有其固有的根本。抛弃传统、丢掉根本，就等于割断了自己的精神命脉。博大精深的中华优秀传统文化是我们在世界文化激荡中站稳脚跟的根基。中华文化源远流长，积淀着中华民族最深层的精神追求，代表着中华民族独特的精神标识，为中华民族生生不息、发展壮大提供了丰厚滋养”。

文化不分国界，优秀的文化能够把复杂的问题简单化。虽然中国古代哲人的思想境界很高深，但他用简单的、通俗的语言给大家解释出来，让每一个人都能明白。目的是为了利益子孙后代。

而有些文化是把简单的问题复杂化。比如我们看第一本关于执行力的书，好像还懂得执行力是什么。但是看了第二本、第三本关于执行力的书，就好像不知道这个执行力是什么了，越看越糊涂。事实上，“大道至简”！越是高深的道理，应用起来越简单。明白了道理，只需努力落实到现实生活中而已。

8.2 伦常之道对沟通与传播的启示

（1）仁义礼智信是美德，也是有效传播与沟通的伦常之道。得道者多助，失道者寡助。

（2）人伦教育修养自己，同时影响他人。最终促使双方的行为改变。

（3）尊道贵德，知行合一，是传播与沟通的必备素质。

（4）落实五伦十义，不仅可使两个独立的自我身心和谐，也可使社会走向和谐。

思考题

1. 简述约哈里之窗——自我意识的发现模型给我们的启示。
2. 为什么说人伦之道是传播与沟通的自然之道？五伦十义的含义是什么？

第四部分

有效沟通与传播的道术

什么是道？“天命之谓性，率性之谓道，修道之谓教”。(《中庸》)天命指宇宙万物于其天然自然而未经任何造作之状态。性：宇宙万物本来具足之实体，虽受外境影响亦不改之本质，即《大学》所言之明德。率性：循其本性，率，遵循。道：遵循人类的天性做人做事就叫道。教：教化。修道是指修治习性之浸染而使人皆遵道而行，以复其本性的历程。

通俗地讲，“自然而然、不生不灭之理，名之为天。水月空花、虚妄生灭之原，名之为命。生灭与不生灭和合而成之宇宙万物的本体，名之为性。因其为宇宙万物本来本有，故称本性。遵循其本性，而不失其真纯面目的就是道。使人人皆能修治习性之浸染而循道而行恢复其本性的过程就是教化。”❶

道术：依照万物之本性修正自己言行的方法、手段和技能，即为道术。

在日常生活中，我们经常发现这样一种现象。当人们与他人发生冲突和矛盾的时候，一般总是先找对方的错误，而不是先找自己的错。所以，最终的问题总是停留在表面，解决不了根本的问题。为什么？因为不符合道，不符合天性，不符合自然规律。我国的古圣先贤发现了这样一个规律，当我们与他人谋事或沟通的时候，没有达到预期的目的，怎么办呢，“行有不得，反求诸己”(《孟子·离娄上》)。这是说，事情做不成功，遇到了挫折和困难，或者人际关系处得不好，就要自我反省，一切从自己身上找原因。进而反躬自省，然后遵循人伦之道，采用一种合理的方法，修正自己的错误行为，这种能够解决根本问题的方法就是道术。

道教中人常有“道无术不行”的说法，就是说“道”寓于“术”，行术就是演道之意。不能改变别人就改变自己，不能改变环境就适应环境。不能改变事情，就改变对事情的态度！不能改变天气，就调整好自己的心情！这可以算是在道了。我们经过自己的实践也能发现这样的道理，改变别人是很难的，改变自己相对容易多了，当我们自己改变了，能够以一种快乐的心态对待他人时，我们突然发现对方好像也变得开心起来，这就是自然之道术。

能够名因识果即自然之道，并妙用所学过的知识、技术和方法解决当下人际交往中的问题就叫沟通智慧。

在人际传播与沟通中，我们不可避免地要与不同性别的人、不同文

---

❶ 因缘生．学庸衍义［M］．台北：世界书局出版社，2016：89－90.

化背景、不同文化习俗的人进行交往。在《创造新人》(*The New Peoplemaking*)一书里，弗吉尼亚·萨提写道："当人刚刚到达地球的时候，传播就已经成为决定我们要与他人建立何种关系的关键因素。"对于我们每个人来说，与他人保持或建立良好的、有意义的联系非常重要，而这些关系的建立都需要一个共同的方式，那就是传播与沟通。通过传播与沟通，我们不仅可以建立和保持一份关系，同时，也可以收回或是结束一份关系。交流沟通的效果好，有可能加深感情和关系，也有可能成为肤浅的关系。

我们都知道，人际关系的建立、保持和发展得怎样，不仅仅与传播沟通的好坏有关系，还与个人的思想观念、经验、好恶、性格、环境、需求和文化背景等有关系。所有的关系也都是处在变化之中的。当我们自己改变时，我们的关系也会跟着改变——或者变得更弱或者更强。所以人际关系的发展一般有这么几个阶段。

发起（感知），试探，强化，整合，结合，分化，限制，停滞，逃避，终结。

在我们与他人交往的时候，我们能不能一直停留在整合与结合阶段，将这份友情、亲情变成恩情，一直友好和睦地相处下去呢?

一旦我们与他人的关系发生了冲突，关系由结合状态转为分化，相互限制，相互不理睬，到停滞、逃避，最后终结关系。之后又想恢复这种关系，我们还能和好如初吗?

笔者真诚地告诉大家，只要学习了人际传播沟通之道术，明白了人生幸福究竟如何圆满的真相，并且能将这些道术灵活运用到生活和工作中，即增长了沟通与传播的智慧，您一定可以达到您预期的理想结果。

第 9 章

夫妻关系：丈夫与妻子间的沟通智慧

我们都知道，人与人之间有五种天然存在的关系，即夫妻关系、父母与孩子的关系、领导与被领导的关系、兄弟姐妹们之间的关系、朋友之间的关系。我们也知道，五伦关系的相处之道是五常及五伦十义，如何将五伦十义的道理和指导原则运用到生活中，可能还需探寻人与人之间关系亲密长久的具体方法和技术。换句话讲，明白了五伦、五常、十义是人际有效传播与沟通的原则和目标，还需学习如何实现这些目标，如何运用这些原则的方法。

《周易·序卦》曰："有天地然后万物生焉。……有天地然后有万物，有万物然后有男女，有男女然后有夫妇，有夫妇然后有父子，有父子然后有君臣，有君臣然后有上下，有上下然后礼仪有所错。"这就是说，天地间阴阳二气交合才能化生万物，有万物才能产生男女、夫妇、父子、君臣、上下、礼仪。万物离开天地就无法生存，天地是产生万物的根源。在五伦关系中，夫妻之间的关系最为关键，没有夫妻，哪里有父子；没有父子，哪里有君臣；没有君臣，哪有上下关系。所以，任何人和事都有自己的生命轨迹，都有一定的秩序。"物有本末，事有终始，知所先后则近道矣"，这就是道。

夫妻关系是五种关系中最重要，也是最关键的一种关系。夫妻关系处理得好与坏，对一个家庭的兴衰，对一个社会的稳定均有重要的影响。夫妻之间如果能够和睦相处，不仅父母开心，孩子高兴，亲朋好友欢喜，事业顺利，而且整个家庭也会兴旺发达。那么，夫妻之间如何以道处之？如何像结婚之时亲密无间，又如何白头偕老呢？

9.1 夫妻之间如何友好相处

古代圣贤人早就发现，夫妻之间白头偕老，永结同心的方法很简单，那就是各自找回自己的道，各尽其责而已。简单地说就是四个字"夫义妇听"。首先做丈夫要带头行仁义之事，并能以君子的八德（孝、悌、忠、信、礼、义、廉、耻）约束自己的行为，做妻子的自然会永远追随他。如果做丈夫的不仁不义，做妻子的就不一定会心甘情愿地服从了。当然妻子也有做妻子的本分，即用孝、顺、和、睦、慈、良、贞、静（八德）约束自己的言行，并能够帮助丈夫照顾好老人和孩子，助夫成德。夫妻间讲情义、恩义、道义。做丈夫的有做丈夫的道，做妻子的有做妻子的道，因此，有“天尊地卑，夫妇有别”之说。

9.1.1 丈夫道

在一个家庭当中，丈夫有支撑家庭的义务。在与妻子的相处之中，丈夫有什么自然之道可循吗？民国时期的伟大民间教育家、伦理道德宣传家、性理疗病的发明人王凤仪老先生说，男子大丈夫做到三纲就在道了。一是性纲；二是心纲；三是身纲。纲字，当“领”字和“榜样”讲。丈夫在家里的位置，主要起引领作用，起带头作用。丈夫有正确的人生观和价值观，才能带好头。王凤仪用很通俗的话讲出了丈夫如何做到三纲。

（1）性纲：不动秉性是性纲。如不乱发脾气，敢担当。男人（丈夫）只可引领女人（妻）不可管教女人。男人如果骂女人是耍威风，女人虽不敢还口，可是心里已经恼气。丈夫如果打女人是动杀气，女人虽不敢对打，可是恼恨之气已存在心里。所以，做丈夫的心量要大，做人做事稳当、靠谱，是妻子所依、妻子所靠，这才像个大丈夫。生气是性纲倒了，骂人是心纲倒了，打人是身纲倒了。

（2）心纲：不起私心是心纲。做人做事没有私心，比较善良公正。对待父母与对待岳父岳母都一样孝顺；对待自己的兄妹与对待妻子的兄弟姐妹一样平等，这叫心正。在工作中，爱岗如家，做人厚道，做事认真负责，这叫本分。

（3）身纲：没有不良嗜好是身纲。夫妻之间重要的是讲道义，讲情义，讲恩义。黄色录像不看，不良习气不沾，不吃喝嫖赌，这样的丈夫，妻子跟着放心、安心。俗话说，无欲则刚。丈夫一旦忘记了自己的本分和责任，可能就要付出很多代价。

案例 电影《一声叹息》中的男主人公

《一声叹息》是根据王朔的《狼狈不堪》改编的一部影片。片中的丈夫原本是一个很朴实的编剧，制片方为了催促他尽快完成剧本，把他一个人关在海南的一座临海小楼里，并从北京给他派来了女助手李小丹照顾其饮食起居。然而事与愿违，李小丹的到来非但没有使梁亚洲的创作进度加快，反而令他心猿意马，两个人竟不知不觉相爱了。面对如花似玉、比妻子还温柔的年轻女子，

这位很老实的男子走进了花丛。这种日子好过吗？从这个电影里我们看到，这个男子很纠结，既舍不得多年一起患难的妻子女儿，又舍不得甜言蜜语、柔情似水的情人，每天生活在煎熬之中。如果不是宋晓英的意外摔伤，梁亚洲恐怕永远也解决不了这种三角关系。有过这样经历的人一定能够体会这位丈夫的痛苦。

在现实生活中有梁亚洲这样经历的实例不乏其人，虽然最终醒悟了、回头了，但给妻子、孩子和自己留下的许多心理上的阴影却需要很长时间的清理和调整。有些50多岁的男子，一旦被年轻的、轻浮的女子看上，自己如果没有正知正见、没有很深厚的道德修养是很难把握住自己的情感的，最终走入痛苦的深渊。所以，古人有云："二八佳人体如酥，腰间藏刀斩愚夫。虽然不见头落地，暗里让他骨髓枯"。有些男子中途想回头，但禁不住诱惑的居多，其最后的结局多是离婚、疾病缠身、痛不欲生和后悔终身。

如果这些人能够早一点接受圣贤教育，能早点明白丈夫之道，也不至于做出这样愚蠢、这样令人遗憾的事，把原本幸福的生活毁灭殆尽。在此也提醒年轻的女子，不要介入有家室的人家，更不要为了满足自己的私欲去破坏他人的幸福。

男儿当自强，正直挑大梁。王凤仪老先生说："男人没有做好，没有本事把女人领到道上，这个社会才乱，阴盛阳衰。"如果丈夫做到了三纲，妻子自然会心悦诚服地陪伴丈夫到永远。

9.1.2 妻子道

何谓妻子？丈夫所依，丈夫所靠，助夫成德的人就是妻子。妻子的道是什么呢？做妻子的首先要找回自己的本性，女子的本性是柔和。道家的创始人老子提出了"处柔守慈"的处事原则。老子说："兵强则灭""物壮则老""木强则折"，意思就是说，那种坚持以看似最柔弱最柔软的特点来抵御一切的人，就是最坚强的人。换句话说，强并不是最强的，因为强中自有强中手，而天下最坚强的是柔软，柔能克刚。所以，妻子要做到三柔：

1. 性柔如水，调和百味

水能随方就圆，就低就下。清净之水乃柔和之水、养家之水。如果妻子对丈夫能做到性柔如水，一心一意地照顾这个家里的上老下小，其丈夫一定爱之深切，家庭自然会和乐融融。

汉字很有智慧，如"安"字，意思就是家里有女人，家才安定。"娶一个好妻旺三代。娶一个坏妻败三代。"这些俗语看似通俗，实则暗含很深刻的道理。一个男人有福，是一个人的福气；一个女人有福，是一个家庭、邻里、社区、国家的福气。

女人在家中的地位是举足轻重的，所以女性应争取做“三养”女人：一有修养（有智慧），二有涵养（控制自己的情绪），三要会保养（身体健康）。而不是做“三瓶”女人：年轻时当花瓶，中年时当醋瓶，老年时当药瓶。

大家都知道，汉代才女卓文君（公元前175至公元前121年），原名文后，西汉临邛（今四川邛崃）人，原籍邯郸冶铁家卓氏。她是我国古代四大才女之一（蔡文姬、李清照、上官婉儿、卓文君）、“蜀中四大才女”之一。姿色娇美，精通音律，善弹琴，会诗文。家中富贵的卓文君却看中了穷书生司马相如。司马相如虽然家境贫寒，但因其写得一手好辞赋，弹得一手好琴，最终赢得了才女的心。二人结婚之后，写出了很多情投意合、相亲相爱的诗词歌赋。一时间，这对才子佳人夫唱妇随的爱情故事成为佳话。司马相如在卓文君的帮助下也终得成名天下。

但是，当司马相如的《子虚赋》受到汉武帝的赏识并受封为郎（一种官职）不久，他不免春风得意，加上久居京城，赏尽风尘美女，一时起了纳妾的念头。

于是，司马相如休书一封给卓文君。信的内容大致是：娘子，我很想你。最近我的事业刚刚起步。事务烦琐，日夜操劳，无人来照顾。你又远在成都不能替我操持家事。所以想纳个妾来帮我分担，她是个贤惠、勤劳的人，一定能帮上我的。望娘子你同意。

卓文君从来不是一个贪慕虚荣的女人，她从不干预司马相如求取功名。多年来她守着空房，藏着寂寥，从没有怨言。面对这封来信，卓文君悲从中来，对司马相如大失所望。一向敢爱敢恨的她作了一首诗给予回应。

司马相如看到这首诗之后，不禁感叹卓文君才华横溢，而且回想起了昨日种种，那时他们一见钟情、他们夜会私奔、他们当垆卖酒、他们吟诗作对、他们抚琴对奏……还有那首《凤求凰》……

悔过的司马相如回家找到娘子卓文君。得到了卓文君的原谅。

这首让司马相如迷途知返的诗叫《白头吟》。它是这样写的：

皑如山上雪，皎若云间月。闻君有两意，故来相决绝。今日斗酒会，明旦沟水头。躞蹀御沟上，沟水东西流。凄凄复凄凄，嫁娶不须啼。愿得一心人，白头不相离。竹竿何袅袅，鱼尾何簁簁！男儿重意气，何用钱刀为。

它的译文是：爱情应该像山上的雪一般纯洁，像云间月亮一样光明。听说你怀有二心，所以来与你决裂。今日犹如最后的聚会，明日便将分手沟头。我缓缓地移动脚步沿沟走去，过去的生活宛如沟水东流，一去不返。当初我毅然离家随君远去，就不像一般女孩凄凄啼哭。满以为嫁了一个情意专心的称心郎，可以相爱到老，永远幸福了。男女情投意合就像钓竿那样轻细柔长，鱼儿那样活泼可爱。男子应当以情意为重，失去了真诚的爱情是任何钱财珍宝都无法补偿的。

从卓文君的故事中，您感悟到什么？女人要向卓文君学习什么？卓文君采用了哪些传播与沟通的方法？

2. 心柔家暖

心柔如何体现？其实就是对丈夫体贴入微，即当好小棉袄，而不是当冰坨子，让家庭变成丈夫温暖的港湾。近年来活跃在道德教育论坛上，有一位亿万富翁的太太谷大嫂，她识字不多，但是却是一个大智慧的人。她跟随丈夫张选来北京，先后创建了4个企业，身价亿万，家里的房子车子多到她也数不清，但张总一不抽烟二不喝酒还不找“小三”，他们三个儿女都孝顺懂事，学习优异，生活简朴，还积极组织慈善活动；这样夫妻恩爱、财富丰盈、儿女孝顺成才的家庭不知令多少人羡慕，按谷大嫂自嘲的话，我这个没学历、没长相、没身材，农村出来的女人是如何做到的？其实我的心很柔和。摘取一段她在传统文化公益论坛上的讲话。[1]

“谷大嫂说，俺从小的教育是，在家听父母的，结婚听丈夫的；

谷大嫂说，丈夫让俺干啥俺就干啥；

谷大嫂说，下班回家，丈夫躺在床上看书，俺给他沏好茶，削好水果，把袜子给他换了，俺下厨，他躺着，因为他要考虑大事；

谷大嫂说，丈夫让俺参加清华一个女企业家班，43个人，只有6个没离婚，俺不想去了，这是什么成功人士，连个丈夫都混没了，还是什么成功人士？

谷大嫂说，俺有四项基本原则，丈夫骂不还口，打不还手，逆来顺受，坚决不离婚！

谷大嫂说，俺这样的媳妇他舍得离婚吗？”

接受现代教育的人可能很难理解谷大嫂讲的这段话，但是从谷大嫂按照传统教育的理念所经营的幸福家庭来看（她三个儿女，一个人大毕业，一个清华毕业、一个在美国读书，他们夫妇恩爱和乐，家庭和睦），她所讲的这段话

---

[1] 《弟子规》教俺怎么做亿万富翁的太太——谷大嫂自述［EB/OL］. https://www.douban.com/, 2010-09-11.

里暗藏着很深的自然之道（夫妻双方各守其位，相互尊重的和合之道）。

从谷大嫂这段话语中，我们可以感受到谷大嫂的心柔，不仅表现在对丈夫的那份恭敬心、崇敬心和欣赏心，还体现在她孝敬父母（包括公婆）的心。任何一方父母都不期望儿女离婚、妻离子散。她在《经营家庭的秘诀》中谈道："对老人的精神赡养比物质赡养要重要得多。不少人有钱了，给父母买房、买奢侈品，最后发现，这些让爸爸妈妈的头发越来越白，让他们越来越焦虑，越来越不幸福，这就把他们的寿命给折短了。爸爸妈妈最愿意看到的是，自己的儿女幸幸福福，儿女能做一些利国利民的事，为他们增光，给他们长智，这就是对爸爸妈妈的精神赡养。如果你过得不好，你给他们吃好的住好的，他们也不会快乐幸福；如果你每天纠结烦恼痛苦，你让他们每天吃糖都是苦的。"❶ 从谷大嫂的讲话中，我们可以体会出她的心柔是经营这个和谐家庭的秘诀。

3. 嘴柔家和

嘴柔是指所说话语使人心情愉快，不仅仅指说话的语气柔和。还有一层意思就是女人在家里，尽量要做到少说话多干活。特别是要少说评论丈夫的话，要多说欣赏丈夫的话。滴水穿石，以柔克刚，才是女人的本位。

如何使自己的嘴柔，的确需要从修心修德开始。"孝子之有深爱者必有和气，有和气者必有愉色，有愉色者必有婉容"（《礼记·祭义》）。意思是说，一个真正懂得孝顺父母的人，对父母讲话时，一定会和气，说话和气的人，脸上总是会带着愉悦的神情，有愉悦神情的人，一定很漂亮。古人讲的这些话非常有道理。一个很强势的女人，一个动不动就发脾气的人，说起话来肯定不悦耳。女人不是因为美丽才可爱，而是因为会关爱身边的人才变得美丽。

执着需要智慧，固执容易犯错。所以圣人说"君子之道，造端乎夫妇"（《中庸》）。是说君子之道，起点在于夫妇之间的相处。夫妻关系能够处理好，与其他家人和睦相处自然会变得异常容易。夫妻之间是五伦关系中最重要的一重关系，双方只有做到了各尽其责即"夫义妇听"整个家庭才能其乐融融。

9.1.3 夫妻间的沟通智慧

1. 夫妻关系能够和谐，主要靠心性的培养

在生活中，夫妻在一起共处的时间最长，遇到方方面面的事情也最多，但发生矛盾的时候也最多。夫妻之间如何持久地恩爱，仅学习传播与沟通的技巧（言语艺术）是不够的，还需要学习相处之道。《易经》曰："一阴一阳之谓

❶ 谷大嫂. 经营家庭的秘诀［EB/OL］. http：//www.360doc.com/，2015－05－28.

道。继之者善也，成之者性也，仁者见之谓之仁，智者见之谓之智。”

宇宙之间的任何东西，都是一阴一阳的，正如天与地，男与女。而且是阴中有阳，阳中有阴，不可分割。一阴一阳虽然是有正有反，但是调和正反的，不是矛盾的统一而是均衡。一阴一阳要达到调和、均衡，便得了道，不均衡便不得道。既然成为夫妻，其生命与呼吸就成为一个共同体。那么，夫妻之间如何配合、调和而达到均衡呢？

从丈夫的“三纲”和妻子的“三柔”当中可以看出，夫妻之间各自找到自己的天性和本位是沟通的第一步。之后遵循自己的天性和本位，修各自的心性，使自己回到无私的初心；这样才能阴阳调和，最终达到和睦相处，这就是沟通的智慧。

丈夫的纲与妻子的柔是不是一样呢？从外表上看，尽管由于男女特质展现出来言行不大一样，但从心性上讲都是一样的。不动习性，能随顺德行，所以男人很刚强，其柔起来的时候也很温柔。女人本性温柔，但是也有刚强的时候。如果这个家的男人突然不能撑起这个家，女子的柔也可能比铁石还坚硬。

2. **夫妻关系达到和谐共处，需要在生活中共同历练**

有人说，夫妻一场是千年的缘分，年轻时是生活伙伴，中年时是事业助手，进入老年演变为对方的父母。这话是有道理的。夫妻双方只有不断地学习和实践，方能达到心灵的默契。

因为，由于相处时间久了，各自身上潜在的父性和母性，都会在无意中流露出来，渐渐演变成了对方“父母”的角色，像呵护自己的儿女一样呵护起了自己的生活伴侣。

不管对方身上有多少缺点和不足，也不管对方年轻时犯下过多少不可原谅的错误，或者曾经给自己造成过多么大的伤害，都能够以博大的胸怀接纳下来、宽容下来，及时化解。严格说来，这才是真正的爱。虽然这种爱没有多少浪漫的成分，但由于它充满了亲情、恩德、友爱和互助，所以，即便没有多少爱情，也照样使婚姻变得温馨而快乐。

在常人的眼睛里，人生一世，有什么也别有病，没什么也别忘恩；应该再添上这两句——有什么也不如有个好伴侣，没什么也不能没个好晚年。做德土好，还是秽土好，您一定会有一个正确的选择。

9.2 男女朋友之间如何相处

9.2.1 淑女道（公主道）

人类要有一个美好的开始。从哪里开始？从姑娘开始，这是构成和谐家庭的基础。所以我们的古圣先贤在3000年前就告诉了我们男女选择配偶的标准。在《诗经》的开篇“关雎”里就有：“关关雎鸠，在河之洲。窈窕淑女，君子好逑。”

窈窕淑女，不仅仅是指漂亮的女子。马瑞辰《毛诗传笺通释》云：“按《广雅》：窈窕，好也。”美心为窈；美状为窕；淑，善也。善良端庄且心灵美的女子是君子选择伴侣的标准。

1. 窈窕淑女的标准是什么

为什么说窈窕淑女是君子的好伴侣呢？民国时期的王凤仪老先生教导我们说：“女子是齐家之本，清国之源。姑娘是世界的源头。那些大江、大河，如果它的源头不是很清的话，再到下边也不可能很清澈。”❶ 所以世界各国都把女性的影响看得非常重要。

英国的思想家斯迈尔斯在《品格的力量》中也谈道，“女人的影响在世界各地都是一样的，不管在哪个国家中，她们的状况影响着这个民族的道德、行为方式和品格。哪里的女人品质恶劣，那个社会的品质也就恶劣；哪里的女人道德高尚有教养，这个社会就繁荣，就进步”。

用印光大师的话来说，就是“天下的太平与否，一大半责任都在妇女的身上”。所以如果您有一个女儿，而不是儿子的话，那您更需要重视她，要把她教导好，因为她关系到我们民族的品质。❷

好姑娘应该具备什么样的品格呢？王凤仪先生在书中对姑娘做了这样的描述，他说“姑娘性如棉”，意思是姑娘的性格要像棉花一样。棉花有什么特征呢？首先棉花非常柔和，所以作为姑娘应当非常温柔，不能非常暴烈、脾气不好，或者非常挑剔。其次，棉花又非常温暖，我们把它做成棉衣，穿在身上感觉到很保暖、很温馨。再次，棉花可以纺成线，非常有耐力，所以女人也要非常有耐心。最后，棉花非常洁白，所以中国人认为一个女子要守身如玉，一定要珍爱自己，尊重自己。

女子要从八个方面培养自己的品行，即“孝、顺、和、睦、慈、良、贞、静”。这里的“贞”，就是说作为女子、作为姑娘，一定要自爱，一定要知道珍视自己的身体。

姑娘是世界的源头，教育要从姑娘抓起，才能改变世风。所以每一位女士要知道自己的责任重大，要知道自己是未来的国民之母，是伟大的母亲。要在年轻的时候管理好自己，管理好自己的行为，为将来的人类留下好的后代。

---

❶ 以志．来自山沟的大智慧——大觉者王凤仪传［M］．北京：中国华侨出版社，2010：90.

❷ 刘余莉．心态即命运［M］．北京：世界知识出版社，2010.

2. **古代具备“四德”的女性才能与君子般配**

女子四德指妇德、妇言、妇容、妇功（才艺）。这是古代君子梦寐以求的有德女子。

什么是妇德？“孝敬自己的父母，不让父母操心，性情如棉，即性情如水的柔和，善良朴实，善解人意，通情达理。善于学习，谦卑待人。能与哥嫂和睦相处。勤劳工作，随方随圆，合色合味；又能随遇而安，无忧容无愁色，如水之活泼。将来出嫁后，能协调好家政，孝敬公婆，助夫成德，遵行妇道。能做到这些，便算是妇女的至德，将来定生贤孝子女，有功于家邦，德莫大焉。”❶

妇言是指说话柔和，善于与家人及朋友沟通和交流。妇容是指庄重得体，干净整洁，朴实无华。妇功是指能整理家务，做一手好吃的饭菜，或者手巧，会做一些手工。如做衣服、插花、绣花、装扮房间等，如果再会点琴棋书画，其才艺则会锦上添花。这样又善良、又温柔、又有才气的女子，哪个有德有才的男子不喜欢呢？

9.2.2 君子道（王子道）

什么样的人可以称得上是君子？

鲁哀公曰：“何谓君子？”孔子曰：“所谓君子者，言必忠信而心不怨，仁义在身而色无伐，思虑通明而辞不专，笃行信道，自强不息，油然若将可越而终不可及者，此则君子也。”

大意为，鲁哀公说：“什么样的人叫君子？”孔子说：“所谓君子，出言必定忠信而心中不怀怨恨，身有仁义的美德而没有自夸的表情，考虑问题明智通达而话语委婉。遵循仁义之道努力实现自己的理想，自强不息。他那从容的样子好像很容易超越，但终不能达到他那样的境界。这样的人就是君子。”

青年才子要想成为淑女佳人的偶像，就得学习君子之道。成为品格高尚、文质彬彬、德才兼备的君子，才能吸引才貌双全的淑女来到身旁。

事实上，才子佳人增强魅力值的方式主要是读诗书、诵经典，而不是花很多时间在打扮上。把时间用在成圣成贤上来，将来才能引领一个家庭成为社会栋梁之材。

9.2.3 君子淑女间的沟通智慧

俗话说：“女怕嫁错郎，男怕入错行。”选对朋友，甜蜜一生；选对伴侣，幸福一生；选对环境，快乐一生；选对行业，成就一生。男女找准各自的道，做好自己，自然会成为志同道合的朋友。

---

❶ 以志．来自山沟的大智慧——大觉者王凤仪传［M］．北京：中国华侨出版社，2010.

9.3 婆媳之间如何相处

9.3.1 媳妇道

旧社会有“三从”，女子“从小从父，结婚从夫，夫死从子”。那叫盲从，确实没有道理，因而，王凤仪提出了“新三从”。

“新三从”主要指性从天理，心从道理，身从情理。

“天理就是我们人从小长大的轮回，你做媳妇的时候，天理就是你应该如何做好媳妇、做好妻子、做好慈母，这个叫天经地义；那么心要从道理，有道还得有理，要服从这个道。身要尽情理，身子一定要做我们所应该做的事，上孝公婆，中和丈夫，助夫成德，慈爱儿女，教子成才，这是做媳妇的应该做的。”❶

媳妇好当，但是当个好媳妇，并不是简单的事。这需要当媳妇的明白一个理。即到了另外一个家庭，媳妇应该尽快去适应这个家庭和这个环境。适应的过程，是一个非常了不起的过程，不要企图去改变对方，首先要想着改变自己，然后去适应对方，互相适应，互相磨合，最后才能达成夫妻和谐、家庭和谐。

有一次我们听一个老中医讲，他说中国的文化讲“和”“中道”，吃穿住行都有道。比如吃饭要讲和，用两支筷子，如果两支筷子不和谐，饭吃不到嘴里，因而吃饭也是文化。中国有着几千年的文明，能流传到今天，是因为祖先有牢固的“和文化”。作为中国人应该感到很自豪，家庭和乐了，社会才能和谐。

9.3.2 婆婆道

“老人性如灰，不是（指过错）身上背，能受屈，能吃亏。心怀全家好，省是又省非（反省对与错）。年迈交冬季，家政一旁推。无事笑微微，保养性天魁（贵人星）。慈祥能纳福，福星照光辉”（《王凤仪言行录》）。

王凤仪老先生说：“各人有各人的道，老人也有老人的道。你要不会当老人，当儿女的想尽孝都难。”人到晚年，就如同到了冬季。“冬土藏”，这是天时，老人应顺应天时。怎么个顺应法呢？就是要学会养藏。《易经》说：“洗心退藏于密。”年老了，我们从工作的岗位上退下来，不管工人也好，干部也好，都叫退休。退休，退修，意思是让我们退下来修。修什么呢？修性，修命，修不足的地方，修身上那些毛病。年轻的时候风风火火，在外面忙于事业，很多人都没有顾到自己，现在老了，该歇下来思虑一下自己，该藏起来

❶ 以志．来自山沟的大智慧——大觉者王凤仪传［M］．北京：中国华侨出版社，2010.

了，该要悟道了。

家庭闹纠纷的时候，老人要说："小的们别争了，这都怨我啊。"老人若能这样，小辈的自然就不争了。这就是会沟通、懂道术。不会沟通的老人，总爱卖好，总爱管儿女，什么事都得听他的，搞得儿女很难尽孝道。

老人养心性、讲道德最重要，莫说是和非；家事少管，孩子做什么就吃什么，买什么就穿什么，有空时哄哄孙子，带孙子玩儿，这是享天伦之乐！

当然，当婆婆的，也要多理解现在的媳妇，每天上班工作又累又紧张，又得管孩子，好容易到周末想多睡一会儿，就不要叫他们起床吃饭。老两口，到外面转转，不是很轻松的事吗？

老人若总是操心费力，当儿女的便不会过日子了。有这么句话："儿孙自有儿孙福，别给儿孙当马牛。"这话是民间相传八仙之中的铁拐李所说。

很多老人都对儿女有一种要求，特别是在儿女的婚事上。有些父母不同意孩子的婚事，孩子因此得了心理病、忧郁症，甚至精神分裂症。笔者碰到不少这样的孩子，父母还认为是儿女不听话，儿女狠心。事实上这些父母想错了！他们以为儿女是自己的固定资产。父母应当这样想，孩子是国家的财富，是人民的财富，不过暂时让你保护而已。就像钱财一样，钱财是谁的？是老天的，只是暂时存放在你那里。

父母若管得太多，儿女不听，就会干生气。生气生了病，不仅自己难受，也会拖累儿女。快乐地照顾好自己的身体最重要。做父母的要学会与自己沟通。当什么事都能想明白的时候，什么事都能放下的时候，也是您最快乐的时候，也是儿女最放心的时候。

真正做到了"老人性如灰，家事皆宜推"，颐养天年，这样的老人是家里的老福星。

9.3.3 婆媳间的沟通智慧

好媳妇装聋——任婆婆唠叨不休；好婆婆作哑——任媳妇海阔天空。

9.4 案例分析

案例1 夫妻沟通的智慧故事

重塑夫妻情❶

我和老伴曾被同龄人称为"模范夫妻"，但退休后每天宅在家里，再加上

❶ 张培荣．重塑夫妻情［N］．中国老年报，2015－11－20.

年老固执各自为政，大小矛盾时有发生，且多由我引起。

我俩性格迥异：我是急性子，脾气躁，逢事爱较真儿；老伴慢性子，性情温柔，凡事适可而止。随着年老体弱，老伴经常开导我：你那急性子得改改了，我们老年人应过“慢生活”，还屈指讲出N个“慢动作”。我心里觉得对，嘴上却不服，直到那天我因走得太快而摔倒。我爱唠叨，看老伴买的菜不新鲜就埋怨，还连带陈年芝麻小事嘟囔个没完，急得老伴只好骑车出门，但他血压偏高，我又挂念他，心里总是忐忑不安。

直到有一天，看了中华书局出版的《文人情侣丛书》，其中元代才女管道升给丈夫赵孟頫的《我侬词》，我深受启迪。词曰：“你侬我侬，忒煞情多；情多处，热如火：把一块泥，捻一个你，塑一个我。将咱两个一齐打破，用水调和；再捻一个你，再塑一个我。我泥中有你，你泥中有我：我与你生同一个衾，死同一个椁。”

这首词诙谐形象，寥寥七十余字，早年耳鬓厮磨，迩来夫妻情浓，随着喃喃吴语，跃然纸上，表达了她对丈夫的深情，也侧面反映了她对丈夫纳妾的哀怨。赵孟頫看到夫人的词写得如此情深意重，怦然心动，遂打消了纳妾的念头，夫妻和好如初，相携白首。

我和老伴认真解读了这首情深意笃的千古绝唱，从中悟出了夫妻之间“你中有我、我中有你”的密切命运和家庭责任。我首先认错，做自我批评。从此，我俩相互理解、包容，我对他的埋怨少了，赞扬多了，老伴自然高兴。比如一起买菜，我选购他拎篮，夫妻双双把家还；原来分工他拖地我擦桌椅，但他一鼓作气全干了，我说他剥夺了我的劳动权利，他笑答：“谁干都一样，‘你中有我，我中有你’嘛。”一次，我只顾玩微信，把土豆烧牛肉给烧煳了，中午儿子吃了饭还要赶火车，急得我像热锅上的蚂蚁，老伴说没关系，眼疾手快又做了两个菜应急，他“得理之时反让人”，令我佩服有加。老伴总是对女儿夸我：“你妈呀，就是‘刀子嘴豆腐心’啊！”如今，我们的夫妻关系又成了良性循环。

“少年夫妻老来伴，执手相看两不厌”，现在虽也拌嘴抬杠，纯属调侃。老伴滑稽幽默，我俩均属虎（1938年农历戊寅年生人），他挑逗我：“都说一山不容二虎，咱俩老虎在一个窝儿56年了，还安然无恙，只因你是慈（雌）老虎而不是母老虎……”我回敬他：“你虽是雄老虎，但从来不伤人，只是干家务活舍得出憨力啊！”这样的自嘲，让二人世界充满了欢声笑语。

老伴特关心时事，他看到习主席出访各国都谈及“你中有我，我中有你”时，得意地说：“当今世界经济，已进入一种你中有我、我中有你的一体化时代。我俩的晚年生活中更需‘你中有我，我中有你’，水乳交融，彼此关联，直到永远……”

案例1沟通的启示：

（1）各自责，天清地宁；各相责，天翻地覆。从案例1中可以看出，夫妻双方都能找出自己的不足，如妻子性格急、丈夫性格慢，因为一些鸡毛蒜皮的小事就会相互埋怨，相互指责对方，最后所得到的结果一定是天翻地覆。由于各自认识到自己的不足，相互理解，自然天清地宁。

（2）夫妻双方要善于学习，即使已经退休，或者成为老年人，也应不断地学习。案例1中便讲述了夫妻通过共同阅读《文人情侣丛书》，才悟出了夫妻之间“你中有我、我中有你”的紧密相连的命运和家庭责任，从此相互理解、包容和赞赏，使双方的沟通更加通畅和谐。

案例2　爱好不同咋和谐[1]

我和老伴的爱好不同：我喜爱学习和参加社会活动，老伴爱好文娱和门球，也爱动手鼓捣些物件。帮儿子完成带孙子的任务后，我俩“告老还乡”，远在外地工作的儿子最担心的是“二老爱好不同咋和谐?”针对这个问题，我俩协商、磨合，制定并遵循了“三互”原则，晚年生活十分和谐，解决了孩子们的后顾之忧。

互相支持。每周一至周四，上午我到老年大学上课，老伴在家打扫卫生，买菜，做饭；下午，老伴去打门球，我走路锻炼，做晚饭。每周五至周六，我俩一起散步游园，周日和女儿一家团聚。午饭是重餐，老伴不嫌麻烦，变着花样做饭菜，尽量不重复。他蒸的发面馒头，又大又松软，口感特好；炖的大烩菜，既美味又健康。女儿买了面包机，老伴就做了各种风味的面包。我应邀到学校参加“道德大讲堂”讲座、少先队“诗鸿”换巾仪式等活动，因路远，老伴都亲自送我上出租车。我也同样支持他，每当老伴去参加门球比赛，我也会早早做饭，让他吃好喝好，送他上车。

互不干扰。老伴爱唱歌，爱抄歌，他抄歌时我尽量不打扰他。他说，边抄边对着谱子，也练了大脑和手臂。老伴自购二胡、板胡、京胡、葫芦丝，女儿送他吉他，儿子送他电子琴等乐器。他定期到社区活动室去学唱，回到家自己练，吹拉弹唱，自娱自乐，虽都不精，但玩玩这个，换换那个，很是开心。他经常哼唱“时间都去哪儿了，还没好好感受年轻就老了……”我爱好写作，养成了每晚必写的习惯。每当老伴看到我端坐于电脑前，就赶快放低声音，还悄悄地在我背后茶几上放杯热水。

互相欣赏。老伴弹唱歌，我是第一听众，我夸他“歌以咏志”；我写的文章，老伴是第一读者，他赞我“文如其人”。读后建议我将较好的投稿。我在

[1] 张培荣．爱好不同咋和谐［J］．老人春秋，2015（10）．

《中国老年报》《夕阳红》《老人春秋》等报刊已陆续发表近30篇。我为市老年大学义务编辑校刊《老教园地》，设计的电子版面都先让老伴看看，请他给些建议，再做修改。我们赴台旅游归来，我将宝岛台湾美好的自然风光和人文景色，先在网上以日志形式连载，分成26个标题，写了4万多字图文并茂的游记《台湾之行》，后打印成册，和好友分享，深受欢迎。老伴看到封面上的作者姓名中，他的名字在我之前，滑稽地说："我没打一个字，还是第一作者，惭愧呀!"我忙调侃道："你不是甩手掌柜，别忘了，拍照片，你立下了汗马功劳啊!"

老伴爱动手鼓捣些小物件，他暗自找出1959年我俩各自毕业证上的黑白照片，在电脑上合拼在一起，到冲印店放大加框，挂在卧室墙上，弥补了这辈子没有"结婚照"的缺憾。茶余饭后，欣赏着这样的"杰作"，端详着我俩那时年轻的面容，回味着50多年前的青春年华，品味着今天的幸福生活，多么惬意啊!

我俩按"三互"原则，欢度晚年生活，二人世界充满喜悦，暮年心境永不衰，犹如朵朵深谙生命之花，时不时意犹未尽地收敛和张扬。

案例2沟通的启示：

从案例2中可以看出，夫妻二人因爱好不同，曾经出现矛盾，但是通过双方沟通（协商、磨合），制定并遵循了"三互"原则，晚年生活才变得十分和谐，解决了孩子们的后顾之忧。由此可以看出，夫妻间之所以能够进行有效的传播与沟通，关键是抓住了以下几个要点：

（1）互相支持，成人之美，彼此成全对方的兴趣和爱好。这是夫妻双方进行有效传播与沟通的保障。

（2）互不干扰，相互尊重，互相关爱。夫妻双方各自找到自己的兴趣和在家中的定位，在努力扮演好自己角色的基础上，相互关爱和协助，这是有效传播与沟通的基础。

（3）刚中有柔，柔中有刚，双方处柔守慈，是夫妻间和睦相处的长久之道。

案例3　棉花和爱情[1]

一位年轻人和新婚的妻子经常吵架，他很懊悔自己当初结婚前看走了眼。他觉得日子要是这样过下去实在是没意思，于是打算在征求父亲意见后和妻子

[1] 环球文摘精选．棉花和爱情［EB/OL］．http：//www.360doc.com/．2016－08－19．

离婚。父亲听完他的埋怨之后，问他：儿子，你的妻子有优点吗？

年轻人抱怨说：结婚前有，现在没有了。

父亲又问：你在她心中有优点吗？

儿子迟疑了一会儿说：好像也是结婚前有，现在没有了吧。

父亲说：你比我强，我结婚前不知道你母亲的优点是什么。年轻人抬头望了望他的父亲，想说什么，最终又咽了下去。

父亲走到屋外，拿起了一块瓦片和一团棉花，问他：它们哪样更硬一些呢？年轻人不知道父亲想干什么，于是说：这还用问，当然是瓦片硬了！父亲把瓦片和棉花举到同样的高度松开了手，只见瓦片落地后被摔得四分五裂，棉花则轻飘飘地落了下来。然后父亲又问他：为什么坚硬的碎了，而柔软的丝毫未损呢？

年轻人想了想说：软的很轻啊，所以丝毫未损。父亲拍拍他的肩膀，深切地说：孩子啊，你应该像棉花一样谦卑下来，不伤害别人，也不伤害自己。而不是像瓦片一样有棱有角，遇冷则冰，遇硬而碎，伤害了他人，也伤害了自己！我这一辈子只明白一个道理，承认另一个人的优点会让自己温暖，盯住别人的缺点，你一生伤害的是你自己。

你应该学习棉花，可以为别人抵御风寒，可以像阳光一样温暖。一句好话可以温暖她一生，一句自私刻薄的话可以让她记恨你一辈子，也会葬送掉你的婚姻。你希望我像你对待你妻子一样去对待你的母亲吗？

年轻人低下头对父亲说：绝不！然后默默转过身走向自己家的方向。

案例3的沟通启示：

承认另一个人的优点，会让自己温暖；盯住别人的缺点，一生伤害的是你自己。在婚姻当中尤其是这样。多想一想他（她）的好，同时也想想自己的不好，相互取长补短，两人的关系才能越加亲密与和谐。

◆ 美文链接

酒桌上流行一首顺口溜：握着老婆的手，好像右手握左手。

每当有人念出，熟悉的或不熟悉的一桌子人便会意地放声笑起来，气氛立刻就轻松了。当然，这是基于人家对该顺口溜的一致理解——感觉准确，描述到位。

有一天在餐桌上有人又念起这段顺口溜，男人们照例笑得起劲。

后来发现餐桌上的一位女人没笑。男人们忙说闹着玩别当真。没想到女人认真地说：最妙的就是这“右手握左手”。第一，左手是最可以被右手信赖的；第二，左手和右手彼此都是自己的；第三，别的手任怎么叫你愉悦兴奋、魂飞魄散，过后都是可以甩手的，只有左手，甩开了你就残缺了，是不是？一桌子男人都佩服，称赞女人的理解深刻而独到，妇人淡淡地说：有什么深刻而独到，不妨回去念给你们各自的老婆听听，看她们说些什么。

男人当中有胆子大的果然回去试探老婆，果然老婆们的理解均与餐桌上的女士相同。

她们都是左手，男人们当然要以左手为宝。

而他们都是右手，他们当然要做好右手，像个大丈夫，带领一家人走向幸福之路。

思考题

1. 夫妻之间和睦相处的道术是什么？

2. 什么是爱的真谛？请举例说明其在夫妻间、姑嫂间或婆媳间沟通的作用。

3. 为什么说礼敬是传播与沟通的根本？

第10章 父子关系：父母与儿女间的沟通智慧

10.1 父母与儿女间如何相处

经常听到年轻的父母说："自己有了孩子，才知道父母很辛苦，当父母不容易啊!"也经常听到这样的话，"现在的孩子不好教，孩子不愿意跟父母说话聊天等"。当今多数家庭父母与孩子的沟通情况均不是很好。严重的家庭，孩子进门就把房门一关，有的孩子在房门上挂个牌子"请勿打扰"。一般是孩子需要钱的时候，才找父母。有的父母看到孩子发来的要钱的短信都舍不得删掉，因为，这是父母唯一与孩子还有沟通的时候，也是看到孩子主动找父母的时候。就是这样我们的父母也很开心。

当父母的，从开始怀胎就百般呵护孩子，为了孩子能健康成长，接受最好的教育，父母不惜任何代价。可到头来，我们的孩子好像对父母的付出没有印象，有的孩子认为，父母就应该每天给我洗衣做饭。

有这样一件事。一个母亲每天在孩子放学前，都给他准备一杯凉白开水。有一天，妈妈刚给孩子倒上水，但不知道这孩子今天放学早了10多分钟，水还没有凉。这个孩子进门端起水就喝，这一口热水刚进嘴里，就烫得他吐了出来。随即孩子拿起桌子上的这杯热水，冲着妈妈的脸就泼了出去，妈妈的脸上顿时就起了大水泡。这时当爸爸冲出房间，不是赶紧看看妈妈被烫伤的脸，而是去指责妈妈，还说活该，谁让你不早点把水给孩子凉好?

父亲这样做会给孩子留下什么印象？我往妈妈脸上泼热水没有错，妈妈就应该早点给我倒好水。我们会当父母吗？我们会当儿女吗？父母应当怎样爱孩子？做儿女的，怎样做父母才能开心呢？

10.1.1 父母与孩子沟通不畅的原因

父母与孩子沟通不畅的原因虽受多方面因素的影响，但主要原因可能有以下几方面：

1. 对教育的核心内容和根本内容不是很清楚

（1）教育的核心是什么？

《说文解字》中说，教：上所施，下所效；育：养子使作善也。教育的核心内容是长善救失。教育的目标原本是立德树人，先成人，后成才。然而，由于近100多年以来盲目地引进西方的以知识体系为主的教育体制，而忽视了我国传统文化立德树人的根本宗旨，导致许多父母乃至老师把教育的根本内容丢弃，更多地看重分数和利益，这可能是孩子不懂得做人的根本原因。

（2）教育的根本内容是什么？

我国自古以来都很重视教育的内容。早在《礼记·学记》篇就强调“建国君民，教学为先”。《学记》是《礼记》中的一篇，是世界教育史上第一部教育学专著，是父母和老师必读的一部书。该书指出，教育的目的是立德树人，使学生明白做人的道理。教学的根本内容是五伦、五常、四维、八德。而且在这些德育的教学中，其最根本的教育是孝道，即“夫孝，德之本也，教之所有生也”（《孝经》），“孝悌也者，其为仁之本与”（《论语》）。

孔子在家里闲坐，他的学生曾子侍坐在旁边。孔子说：“古代的圣王有至高之德、切要之道，用以顺天下人心，使人民和睦相处，上上下下都没有怨恨，你知道先王的至德要道是什么吗？”曾子离席站起身来，恭敬地回答说：“学生曾参愚昧，怎么会知道呢？”孔子说：“这就是孝。它是德行的根本，一切教化的根源是从孝亲产生的。”

什么是孝？孔子说：“身体发肤，受之父母，不敢毁伤，孝之始也。立身行道，扬名于后世，以显父母，孝之终也。夫孝，始于事亲，中于事君，终于立身。”人的身体四肢、毛发、皮肤，都是父母给予我们的，应该谨慎爱护，不敢稍有损伤，这是实行孝道的开始。以德立身，实行大道，使美好的名声传扬于后世，以光耀父母，则是实行孝道的最终目标。所以实行孝道，开始于侍奉双亲，进而在侍奉君主的过程中发扬光大，最终的目的就是成就自己的德业。

身有伤，贻亲忧；德有伤，贻亲羞。身体有了病、受了伤，父母最担忧，如果我们不注重品行修养，做出一些伤风败俗的事，就会使父母亲蒙受耻辱。保护好自己的身体是尽孝的开始。然后，我们好好学习，勤勤恳恳地工作，用爱敬父母的心爱敬国家领导，就做到了忠；用敬顺兄长的悌道奉事你的上级领导及友爱同事朋友，就做到了顺。做出了成绩，让父母以你为傲，你就是在尽孝。

子曰：“孝子之事亲也，居则致其敬，养则致其乐，病则致其忧，丧则致其哀，祭则致其严。五者备矣，然后能事亲。事亲者，居上不骄，为下不乱，在丑不争。居上而骄则亡，为下而乱则刑，在丑而争则兵。三者不除，虽日用三牲之养，犹为不孝也”（《孝经·纪孝行章》）。

这段文字的大意是说，我们做儿女的应当侍奉父母，至少要从 5 个方面入手。平时在家的话，处处都应当对父母恭敬（我们能不能做到这一点）。奉养父母的时候，应当让父母欢心（我们做任何一件事，我们能不能让父母放心，让父母开心）。父母生病的时候，应当时时忧虑父母的病情，并尽心地照料他们。父母不幸去世了，应尽到哀伤。祭祀父母的时候，应庄严敬肃。这 5 个方面都做到了，才算尽到了做儿女的责任。如果我们做了官，我们要为国家尽忠，要谦卑做人，不骄傲。如果是普通员工，我们要认真工作，不给单位添乱。与大家相处要和顺，而不去争斗。

身居高位而骄傲自大者势必要招致灭亡，在下层而为非作乱者免不了遭受刑法，在民众中争斗则会引起相互残杀。这骄、乱、争三项恶事不戒除，即便对父母天天用牛羊猪三牲的肉食尽心奉养，也还是不孝之人啊。

如果父母不知道孝悌教育是教育的根本内容，怎么能要求孩子孝敬自己，怎么能更好地与孩子沟通呢？

2. *父母不知道如何当好父母*

现在的父母对于孩子的教育都很重视，很舍得教育上的投资。每天也很辛苦，从幼儿园时期就开始陪着孩子上各种特长补习班，小学、中学乃至高中又给孩子报各种文化课程培训班。孩子也辛苦，家长也辛苦。很多家长非常苦恼，怎么孩子越学得多越看不起父母，越学得多越不听话，越不能吃苦。好不容易把孩子培养成硕士和博士，结果又怎么样呢？很少回家了，跟父母说不到一块儿了。

古代有很多大才子也不是这样子！古代舜帝、周文王、周武王、汉文帝算得上是有才干的人了吧。“二十四孝”中的大舜孝敬父母的故事妇孺皆知。《弟子规》中的“晨则省，昏则定”说的是周文王孝敬父母的事。周文王每天早上会站在父母门口等父母起床后问安，晚上睡觉前给父母铺好被褥，检查一下门窗后才回到自己的房间，几十年如一日。周文王的儿子周武王对父亲也非常孝顺。有一次周文王生病，周武王服侍在侧，十二天没有宽衣解带，帽子也没有拿下来，足足侍奉父亲十二天。这样的孝心使他父亲的病好了起来。“上所施，下所孝”，这是教育。有哪件事比孩子孝顺更能让父母欢心呢？

“孔子养徒三千人，皆入孝出悌，言为文章，行为仪表，教之所成也。”孔子培养的徒弟，有三千多人，每一个人在家孝敬父母，出门尊敬长辈，尊敬长官，说话有文采，礼貌言行都是世间的表率，这靠的是什么呢？靠的是道德教育。

范仲淹念书的时候便想着“以后要当宰相，好好爱护人民”。他建义田，捐了一千亩供大众生活；到了清朝，他的子孙将义田发扬光大到四千亩。据悉，范公的后代已经超过一百万人，而且大部分都是公务员、老师。范公的“先天下之忧而忧，后天下之乐而乐”的胸怀，使其优良的家风千年不衰，这也说明教育的根本内容和目标是立德树人。

曾国藩先生一生走过很多地区，见过不少为官的以及其他各行各业的家族，他总结说：“一个家族要想连绵八代、十代不衰，只有孝悌传家才办得到”。

相比之下，我们现在的父母是怎么与孩子沟通的？大部分家长，不仅每天去学校接送孩子上下学以外，对孩子的照顾更是远胜过对父母的关心。孩子要什么给什么，这种爱孩子的方式不是慈爱，而是溺爱。父慈子孝的“慈”是指爱和严兼有之，或者称理性的爱，对孩子无理的要求是不会答应的。

君子如何教育自己的子女？君子之于子，爱之而勿面，使之而勿貌，导之以道而勿强（qiǎng）。(《荀子·大略》）君子对于子女的教育，疼爱他们而不表现在脸上，使唤他们而不露神色，总是用正确的道理来引导他们而不强迫他们接受。

请大家看网上热传的两封信：

一位死刑犯写给母亲的信

妈妈：

您的儿子明天就要奔赴刑场了。我也不知道为什么会走到今天这一步，只能任由一幕幕往事浮现眼前……

3岁那年，我跑得太快被石头摔倒。您赶忙把我扶起来，一边安慰一边往石头上踢了两脚，“宝宝不哭。臭石头！看把我们宝宝磕的”。听了这话，本来想忍着眼泪的我在您怀里委屈地哭了半个多小时。是您让我知道原来我的摔倒错在石头，可我不知道您只是为了哄我不再哭。

4岁那年，我因为看电视不想吃晚饭，您就把饭端到身边喂我吃。是您让我知道原来生活可以这么享受，可我不知道您只是怕我把饭撒在衣服上还得麻烦自己去洗。

6岁那年，您带我到玩具店买圣诞礼物，说好只能买一样。可买了变形金刚我还想要模型飞机，您不同意我就躺在地上哭，直到您乖乖付了钱。是您让我知道原来用这招对付您屡试不爽，可我不知道您只是为了不想让自己在别人面前丢脸。

8岁那年，我想试着洗袜子，您怕我洗不干净；我想学着刷碗，您怕我把碗碰碎了；我想自己盛饭，您怕我烫着了。是您让我知道原来生活里有这么多我不能面对的困难和危险，可我不知道您只是为了不想让自己把我干的事再返工一遍。

10岁那年，您给我报了3个辅导班和2个兴趣班，当我被折磨得疲惫不堪时，您说不吃苦中苦怎为人上人。是您让我知道原来学习和上兴趣班是这么痛苦的事情，可我不知道您只是想让我有朝一日在亲友面前一鸣惊人。

13岁那年，我踢球打烂了邻居家的窗户，您赔了钱后让我跟邻居道歉。是您让我知道原来闯祸后一句“对不起”就没事了，可我不知道您心里正在抱怨邻居讹了我们不少钱。

15岁那年，我说想学钢琴，您借钱给我买了一架，可一个月后我就再也没碰过它。是您让我知道原来没钱也可以很任性，可我不知道您用了三年才还清债务。

19岁那年，我报志愿，您说当律师不但赚钱多还有地位，一定要让我学法律。是您让我知道原来只要照着您划好的路走就行了，可我不知道您只是想通过我弥补您未能当律师的遗憾。

20岁那年，我想换部新手机，跟您说这样就能常联系您。您二话不说给我卡上打了3000元。可除了天天跟女朋友煲电话外，我一年也没给您打过几次。是您让我知道原来您是我随取随用的提款机，可我不知道您有多少次过生日时盼着我给您打个电话。

24岁那年，我毕业后您花钱把我弄到事业单位。是您让我知道原来大学混得一塌糊涂也能抱个铁饭碗，可我不知道您背后求了多少人。

27岁那年，看着我谈了好多对象都处不长，女孩们都说我没责任心，还是个没长大的孩子。您说是姻缘未到，是她们配不上我。是您让我以为错过我是那些女孩们的损失，可我不知道您背着我去了多少次相亲角。

32岁那年，我欠下高额赌债，您气得大病一场，可最后还是帮我还清债务。是您让我知道原来无论我做什么事都有您帮我兜着，可我不知道我榨干了您准备养老的钱。

35岁这一年，当我再也不能从您那里索取一分钱时，我因为抢劫杀了人。听到死刑判决那一刻，您哭着骂老天爷对您不公平，自己苦了一辈子却换来这种结果。

我终于知道，是您一直以爱的名义一次次夺走了我成长的机会，一次次扼杀了我生存的能力，一次次剥夺了我为自己的人生负责的权利；原来到临死这一刻，我根本就没有长大过；原来用错误的方式为孩子付出，收获的是两代人的痛苦；原来教育没有重来一次的机会；原来是您亲手把我送上了断头台；原来……

妈妈，您自己保重！我明天就要走了。希望在另一个世界，我能学会为自己负责，找到属于自己的幸福。

不知该恨您还是爱您的儿子上

◆ 一位 CEO 给母亲的信

妈妈：

您的儿子就要开新工厂了。能走到今天这一步，源于您教给我的一项重要品格——为自己负责。怀着一颗感恩的心，一幕幕往事浮现眼前……

3 岁那年，我跑得太快被石头摔倒。您让我自己爬起来，又朝我屁股上打了两巴掌，“下次摔倒打四巴掌！”是您教会我要为自己的鲁莽负责。

4 岁那年，我因为看电视不想吃晚饭，您说如果现在不吃就要饿到第二天早饭才能吃。我说好，以为您只是说说而已。谁知夜里我爬起来到厨房竟然连半块馒头也没找到。是您教会我要为自己的任性负责。

6 岁那年，您带我到玩具店买圣诞礼物，说好只能买一样。可买了变形金刚我还想要模型飞机，您不同意我就躺在地上哭。谁知您转身就往外面走，我只好一边擦干眼泪一边爬起来乖乖跟上去。是您教会我要为自己的选择负责。

8 岁那年，我想试着洗袜子，您教我怎样才能洗干净；我想学着刷碗，您教我怎样避免把碗碰碎；我想自己盛饭，您教我怎样不会被烫着。是您教会我要为自己的生活负责。

10 岁那年，看着同学们的课余生活被辅导班和兴趣班挤满，您说上课学好，课余玩好，剩下的时间多看点书比啥都强。是您教会我要为自己的兴趣负责。

13 岁那年，我踢球打烂了邻居家的窗户，您带着我到市场上买来玻璃、腻子和钉子，让我帮您一起把玻璃安好，又扣了我当月一大半零花钱。是您教会我要为自己的过错负责。

15 岁那年，我说想学钢琴，您给我买了个口琴。您说我能把口琴吹出个样再说钢琴的事。口琴一直吹到现在，可我早没了学钢琴的念头。是您教会我要为自己的坚持负责。

19 岁那年，我报志愿，您帮我系统地分析了我感兴趣的几个专业后，让我多问几遍自己的心来决定。是您教会我要为自己的未来负责。

20 岁那年，我想换部新手机，您说旧手机没坏就不要换，一定要换就勤工俭学自己去买。当我用做家教挣来的钱买到新手机时，成就感带来的喜悦远超手机本身。是您教会我要为自己的欲望负责。

24 岁那年，我毕业后想自己创业。您建议我不要急，先在喜欢的领域从基础做起，有了经验再说。两年后我决定开公司时，您说如果最坏的结果都能承受，就大胆用心去做。您给我十万元钱，要求我四年内归还。我拍着胸脯说，不但钱会还，将来还会孝敬您一套房子。是您教会我要为自己的事业负责。

27岁那年，我带着聪明漂亮的女朋友见您，您当着她的面少见地把我夸了个够。还得意地说，一个人只有自己优秀才能吸引同样优秀的人。还说我的爱情由我决定，只要我们真心相爱，您就为我们开心。是您教会我要为自己的幸福负责。

32岁那年，当我把给您买的房子钥匙交到您手中时，您收下后马上转过了身。看着您抖动的肩膀，我知道您正在被幸福的泪水淹没。是您教会我要为自己的承诺负责。

35岁这一年，我的公司扩大生产，要建新工厂了。那些一直责怪您狠心的人们终于无话可说了。同时，我也在教育我的孩子学会为自己负责，我相信他以后会比我更优秀。

爱您的儿子上

两封信都写得很真实。两封信反映了两位母亲两种教育孩子的方法，两种与儿女沟通的方式。从第一封死刑犯写给母亲的信中可以看出，这位母亲采用溺爱的方式与孩子沟通与传播，把孩子送上了断头台。“溺”字的本义是淹没、过分。一个水字旁，加一个弱字，过分地爱孩子，就像把孩子的头按到水里浸泡一样，爱一次，浸泡一次，直至把孩子淹死。在现实生活中，我们看到很多父母选择了这样一种爱孩子的方式。任何事都替孩子埋单，孩子成了长不大的孩子，成了没有责任心的人。最后临终时才醒悟，但为时已晚。

另一位在一个企业中负责日常事务的最高行政官员，又称作行政总裁的CEO（Chief Executive Officer）给母亲的信中，反映出母亲爱孩子的方式是真正的慈爱，严而有度。母亲与儿子的这种沟通与传播方式，教会了孩子为自己的鲁莽负责，为自己的任性负责，为自己的选择负责，为自己的生活负责，为自己的兴趣负责，为自己的未来负责，为自己的事业负责，为自己的幸福负责，为自己的承诺负责。最后成为一个非常优秀的、有责任心和使命感的企业领导人。从这位母亲与儿子的沟通与传播方式中，我们体会到中国古代教育孩子的智慧。长善救失、威而不猛、温而不厉、以德（孝、勤、俭）为本的成人教育的智慧正是有效传播与沟通的智慧。

可惜在现实生活中，具备这种智慧的父母并不多。

10.2 父母行慈道的沟通途径

在有效传播与沟通的基础原理——伦常之道中，已经揭示出父子关系的沟通之道，即父母与儿女之间，若想长久地维持亲密无间的关系，父母就要行慈道，儿女要行孝道。父慈子孝是顺应自然规律的人际沟通之道术。顺道而行地进行人际传播与沟通才能达到理想的沟通效果。父母与孩子之间如何做到父慈子孝？

10.2.1 父母是孩子的榜样

古代教育非常强调素位而行，每个人都有自己的使命和职责，做父母要像父母的样子，即父母有父母的责任；孩子要像孩子的样子，即孩子有孩子的职责。

父母是孩子的第一任老师，教育与沟通的总原则是“上所施，下所效，养子使作善也”。因而，做父母的要以身作则，言谈举止都应传播正能量。什么都不让孩子做，什么都替孩子做，实际上是剥夺了孩子孝敬父母的机会。

古语云：“至要莫若教子。”（《增广贤文》）国家的第一要事是培养人才，家中的第一大事就是教育子孙，而教育孩子最重要的是父母要起带头作用。“子不学，父之过”（《三字经》），古代经典中的“父”是指父母，并不单单指父亲。父亲与母亲的职责不同，父亲主要起带领和榜样的作用，母亲是起配合的作用。有父就有母，有母就有父。父亲要像天一样自强不息，顶天立地；母亲要像大地那样无私包容，厚德载物。

所以，父母要率先学习做人的规矩。“人不学，不知道。”（《礼记・学记》）父母要学习孝道，要带头孝敬自己的父母，孩子自然懂得孝敬父母。

“父母威严而有慈，则子女畏慎而生孝矣”（《颜氏家训・教子》）。就是说在家庭教育中，父母的一言一行都会给孩子留下深刻的印象。孩子对父母传播出的任何信息都照单全收，耳濡目染的直接传播方式犹如大众传播中的单向传播（枪弹理论），孩子无法抵挡。因而，养成好的行为习惯与父母有着直接的关系，从小应该给孩子的心田上种上孝悌忠信、礼义廉耻、仁爱和平的种子。

为此，2015 年 10 月 11 日，教育部颁发了“关于加强家庭教育工作的指导意见”，强调充分认识和加强家庭教育工作的重要意义；充分发挥学校在家庭教育中的重要作用；各地教育部门和中小学、幼儿园要坚持立德树人的根本任务，将社会主义核心价值观融入家庭教育工作实践，将中华民族优秀传统家庭美德发扬光大；发挥优秀家庭的示范带动作用。

每个家庭，每家父母均应带头做好榜样，将善言善行的正能量传递给孩子，使其树立正确的价值观，做利于国家和百姓的事，如此代代相传，未来国家还愁没有德才兼备的人才吗？

10.2.2 注重扎根教育（孝悌）

至要莫如教子，教子重在教德。孩子的品德教育要从 0 岁开始，再深入一步要从胎教开始。在儿童天性未染污前，对其进行善心、恭敬心的引导，从传播效果上看是最有效的。

0~6岁前，孩子记忆力最强，模仿力最强。此时父母选择一些经典作品如《弟子规》《三字经》《孝经》与孩子一起学习，并将经典中做人的道理表演出来，或引导孩子参与一些社会公益活动，言传身教，教行合一，让孩子耳濡目染，慢慢就会扎下良好品德的根基。因此，10岁前注重孝悌扎根教育，将会给孩子一生的健康成长和幸福打下坚实的基础。

10.2.3 与孩子沟通要有耐心

慈母教子，由逊而入。“逊”是谦虚的意思。古代教育孩子重要的是培养孩子的谦卑之德。其实，这是建立幸福人生的大智慧。从传播学的角度来讲，注重孩子的谦德教育，实际上是为孩子打开了接受各种有价值的信息通道，使孩子的世界增大，智慧增长。

古人云：“欲不可纵，傲不可长。”傲慢的孩子很难成大器的原因是父母忽视对孩子的德修养的教育，过多重视了知识和技能的教育。

孩子养成不良的习惯，不听长辈的劝导，多数原因是父母不会向孩子传播正确的为人处世的信息，而给孩子的信息大多都是批评和埋怨的负能量信息。也有的家长把自己的尊严看得太重，认为训斥孩子是自己的天职，但传播效果往往适得其反。因此，父母务必要明白：暴跳如雷是一种懦弱无能的表现，孩子在最初的恐惧之后，接下来会考虑如何逃避，甚至会毫无心理障碍地撒谎，推卸责任。

作为父母急需静心、收心，急需控制情绪，否则，再好的教育内容，在坏情绪下都会令人生厌。所以，父母在与孩子沟通时，在注意方法的同时还要有耐心。孩子做得好要及时表扬，做错了要严厉地批评。对孩子既要爱又要严。比如前面提到的给母亲脸上泼开水的事件，做父亲的要出面严厉告诉孩子，不能这样对待母亲，要告诉孩子，回到家里，口渴了要自己动手，千万别当着孩子的面指责妈妈。否则，做孩子的会认为，妈妈没有及早给我凉水，我用开水泼妈妈没有错，都是妈妈的错。

10.2.4 父母与孩子沟通，夫妻的价值观一定要一致

父母与孩子的交往过程中，非常重要的一点是父母的价值观一定要一致。否则，孩子不知道听谁的，导致孩子是非不分。现实生活中这样的父母为数不少。有一对父母，父亲认为，现在生活条件好了，让孩子吃最好的、玩最好的，学会享受生活没什么不对。而母亲却认为，孩子要学习老传统，勤俭节约，珍惜一切资源。夫妻的价值观和人生观不同，所传递的信息内容就不一样，孩子的价值观便会混乱，是非不明必然会给孩子的健康成长带来不良

影响。

因此，在与孩子沟通的过程中，父母的价值观不仅要正确一致，而且要学会相互配合，绝不能相互拆台。种树培其根，种德培其心。父母教育孩子及做人做事的态度对孩子的成长至关重要。

10.3 儿女行孝道的沟通途径

从孩子的角度看，为什么孩子不听父母的话，不愿意与父母交流和沟通呢？重要的原因就是不知父母恩，更不知感恩。怎么才能让孩子知道父母的生育和养育之恩呢？

10.3.1 学校老师要与家长配合

我国古代探索出一个很好的教学方法。老师应告诉孩子孝敬父母的道理，让学生知道父母对儿女的恩德。父母在家里，一方面表演孝道，更重要的是要告诉孩子，到学校应如何尊敬老师。这样互相配合，孩子才能健康地成长。

比如，老师告诉学生，父母对儿女的恩至少有十种：怀胎守护恩、临产受苦恩、生子忘忧恩、咽苦吐甘恩、回干就湿恩、哺乳养育恩、洗濯不净恩、远行忆念恩、深加体恤恩、究竟怜愍恩。母亲十月怀胎期间，为了孩子的健康，什么罪都乐意受。受尽千辛万苦生下孩子后，为了抚育子女，把好吃的留给子女吃，把苦的、不好的自己吞下，连眉头也不皱一下。

新闻媒体报道的“暴走妈妈”感动了亿万网友。这位武汉妈妈陈玉蓉，一个普普通通的女人，为了挽救因失去肝脏代谢功能而濒临死亡的儿子，为了一个母亲的责任，在长达 7 个月的时间里，每天暴走 10 千米，体重从 68 公斤减至 60 公斤，因为她本人患有脂肪肝，通过 7 个月的暴走，脂肪肝消失，最后医院成功割下妈妈的肝救活了孩子。

10.3.2 做人做事让父母开心

孝敬父母一般有 4 种层次。一是孝养父母之身；二是孝养父母之心；三是孝养父母之志；四是孝养父母之慧。这 4 种层次都做到了，才能称得上是孝子。但是这 4 种层次中，孝养父母之心可能是根本。体力有限，心力无限，心正身正。

有的朋友可能看过纪录片《俺爹俺娘》[1]，导演焦波是一位摄影家，他用 30 年时间为自己的父母拍摄了 12000 多张照片。后来根据该资料改编成了一

[1] 纪录片《俺爹俺娘》，已于 2007 年年初登陆央视。

部24集的纪实连续剧。从这个电视剧中我们可以看到，焦波心里处处想着父母，他经常回到老家与父母聊天、拍照，父母生活得非常开心。有这样知父母心的孩子，父母再苦再累也很安然。

10.3.3 不可让父母有冷淡心

进入网络时代，儿女与父母交流与沟通的时间与过去相比少了许多，但是由于信息技术的帮助，又给远在天边的儿女提供了很多与父母沟通的手段。有的儿女为了不让父母感到寂寞，认真地教父母使用手机、使用微信，借助媒介的力量与父母沟通，这不失为一种好方法。比如经常与父母视频聊天，或者发送一些照片与父母一起欣赏，父母会觉得孩子离自己并不遥远。

10.3.4 不可使父母生烦恼心

儿女最幸福的事，恐怕不是有多少钱，住多大房子。父母最幸福的可能是儿女身体健康，成为国家的栋梁之材。所以做儿女的，有责任、有义务勤奋学习，将来有一份安定的职业，培养好子孙后代，使父母幸福地度过每一天。

10.3.5 不可使父母有惊怖心

儿女在工作，除了要保护好自己身体以外，还要做一个遵法、守法的公民，而不是做父母厌恶的事，如打游戏上瘾，吃喝嫖赌吸。这些事情都是父母厌恶的事，所以做儿女的就应努力克制自己的贪欲。力图做一些助人为乐的事，让父母安心。

10.3.6 不可使父母有愁闷心

儿行千里母担忧。无论年龄有多大，在父母眼里，我们永远是孩子。做儿女的要学会体谅父母，做任何事均要想到父母始终在关心着我们。我们的一言一行都要让父母放心，不要让父母有愁闷的心。

10.3.7 不可使父母有难言心

“身有伤，怡亲忧，德有伤，怡亲羞”（《弟子规》），儿女们除了要爱护好自己的身体外，不要让身体受到伤害，让父母亲忧虑（曾子曰：“身体发肤受之父母，不敢毁伤”）。要注重自己的品德修养，不可以做出伤风败德的事，使父母亲蒙受耻辱。当父母亲喜爱我们的时候，孝顺是很容易的事；当父母亲不喜欢我们，或者管教过于严厉的时候，我们一样孝顺，不要让父母有难言心。

10.3.8 不可使父母有悔恨心

父母对我们恩重如山，我们做每一件事都要让父母生欢喜心，而不是悔恨心。为此，做儿女的除了善于继承父母的愿望外，还要努力立身行道，以光耀门楣，成为父母引以为傲的好儿女。

10.4 师生间如何有效地传播与沟通

中国古代教育把孝亲尊师当作从小到老一生的教育。然而反观当今中国的教育，我们已经很难看到孝亲尊师的影子。从小学到高中，大多数父母和老师都在为儿女、为学生做牛做马，考试和升学率成为师生间对话的主要话题。在小学和中学还能找到长辈对待下辈的那份关爱，但是到了大学阶段，师生之间的关系渐渐转为平等的朋友关系或老板和员工关系，师生之间的对话内容主要转为“专业的学习、就业求职、收入恋爱等”。不知从何时开始，老师为完成教学计划哄着学生上课，追着学生交作业，个别学生总有很多理由逃课或拖延作业，个别师生间甚至出现相互抱怨与仇恨的情绪，师生间平等而文明的对话渐渐从相互独立延伸到冷淡而无语。学生在硕士和博士阶段，师生间的关系渐渐变得功利冷漠，取而代之的是老板和打工者的关系。师生之间的对话内容主要转为发表论文、写毕业论文、出国等。虽然师生之间有很多次的聚餐吃请，师生间的相互尊重、礼敬的文明对话体系渐渐弱化。

1974 年 9 月，钱穆先生在韩国延世大学进行讲演时说，“今天，我们东方人的教育，第一大错误，是在一意模仿西方，抄袭西方。不知道每一国家每一民族的教育，必该有自己的一套。”❶ 中华民族五千年的历史孕育了绵延千年的灿烂文化，浓缩成十二个字就是“孝悌忠信、礼义廉耻、仁爱和平”，这种修身齐家、厚德载物、自强不息、天人合一、和而不同、天下大同的教育思想，在世界上是独一无二的。学习西方或他国的先进文化，是我国自古以来的传统。孔子曰：“三人行，必有我师焉；择其善者而从之，其不善者而改之”（《论语·述而》）。在孔子看来：“别人的言行举止，必定有值得我学习的地方。选择别人好的方面学习，看到别人缺点，反省自身有没有同样的缺点，如果有，加以改正”。如果我们盲目引进西方的教育体制，忽视本国的优秀传统文化的根脉传承，势必导致无根之树、不得枝繁的人间乱象，父母不像父母，孩子不像孩子，老师不像老师，学生不像学生。这可能是当今中国教育遭遇困境的根本原因。

---

❶ 钱穆．教育最大错误是模仿西方［EB/OL］．中国教育三十人论坛，2015－05－18.

我们离开优秀传统文化的教育已经有100多年。我们没有理由责怪先人，也没有理由责备历史，但是我们有责任担当历史的重任。在习近平主席为首的党中央领导下，重新踏上充满希望的中国梦的复兴征程，从自我做起，向古圣先贤学习，重建中国哲学社会科学话语体系，回归师生间文明沟通与传播的途径，为国家培养出一代代德才兼备的栋梁之材，可能是本章探讨此话题的出发点。

教师与学生之间如何进行有效的传播与沟通？谈论此问题，仍然要从我国圣贤发现的伦常之道说起。即在以仁、义、礼、智、信的处世原则处理人与人的关系的指导下，先找到各自的职责，然后找到二者相对应的，或者说相互认同的自然之道，便可做到有效的传播与沟通。那么，教师应当是什么样的相，学生又是什么样的貌，教师和学生应扮演什么样的角色，也就是说，教师原本遵循的道是什么呢？与学生相处又应行什么道？

10.4.1 教师道

2014年教师节的前一天，习近平主席到北京师范大学与师生座谈时谈道："教师第一位是'传道'[1]。一个老师，如果只知道'授业''解惑'而不'传道'，不能说这个老师是完全称职的，充其量只能是'经师''句读之师'，而非'人师'了。好老师心中要有国家和民族，要明确意识到肩负的国家使命和社会责任。"这里的道，指的就是做人之道即接地气的扎根教育。作为一名教师，除本身应具备相应的专业文化知识，更应具备高尚的道德素质、道德情操及道德标准。

西汉末年文学家、哲学家扬雄在《法言·学行》里就说："师者，人之模范也。"意思说，老师是所有人的模范。老师的一言一行都会给身边的人传递信息，特别是在学生面前，都有可能影响其一生的生命轨迹。从传播学和社会学的角度看，我们每个人都在扮演着老师的角色，如何将有益于他人的思想、理念和知识传播开来，老师首先要找准自己的职责，扮演好自己的角色。

教师应当是什么样子？关于教师的形象，2014年的教师节，习近平主席在北京师范大学与师生代表座谈时就专门把"好教师"[2]的形象和职责勾勒出来。

1. **做好老师，要有理想信念**

正确的理想信念是教书育人、播种未来的指路明灯。陶行知先生说，教师

---

[1] 韩愈："师者，所以传道、授业、解惑也。""彼童子之师，授之书而习其句读（dòu）者，非吾所谓传其道解其惑者也。（《师说》）"

[2] 习近平．做党和人民满意的好老师——同北京师范大学师生代表座谈时的讲话［EB/OL］．新华网，2014－09－09．

是“千教万教，教人求真”，学生是“千学万学，学做真人”。真人的“真”不是真假的真，而是指明白人性、物性、天性等宇宙真相的人，是得道之人，是真正能够把仁义礼智信、温良恭俭让落实在生活中，能够尊道贵德、知行合一的人。所以《中庸》说：“率性之谓道，修道之谓教。”古人云，唯能教人以道的人方可称为“师”。记问之学不足以为师。这里的“道”是指晓之自然之理、晓之宇宙人生真相的道，如做人的伦常之道。

作为老师的责任和使命，“传道”是第一位的，其次才是“授业”“解惑”。正如习主席所讲“好老师心中要有国家和民族，有为天地立心，为生民立命，为往圣继绝学，为万世开太平”❶ 的理想和信念。在张载看来，“立心”是指“立天理”之心，因为天理“能使天下悦且通”，从而使“天下”(社会）建立一套以“仁”“孝”等道德伦理为核心的精神价值系统（《正蒙·诚明》)。

“为生民立命”是说为民众选择正确的命运方向，确立生命的意义。历史上长期流行的是命定论，认为人只能听凭命运的摆布。然而张载却认为，只要通过自己的道德努力，人就能够在精神价值方面掌握自己的命运从而赋予生命以意义。所以说，教师是人类灵魂的工程师。

“为往圣继绝学”。“往圣”，指历史上的圣人。儒家所谓圣人，其实就是指人格典范和精神领袖。“绝学”，指中断了的学术传统。理学家普遍认为，儒家学统自孟子之后就中绝了，所以要努力恢复。张载继承“绝学”，却并非照搬前人，而是力求创新。

“为万世开太平”。“太平”“大同”等观念，是周公、孔子以来的社会政治理想。到北宋，以范仲淹、李觏等人为代表的政治家、思想家都提出过“致太平”的主张。张载不局限于当下的“太平”秩序，而是以更深远的视野展望“万世”的“太平”基业问题。❷

这“四为句”涉及社会和民众的精神价值、生活意义、学统传承、政治理想等内容，之所以为世人传诵，也因为张载说出了我国代代有志之士及教师的共同心声。

2. 做好老师，要有道德情操

老师的人格力量和人格魅力是成功教育的重要条件。“师也者，教之以事而喻诸德者也。”老师施教（传播与沟通）过程中，应体现以德服人。师者，

---

❶ 北宋著名理学家、关学领袖张载字子厚，人称横渠先生（1020～1077年），为后世留下的名言。

❷ “为天地立心”——张载“四为句”新释，对这“四为句”的理解，不能脱离宋初的建国背景。赵宋统治者总结国家长期分裂的经验教训，为了重建社会秩序，确立了“以儒立国”的国策。在这种政策环境下，以张载等人为代表的北宋理学家的最大关怀，是为儒家所追求的理想秩序奠定永恒的精神基础，而不是认识“自然界的规律”。

为人垂范也，德之彰显也。一名教师所教给学生的不仅仅是专业上的知识，更要有优良的品德。

老师对学生的影响，离不开老师的学识和能力，更离不开老师为人处世、于国于民、于公于私所持的价值观。一个老师如果在是非、曲直、善恶、义利、得失等方面老出问题，怎么能担起立德树人的责任？广大教师必须率先垂范、以身作则，引导和帮助学生把握好人生方向，特别是引导和帮助青少年学生扣好人生的第一粒扣子。习主席强调，为人之师，要有“捧着一颗心来，不带半根草去”的奉献精神。自觉坚守精神家园、坚守人格底线，带头弘扬社会主义道德和中华传统美德，以自己的模范行为影响和带动学生。

3. 做好老师，要有扎实学识

扎实的知识功底、过硬的教学能力、勤勉的教学态度、科学的教学方法是老师的基本素质，国外有教育家说过：“为了使学生获得一点知识的亮光，教师应吸进整个光的海洋。”好老师应该是智慧型的老师，具备学习、处世、生活、育人的智慧，既授人以鱼，又授人以渔，能够在各个方面给学生以帮助和指导。用自己的学识、阅历、经验点燃学生对真善美的向往，增强学生的价值判断能力、价值选择能力、价值塑造能力，引领学生健康成长。

4. 做好老师，要有仁爱之心

习主席说：“教育是一门‘仁而爱人’的事业，爱是教育的灵魂，没有爱就没有教育。”高尔基说：“谁爱孩子，孩子就爱谁。只有爱孩子的人，他才可以教育孩子。”好老师要用爱培育爱、激发爱、传播爱。通过真情、真心、真诚拉近与学生的距离，滋润学生的心田，使自己成为学生的好朋友和贴心人。有爱才有责任。好老师应该懂得，选择当老师就选择了责任，就要尽到教书育人、立德树人的责任。

5. 具有尊重学生、理解学生、宽容学生的品质

好老师应该懂得尊重学生，使学生充满自信、昂首挺胸，理解学生的情感，包容学生的缺点和不足。

陶行知有这样一则关于教育学生的故事。有一个男生用泥块砸自己班上的男生，被校长陶行知发现并制止后，命令他放学后到校长室去。放学后，陶行知来到校长室，男生早已等着挨训了。可是陶行知却笑着掏出一颗糖果送给他，说：“这是奖给你的，因为你按时来到这里，而我却迟到了。”男生接过糖果。随后陶行知高兴地又掏出第二颗糖果放到他的手里，说：“这是奖励你的，因为我不让你打人时，你立即住手了，这说明你很尊重我，我应该奖你。”男生惊讶地看着陶行知。这时陶行知又掏出第三颗糖果塞到男生手里，说：“我调查过了，你用泥块砸那些男生，是因为他们欺负女生；你砸他们说

明你很正直善良，且有跟坏人做斗争的勇气，应该奖励你啊！”男生感动极了，他流着眼泪后悔地喊道：“陶校长，我错了，我砸的不是坏人，而是同学……”陶行知满意地笑了，他随即掏出第四颗糖果递过来，说：“为你正确地认识自己的错误，我再奖给你一块糖果，我没有多的糖果了，我们的谈话也可以结束了。”

6. **好老师一定要平等对待每一个学生，理解不同学生的不同需要和不同特性**

善于发现每一个学生的长处和闪光点，让所有学生都成长为有用之才。

仔细品读习主席对“教师相”的描述，深感习主席对每一位老师的期待。

希望当老师的把传道放在第一位，国家最重要的事是培养人才。而培养什么样的人才，关键在老师。

我国古代教育重视“做人的教育”，即将重人伦、顺人性、尊道贵德的理念贯穿在从小到老的一生教育中，我们从西方引进的教育机制，更多的是在教学生“做事”，即对某项技能深入探索和研究，成为某行业的专家。如果当老师的能够按照主席勾勒的“教师相”不断地规范自己的言行，在做人教育方面采取“古为今用——进行传统文化教育”，在做事教育方面采取“洋为中用——进行时代精神教育”的策略，将好老师的六个方面进一步细化并加强，帮助学生把自己所学的知识和技能热忱地回报给亲人、家庭、社会和全人类。让学生明白，由于教师的存在而使每一个人、每一个家庭、每一个单位、每一个区域乃至整个社会，多一份和谐，多一份幸福，多一份安康，真正实现教育的价值和教师的价值，这才是教师应有的模样。

老师的失范，也可以使学生没齿难忘。从社会意义而言，“师德”比“师业”更重要。

那么如何当好一名好学生呢？好学生的职责和角色是什么？与老师相处应行什么道呢？

10.4.2 学生道

俗话说：“严师出高徒”“师道尊严”“君子不重则不威”（《论语》）。意思是说竭尽全力、一丝不苟的好老师，能教出本领高超的好学生。因为“师严然后道尊，道尊然后民知敬学”（《礼记·学记》）；因为老师自身的庄严和庄重才能得到学生的尊重。相反，如果一个真正懂得尊师重道的学生，自然也会得到老师的尊重和喜爱。为此，具备好学生的条件至少应从以下 6 个方面入手。

（1）做好学生，要明确自己的定位。既然是学生，就要明白做弟子的与老师相处的准则和规范是什么，其实按照《弟子规》去做，就是执弟子之礼，这是“弟子相”。《弟子规》作为蒙学教材，也应是大中学生和家长们必须学习的读物，因为我们都是圣人的学生。

(2) 做好学生，要志存高远，自强不息，厚德载物。做到心中有国家，有父母，有老师，有他人。在生活中，宽以待人，乐于助人。在学习方面，发愤忘食，学而不厌，勇猛精进。并敢于担当，为实现自己的理想不断进取。

(3) 做好学生，要尊师重道，礼敬一切人和物。从点滴小事培养自己的恭敬心和真诚心，如从听从父母和老师的教导开始，主动完成老师布置的各项任务，主动请教老师；及时向老师汇报学习和工作进展，而不是找各种理由或者说辞拒绝老师的要求，更不能躲避老师的检查，让老师主动找自己。

(4) 做好学生，要谦恭不傲慢，不自以为是。学生要虚心向老师请教，诚恳接受老师的建议和意见。不评价任何老师，不固守自己的偏见或成见。一旦具有这些成见，当下再听到的东西都会被扭曲或者被过滤，没办法正确领会对方所说话的真实内涵。

(5) 做好学生，要自觉遵守一切法则和条律。约束自己的私欲，历练自己的定力。“知止而后有定，定而后能静，静而后能安，安而后能虑，虑而后能得”（《大学》）。定能生智慧，有智慧才能及时观察和辨别事物的真伪。

(6) 做好学生，要亲近良师益友。如品读经典，以圣贤为伴，“见贤思齐焉，见不贤而内自省也”（《论语·里仁》）。不断塑造自己的人格，最终成为利于他人、利于社会的有用人才。

总之，人在一生当中可能要扮演不同的角色，如在学校时当好学生，在单位时做好员工，在家里当好儿女、当好父母。但无论扮演什么角色，如果能够始终把自己放在一个学生的位置，并用学生与老师相处之道约束自己的言行，学而不厌，严谨笃学，不断充实、拓展、提高自己的修养，用“爱和真”与人真诚交往，才会是圆满的一生。

10.5 案例分析

案例 海伦·凯勒与她的老师

1887年3月3日，对海伦来说是个极重要的日子。这一天，家里为她请来了一位教师——安妮·莎莉文小姐。莎莉文老师跟海伦·凯勒很投缘，她们认识没有几天就相处融洽，而且海伦·凯勒还从莎莉文老师那里学会了认字，让她能与别人沟通，老师教给她一些生字的意思，她陆续学懂了鲜花、水、太阳等，并认为爱就是那温暖的阳光。其后再教导海伦用手指点字以及基本的生活礼仪。

安妮·莎莉文老师十分有爱心，她首先了解了海伦的脾气，她终于知道海伦的脾气会如此躁动，是因为父母不忍看她做错事（打人、不守规矩、破坏东西等）被惩罚的模样，于是在她做错事时都给她糖吃，所以安妮·莎莉文老师必须要纠正父母的这些错误行为，并且与海伦建立互信的关系，再耐心地教导海伦手语。一天，老师在海伦的手心写了“水”这个词，海伦总是把“杯”和“水”混为一谈。到后来，她不耐烦了，把老师给她的新陶瓷洋娃娃摔坏了。但莎莉文老师并没有对海伦放弃，她带着海伦走到水井房边，要海伦把小手放在水管口下，让清凉的水滴滴在海伦的手上。接着，莎莉文老师又在海伦的手心，写下“水”这个字几次，从此海伦就牢牢记住了，再也不会搞不清楚。海伦后来回忆说：“不知怎的，语言的秘密突然被揭开了，我终于知道水就是流过我手心的一种液体。”

不过，莎莉文老师认为，光是懂得认字而说不出话来，仍然不方便与人沟通。可是，从小又聋又瞎的海伦，一来听不见别人说话的声音，二来看不见别人说话的嘴形，所以，尽管她可以发声，但也没办法说话。

为了克服这个困难，莎莉文老师替海伦找来了萨勒老师（郝博士），郝博士教导她利用双手去感受别人说话时嘴形的变化，尽管非常艰巨，不过，海伦还是做到了。莎莉文教会了她写字和手语。当波金斯盲人学校的亚纳格诺先生以惊讶的神情读到一封来自完整地道的法文信后，这样写道：“谁都难以想象我是多么惊奇和喜悦。对于她的能力我素来深信不疑，可也难以相信，她3个月的学习就取得这么好的成绩，在美国，别的人要达到这程度，就得花一年工夫。”

海伦还把自己的学习分成4个步骤：①每天用三个小时自学。②用两个小时默记所学的知识。③再用一个小时的时间将自己用三个小时所学的知识默写下来。④剩下的时间她运用学过的知识练习写作。

在学习与记忆的过程中，她只有一个信念：她一定能够把自己所学习的知识记下来，使自己成为一个有用的人。她每天坚持学习10个小时以上，经过长时间的刻苦学习，还有不屈不挠的信心，她掌握了大量的知识，能熟练地背诵大量的诗词和名著的精彩片段。到后来，一本20万字的书，她用9个小时就能读完，并能记忆下来，说出每章每节的大意，还能把书中精彩的句、段、章节和自己对文章的独到见解在2小时之内写出来。海伦的记忆力已经大大超过了普通人的正常水平。

据说，在哈佛大学读书的一个博士生听到海伦·凯勒的事迹后，很不服气，决定要和她比试比试。在严格的时间规定和教员的监督之下，他们进行了3轮比赛，博士生输了。他摘下博士帽，恭恭敬敬地戴在海伦的头上，表示对她的敬佩与尊敬。经过学习，海伦突破了识字关、语言关、写作关，先后学会了英、法、德、拉丁、希腊5种语言，出版了14部著作，受到社会各界的赞扬与夸奖。

案例的沟通启示：

从海伦·凯勒和她的老师莎莉文相处的故事中，人们最深的印象是：

首先，老师应像老师的样，即传道第一，如老师以自己的爱心和耐心教她与别人沟通，如何以阳光的心态温暖人；授业和解惑第二，在教导她认字的时候，使她明白了鲜花、水、太阳等字的意思。

其次，学生应像学生的样。在老师莎莉文的指导下，海伦·凯勒明白了做人的道理，不仅要勤奋刻苦地学习独立生活的能力和与他人交流与沟通的能力，还要使自己成为对社会有用的人。这种动力加上海伦·凯勒的勤奋与钻研，最终取得了耀眼的成绩。

最后，找准自己的责任，各尽其责，相互交流与沟通的智慧自然显现，有效传播的沟通技能随之便会产生。

◆ **美文链接**[1]

孩子一生能不能遇到贵人，现在就看得出来

我小时候养成一个习惯，只要长辈到我们家来，我的耳朵听到了他们的声音，无论我在做什么事，一定会跑到他们面前来，说："叔叔好！阿姨好！"孩子有礼貌，大人绝对欢喜，我抬起头来，看到他们很欢喜，我也很满意。当一个人在做有德行的事，其实他的喜悦已经从内心散发出来了。我深刻地体会到，一个人能不能得遇贵人，就看他从小待人有没有礼貌的态度。

我跟家长开亲师座谈时，跟他们说："你们的孩子以后能不能遇贵人，我现在就可以判断。"家长们听了之后，眼睛都瞪得大大的，因为现代人很现实，一提到孩子可以遇到贵人，他们就很专注。孩子有礼貌，走到哪里都会赢得众人对他的爱戴；相反，孩子没有礼貌，不但不会遇到贵人，不但不会有很多助力，在言语、行为当中还会形成很多的障碍。他会觉得莫名其妙，为何他们都看我不顺眼？自己还不明白。所以礼貌非常重要！

礼貌从小要教

礼貌如此重要，什么时候教？我时常会问家长，考试多两分重要，还是教

---

[1] 蔡礼旭．孩子一生能不能遇到贵人，现在就看得出来［EB/OL］．http：//edu. gmw. cn/．光明网，2016－05－31．

孩子做人做事的礼貌态度重要？家长都觉得做人做事的礼貌态度重要，可是家长又把大部分的时间都跟孩子消耗在分数上。重要的事不能再拖延了，否则孩子长大了，习惯成自然就很难改正，这是刻不容缓的事。所以，一定要重视从小培养孩子的礼貌德行，这样就能帮助孩子的人生赢得众多的助力。

不学礼　无以立

“不到长城非好汉”，我和中心的老师曾一起去游览长城。在长城上有个关口只能容许两个人相向来往，就在过此关口的时候，有很多人不守规矩，互相拥挤，结果发生了什么事？整个人群就阻塞在这个关口里面。我们中心的老师在里面一看，不行，后面的人不了解前面的情况，他们就一直往前挤，对面的人流也往前挤，如此下去可能会有意外发生。这时我们的老师立刻站出来，开始指挥人流有序地通过这个关口，并礼貌地请那些插队的人赶快退回去。他们看着我们，还以为我们是长城管理处的。在我们很有礼貌的努力之下，拥挤的人流疏通了。因此，学习和落实礼貌的时机点很重要，不能放弃，不然糟糕的程度会使你难以想象，无礼节约束的话，人就会自私自利，就可能发生冲突。

有礼令陌路相逢充满喜悦

我们搭车前往杭州天目山讲课时，迎面来了两辆车，我们主动把车停靠在旁边，让对方的车先过去，第一辆开过来，车上的人很欢喜对我们挥手，我们也对他们挥手。第一辆车过去之后，我们等了片刻，第二辆还没有过来，我们觉得很纳闷，就派人下车看一下，结果对面的车早就停在那里要让我们先过去。当我们把车开过去的同时，两车的人都露出了灿烂的微笑。人与人互相礼敬，那种感觉非常舒服，如沐春风！我们还没上山之前，就已经感受到天目山当地的纯朴民情。我们从生活当中也时时可以体会到，懂得礼节、谦让才能使人生之路畅通无阻，才不至于塞车、不会起冲突。

一个孩子懂得谦卑　一生无往不利

《易经》说：“谦卦，六爻皆吉。”《书经》说：“满招损，谦受益。”在《易经》的六十四卦中，每一卦都有吉凶祸福，只有一卦，六爻都是吉，即“谦卦”。若一个孩子懂得谦卑，他的人生就可以无往而不利。《了凡四训》这篇很重要的人生哲学中，其中第四篇就是描述谦虚的益处。袁了凡先生参加过好几次进士考试，每次在还没有考试之前，他观察要考试的同学，发现有些人特别谦卑，谦光逼人，对人很恭敬、很谦逊，虽然这些同学有的年纪很轻，但是他就觉得此人一定会考取。考试结束，果然不出所料，谦虚的人都考上了。

我们从小也要时时提醒孩子要常存谦虚，纵使我们的才华再高，但是要知道这个才华不是靠自己的能力形成的，而是我们在漫长的成长过程中，有非常多的长者曾给予我们教导、照顾和提携，所以愈有才华就愈应感恩所有的长者对我们的无私付出，当我们有这样的心境，自然就不会傲慢。

至要莫如教子。如何令孩子身心健康成长，是天下父母皆忧虑操心之事。当发现孩子没有志向、不爱学习、自私虚荣、没有礼貌……您可知原因何在？又该如何纠正？相信这篇文章能令您洞明问题症结所在；希望对您导正孩子的人生之路，带来一定的启迪和帮助。

思考题

1. 父母如何做到慈？请举例说明。
2. 孩子如何做到孝？请举例说明。
3. 为什么说“行有不得，反求诸己”是传播与沟通的道术？

第 11 章

领导与被领导关系：领导与被领导者间的沟通智慧

在日常生活中，普通的老百姓最敬佩、最喜欢什么样的领导？第一，好领导一定是既温和又威严的人；第二，心正、身正、办事公正无私；第三，处处为员工着想，能够吃苦在先，享受在后；第四，做事做人能够以身作则，推己及人。这样的领导有没有？有。多不多？不多。的确，能够做到这四点的领导不多，能够做到一点或两点的领导还是不少的。仔细想想，我们身边还是好人多，我们不要把领导都想象得水平不高，也不要对领导的要求太高，只要领导的心里有百姓和员工，以员工的利益第一，做人真诚厚道，对下属做到仁爱宽厚就可以了。

现在换位思考一下，如果把我们放在领导的位置，我们能做到这些吗？

如果我们是领导，我们喜欢什么样的员工呢？肯定是喜欢老实、听话，对工作认真负责又有创新、有才干的员工。

这就是说，只要我们的领导对待员工能够处处关心，及时解决员工的困难和疾苦，对待员工如同对待自己的兄弟姐妹一样，我们的员工自然会心生感激，认真对待领导布置的任务，并且尽心竭力地去完成。其实这就是古代圣贤发现的领导与被领导者之间和睦相处的规律和方法——君仁臣忠。

11.1　领导与被领导者之间如何有效地传播与沟通

现实生活中，大家感到领导与被领导者之间之所以不能够很好地相处，主要的原因是什么？当领导的很少能够做到仁，当下属的很少能做到忠。那么当领导的究竟应当如何做到仁呢？

11.1.1　领导如何做到仁

阅读《孝经》时，可以发现孔老夫子对于不同级别的领导应当如何做到仁说得非常详细。比如说，当皇帝怎么做才能赢得百姓的欢心？

子曰：“爱亲者，不敢恶于人；敬亲者，不敢慢于人。爱敬尽于事亲，而德教加于百姓，刑于四海。盖天子之孝也。《甫刑》云：‘一人有庆，兆民赖之’”（《孝经·天子章》）。

大意是说，孔子说：“能够亲爱自己父母的人，就不会厌恶别人的父母，能够尊敬自己父母的人，也不会怠慢别人的父母。以亲爱恭敬的心情尽心尽力地侍奉双亲，而将德行教化施之于黎民百姓，使天下百姓遵从效法，这就是天子的孝道！《尚书·甫刑》里说：‘天子一人有善行；万方民众都仰赖他。’”

一个对自己父母都不爱敬的人，百姓会信赖他吗？

古代的诸侯是怎么行仁义之事的？《孝经·诸侯章》告诉我们：“在上不骄，高而不危；制节谨度，满而不溢。高而不危，所以长守贵也。满而不溢，所以长守富也。富贵不离其身，然后能保其社稷，而和其民人。盖诸侯之孝也。”

古代的诸侯相当于现在的省委书记。孔子说：“身为省级领导，对待下属如果能做到不骄傲，其位置再高也不会有倾覆的危险；同时生活节俭、慎行法度，财富再充裕丰盈也不会损溢。居高位而没有倾覆的危险，所以能够长久保持自己的尊贵地位；财富充裕而不奢靡挥霍，所以能够长久地守住自己的财富。能够保持富有和尊贵，然后才能保住家国的安全，与黎民百姓和睦相处。这大概就是诸侯的孝道吧。”

位于省委书记以下的各级领导们，应当如何做到仁？“非先王之法服不敢服，非先王之法言不敢道，非先王之德行不敢行。是故非法不言，非道不行；口无择言，身无择行；言满天下无口过，行满天下无怨恶：三者备矣，然后能守其宗庙。盖卿大夫之孝也”（《孝经·卿大夫章》）。

古代的卿、大夫相当于现在的省委书记以下的各级领导。孔子认为，这些领导要知晓这样的理：不是先代圣明君王所制定的合乎礼法的衣服不敢穿戴，不是先代圣明君王所说的合乎礼法的言语，不敢说；不是先代圣明君王实行的道德准则和行为，不敢去做。所以不合乎礼法的话不说，不合乎礼法道德的行为不做；开口说话不需选择就能合乎礼法，自己的行为不必着意考虑也不会越轨。于是所说的话即便天下皆知也不会有过失之处，所做的事传遍天下也不会遇到怨恨厌恶。衣饰、语言、行为（信息传播的语言符号）这三点都能做到遵从先代圣明君王的礼法准则，然后才能守住自己祖宗的香火延续兴盛。这就是卿、大夫的孝道啊！《诗经·大雅· 民》里说：“要从早到晚勤勉不懈，专心奉事天子。”

从这里我们可以看到，无论是国家领导人、省部级领导，还是一般的官员，要做到仁爱下属，应当首先从自己做起，从爱敬自己的父母和兄弟姐妹做起，衣服、语言、行为都应符合圣明君王制定的礼法和准则（道），便能守住自己的家族兴旺不衰。通俗地说，做人做事不要给祖宗丢脸，子孙后代才能继承良好家风，使这个家族更兴旺。

如果当领导的均能严于律己，做好样子，当下属的自然会效法领导的言行，并认真负责地做好分内的工作。

11.1.2 被领导者如何做到忠

孔子对如何做臣子有过一段告诫，子曰："君子之事上也，进思尽忠，退思补过，将顺其美，匡救其恶，故上下能相亲也。《诗》云：'心乎爱矣，遐不谓矣。中心藏之，何日忘之'"（《孝经·事君章》）。

孔子认为：上班时要想着如何尽心竭力地工作；回到居家，要想着如何补救领导的过失。对于领导的优点，要顺应发扬；对于领导的过失缺点，要匡正补救，让他的恶不要再继续。所以，君臣关系才能够相互亲敬。《诗经·小雅·隰桑》篇中说："心中充溢着爱敬的情怀，无论多么遥远，这片真诚的爱心永久藏在心中，从不会有忘记的那一天。"

孔子对大臣说的这段话，其实对我们现在做普通员工的人也有很强的指导意义。

当员工应当怎么做呢？上班的时候，要尽心竭力地做好每一件事。下班回到家，也要想着如何来纠正领导的过失。从传播与沟通的角度来说，如果我们发现领导有哪些地方考虑不周，要巧妙地与领导沟通，提醒领导如何补救过失。对领导的美德和好的措施，要尽快实行和推行。对领导的过失，要扶正过来，阻止其向坏的影响蔓延。哪位领导不喜欢有这样的深明大义、尽心尽责的员工呢？

11.2 案例分析

翻阅历史，我们经常可以看到领导与被领导者之间那种休戚与共、相濡以沫友好相处的场景。

众所周知，被称为中国历史上杰出的一代明君唐太宗就是一位尊仁崇道、以身作则，对下属极为宽厚、恭敬谦虚，令下属敬佩的明君。唐太宗李世民与大臣魏征的关系就达到这样一种同甘共苦、相互尊敬友爱的程度。

案例1 明君唐太宗与下属沟通的智慧故事

李世民在位期间，常常积极听取群臣的意见，以尊道贵德、修身治平、纳谏爱民的治国理念，选贤任能，唯才是举，厉行节约，重农抑商，使百姓能够休养生息，国泰民安，开创了中国历史上著名的"贞观之治"。"贞观之治"

是指唐太宗在位期间的清明政治。“贞观”的意思就是以正道示人。什么是以正道示人?

李世民在位期间，制定了许多尊祖崇道的国策，如文教复兴、完善科举制度等政策，并进一步将其发扬光大，运用道家思想治国平天下。任人廉能，知人善用；广开言路，自我克制，虚心纳谏使得社会出现了安定的局面；大力平定外患，尊重边族风俗，稳固边疆，最终取得天下大治的理想局面，为后来唐朝一百多年的盛世奠定重要的基础。

史书记载，唐太宗李世民与下属大臣们的亲密关系达到水乳交融的境地，对于德才兼备的人才，李世民从不问恩怨，不计出身，总能礼贤纳士。他鼓励臣下直谏，朝中大臣魏征最能犯颜直谏，李世民总是耐心地谦虚听取，反观克己，善加容纳，择善而从。据说唐太宗在位23年，进谏的官员不下35人，其中魏征一人所谏前后200余事，数十万言，皆切中时弊，对改进朝政非常有帮助。史学家们都说，唐太宗善于用人和纳谏，是“贞观之治”出现的主要原因之一。另外一个原因是，李世民授权魏征等大臣将中国古圣先王治国教民、治国平天下之智慧、理念、方法、经验，辑录汇集出一本救世宝典《群书治要》，唐太宗带头以《群书治要》为鉴，以“圣贤”为训，感召来许多贤士兢兢业业、竭尽全力为国家的兴旺出谋划策，所以，贞观时期，皇帝率先垂范，官员一心为公，大小官吏各安本分，兢兢业业地工作。滥用职权和贪污渎职的现象几乎降到了历史上的最低点，被称为中国历史上基本没有贪污的历史时期，这也许是唐太宗最值得称道的政绩，也是君仁臣忠的一个例证。

唐太宗的大臣魏征死后，太宗伤心地说：“夫以铜为镜，可以正衣冠；以古为镜，可以知兴替；以人为镜，可以明得失。魏征逝，朕亡一镜矣。”

一个人用铜当镜子，可以照见衣帽是不是穿戴得端正；用历史当镜子，可以知道国家兴亡的原因；用人当镜子，可以发现自己的对错。魏征一死，我就少了一面好镜子啊。——这是对魏征人生价值的最高评价。

《中国人史纲》的作者柏杨说：“李世民大帝是中国最杰出的英明君主之一，他用他高度的智慧，殷勤而小心地治理他的帝国，不久就为中国开创了130年之久的第二个黄金时代。”

唐太宗开明、仁德、智慧的治国方略，将当时的唐朝发展为当时东亚地区最繁荣、最强大、文化最盛的国家。举世闻名的“丝绸之路”就是在贞观时期发展起来的。但是唐太宗没有居高自傲，他常对魏征等大臣说：唐朝之所以能够有今天的盛世，得到国内外人民的信任，主要你们的功劳啊！

唐太宗与其下属的沟通智慧体现在什么地方?

①率先垂范，廉洁奉公；②李世民从不问恩怨，不计出身，总能礼贤纳

士，他鼓励臣下直谏；③耐心地谦虚听取，多反观克己，善加容纳，择善而从；④把取得的成就全部归功于大臣，而不是据为己有。

其实，在我们中国历史上还有许多能够做到君仁臣忠的明君名臣。如周文王、周武王、周公、汉文帝、康熙、乾隆等。名臣包括：秦代名臣商鞅、李斯；汉代名臣张良、朱买臣、萧何、张廷尉；蜀国名臣诸葛亮；隋代名臣裴正、薛道衡、樊叔略；唐宋两代名臣魏征、房玄龄、长孙无忌、狄仁杰等；晚清"八大名臣"曾国藩、胡林翼、骆秉章、左宗棠、彭玉麟、曾国荃、沈葆桢、李鸿章。每个朝代都有明君名臣。

当然，我们所说的君臣关系，不仅仅是指国家层面的领导和被领导者，也包括所有企事业单位的领导与被领导者的关系，也包括国家领导人与平民百姓之间的关系。只要明白了君仁臣忠相处的道术，领导与被领导者的关系就会达到亲密无间、亲如兄弟的水乳交融的境地。

"君子之德风，小人之德草，草上之风，必偃"（《论语》）。领导的道德好比风，平民百姓的言行表现像草，风向哪边吹，草就向哪边倒。这是自然规律。正如《论语》中所说："其身正，不令而行；其身不正，虽令不从。"孔子说："身处上位的人自身行为端正，即使不发号施令，老百姓也会按政令行事；如果自身行为不端正，即使整天喊破喉咙地发号施令，老百姓也不会服从。"

中国还有一句俗语叫"打铁还须自身硬，绣花要得手绵巧"。真正的好领导，其行为一般不违背德礼，他三思后所说的话，人一定很相信；他的行为，下属一定很赞。品德品格，能使人民为之尊敬；行为举止，可使下属效法；容貌行止，皆合规矩，使人们无可挑剔；一进一退，不越礼违法，成为人民的楷模。领导以这样的作为来治理国家，统领黎民百姓，所以民众敬畏而爱戴他，并学习效仿他。上正身以率下，下顺上而法之，则德教成、政令行也。

日本人很聪明，自隋唐以来就派留学生来我们中国学习，一直到现在，日本的许多大学甚至中学的课本中，都在学习我国的四书五经。日本是最早研究中国优秀传统文化，并将其精华用于实践的国家之一。

大家都知道日本一代"经营之圣"稻盛和夫和日本的"经营之神"松下幸之助，其经营思想都是从孔孟那里学来的。

案例 2　稻盛和夫与员工沟通的智慧故事

稻盛和夫是日本迄今（2009 年）仍在世的经营大师，是两大世界 500 强企业（京瓷和 KDDI 日本第二大通讯公司）的创办者，他是怎样从一个爱哭郎成长为叱咤商界、百折不挠的企业领袖？他是怎样从一个屡次考试成绩都不好的普通人，成长为创造 3 个"世界 500 强"奇迹的成功领袖？

这第三个世界500强企业就是日本航空公司。2010年1月，日本航空公司因为经营陷入困境，不得不向东京地方法院递交了破产申请。为了拯救日本航空公司，日本政府邀请了有“经营之神”之称的京瓷公司创始人稻盛和夫出任日本航空的董事长。稻盛和夫当时已经是80岁的老人了，几乎所有人都为他捏了一把汗，怕他“晚节不保”。但是没有想到，稻盛和夫欣然应允。这家宣布破产的日本航空公司在他的领导下，第二年便实现了扭亏为盈。

稻盛和夫采用了什么策略，让日本航空在短短的时间里获得重生？2012年10月23日，稻盛和夫先生在东京的外国记者协会，亲身讲述了拯救日本航空的全部秘密。

第一，零工资的奉献给了全体员工很大的精神鼓励。“我接受政府的邀请出任公司董事长时，已是快80岁的老人，在许多的员工眼里，我是他（她）们的爷爷、父亲或叔叔，我一生与日本航空公司没有什么关系，却愿意不领一分钱的工资为日本航空公司的重建奉献最后的力量，给了全体员工一个很好的榜样。我决定接受这份工作的原因很简单，就是不希望日本曾经这么有影响的一个企业倒闭。”（有这样不拿钱，只干活的领导，员工会怎么想？员工还敢不敢偷懒?）

第二，按照政府再生支援机构的重建要求，日本航空要裁掉一部分员工，但是，同时也要保护更多的员工能够继续留在公司里工作。“我之所以答应政府的邀请到日本航空公司来担任董事长，是认识到不能让它倒闭，不能让它影响日本经济，尽可能地保住更多人的工作机会。”（这样为员工着想的领导，员工喜欢不喜欢，愿不愿意跟着他干?）

第三，他担任董事长后做的第一件事，就是要明确日本航空公司的经营目标，并将这一目标反复向全体员工传达，让每一位员工时刻牢记自己要做什么，公司要做到什么。“这一做法，与我创建和经营京瓷公司、KDDI公司一样。我觉得，只有把员工的幸福放在第一位，大家团结一心，经营者与员工的心灵产生共鸣，企业才能走出困境，才能获得健康发展。”（把员工的幸福放在第一位，是什么样的人?）

第四，日本航空公司用稻盛和夫的经营哲学和人生观对企业进行了改革，尤其是对“官僚体制”进行了彻底的改革。“我首先对企业的经营服务意识进行了改革。制定了40个项目的服务内容，让员工和我一起拥有共同的价值观，拥有共同的经营理念，做到‘物心两面’一致”，形成了日本航空公司新的企业理念。

第五，对于公司内部经营体制实施了改革，实行了航线单独核算制度，并确定了各航线的经营责任人。“统计工作实施速报制，各个部门的数据做到即有即报，公司详尽的经营报告做到了一个月内完成，以便让经营班子随时掌握公司的经营实况。”

稻盛和夫的价值观是什么？从他写的《人为什么活着》《敬天爱人》等书里，我们看到了他做人的理念，如保持谦虚绝不骄傲；每天自我反省；以知足、感恩之心活在人间；人来到这个世界，就是要让心智提升到更高的境界；等等。

他的人生哲学可以用8个字浓缩——“敬天爱人，利他之心”。

这些思想源于哪里？前几年，稻盛和夫来中国开展“中国少年友好交流访日团”等多项交流活动时，中央台的记者曾采访他，他说：“我只不过是把孔孟的伦理道德思想融入企业管理中而已”。稻盛和夫年轻的时候就喜欢读孔子和孟子的书，他的思想和价值观源于儒家和佛教，很欣赏儒家的为仁之道。

孟子告齐宣王曰：“君之视臣如手足，则臣视君如腹心；君之视臣如犬马，则臣视君如国人；君之视臣如土芥，则臣视君如寇仇。”（《孟子·离娄下》）意思是说，当领导的如果看待员工如同自己的手足，员工看待领导也会如同自己的腹心；领导看待员工如同犬马，员工看待领导也会如同看待路人一样；领导看待员工如同泥土草芥，员工看待领导就会如同仇人。

回过头来，我们从刚才稻盛和夫讲的拯救日航的5条秘密中，可以深切感受到他对员工的仁爱之心和利他之心，以及他对人对事的认真态度、恭敬之心和敬天之心。

还有被称为日本“经营之神”的松下幸之助，他也采用了儒家的思想管理企业，松下电器商学院的课程主要是《孝经》和四书。

日本许多企业的领导和员工对中国的孔孟之道非常熟悉，所以他们在处理领导与被领导者的关系时，很自然地把仁者爱人的思想运用到企业和生活当中。因为中国的传统文化讲的是道，是天理，是自然规律。

◆ **美文链接**[1]

什么是“忠恕之道”？

“故君子之道，忠恕而已矣！”所以，君子的治国之道，不过就是能够行忠恕而已。《论语》上记载，孔老夫子的弟子来向他请教，孔老夫子就说他的

[1] 刘余莉．成为卓越领导——《韩诗外传》里的领导智慧［M］．苏州：古吴轩出版社，2014.

道“一以贯之”。这就是忠恕之道。“忠”是“己欲立而立人，己欲达而达人”，“恕”是“己所不欲，勿施于人”。前者是从正面来说，就是我想要达到的，我想要成立的，也希望天下的人达到；后者是从反面来说，我不想的，也不能够把它施加给别人。这两点就是君子的治国之道。

忠恕之道，在很多地方都有过论述。比如，在《大学》上有说：“所恶于上，毋以使下；所恶于下，毋以事上；所恶于前，毋以先后；所恶于后，毋以从前；所恶于右，毋以交于左；所恶于左，毋以交于右。”这些都是忠恕之道的表现。你厌恶上级的领导，他很傲慢，对你呼来唤去地指使，你不喜欢，那你就不能以这样的态度来对待你的下属，对他没有礼貌、不尊敬、呼来唤去的；你厌恶下属的，比如你不喜欢下属没有执行力，告诉他一件事后，三番五次还要提醒他，他都没有做到，不喜欢下属这样不负责任的态度，那你也不能够这样来对待你的上级。“所恶于前，毋以先后”，你不满意你前面的人的处事态度，比如他做事很多情况都没有给你交代清楚，留了一个烂摊子给你，这是你不喜欢的，那你以后与他人交接工作的时候，你就不要有这样的态度。“所恶于后，毋以从前”，你不希望后面的人怎么对你，你就不要这样对待你前面的人。比如说，有的领导一退休，很多人就忘恩负义，再也不去看他了，见面连个招呼也不打了。如果你不希望你的下属以这样的态度来对待你，那你对待你以前退休的领导就应该恭敬。这些都是忠恕之道的表现。

《孔子家语》中也说，“君子有三恕”：有父母亲不去孝顺，却希望儿女能够孝顺我，这个就不是恕道了；有领导、君主不能事奉得好，不能够尽忠竭智，领导对我都不满意，我却要求属下特别听话，能够按照自己的要求办事，这也不是恕道了；有兄长不能够恭敬，还要求弟弟妹妹恭敬我、友爱我，这也不是恕道了。

所以忠恕之道就是让人能够处处反省自己，每一个结果的出现都不是偶然的，首先要问一问自己是不是种下了这样的因，那都是有原因的。

思考题

1. 领导者与下属沟通时，应如何做到仁或如何运用恕道？
2. 下属与领导沟通时，应如何做到敬或如何运用忠道？
3. 领导与被领导者之间有效沟通的秘诀是什么？

第12章 兄弟关系：兄弟姐妹间的沟通智慧

兄弟之间搞好关系的秘诀是什么？大家可能都知道，做哥哥姐姐的要处处关爱弟弟妹妹，做弟弟妹妹的要处处恭顺哥哥姐姐。这就是沟通的自然之道，顺应者得道，背离者失道；得道者多助，失道者寡助。也就是说，在与兄弟姐妹们相处时，能够做到兄友弟恭的，其兄弟姐妹之间一定会相处得很好。能够做到这一点是因为落实了谦让之道，即古人讲的悌道。

这个道理好像人人都知道，但是如果遇到利益相争的时候，谁都不想吃亏。此时则需要深度沟通，进行一次关键对话。对话前需要思考几个问题。①目标是“求和”，让父母开心；②同根相连，亲如手足，长幼有序，应尽悌道；③坚信，谦让是悌道的核心。

12.1 兄弟姐妹间如何有效地传播与沟通

12.1.1 兄友弟恭，谦让之道

道不远人，然而，要想继续向前行，必然有序，必须由近而远，由浅而深。比如，欲至远方必自脚下启程，欲登高山必自低处起步。兄弟姐妹间要增进感情，最好的方法是相亲相爱，哥哥姐姐友爱弟弟妹妹，弟弟妹妹恭顺哥哥姐姐。所以《诗经》有云：“妻子好合，如鼓瑟琴；兄弟既翕；和乐且耽；宜而室家，乐而妻帑。”是说夫妻心意相合，则如同弹奏琴瑟一般和谐美好。兄弟友爱相亲，则家庭和乐之至。所以君子必然整齐家道，使妻子儿女和睦融洽。能和睦妻子兄弟，父母自然舒心和顺。正如《弟子规》所言：“兄道友，弟道恭，兄弟睦，孝在中。”

在汉代，有一个著名的故事，说的是一对兄弟争着去死的故事，这是怎么回事？

汉朝的时候有一对兄弟，哥哥叫赵孝，弟弟叫赵礼，兄弟两人相依为命，十分友爱。

有一年，由于年景不好，粮食减产歉收，天下饥荒，一伙强盗闯入赵孝所在的村子进行抢掠，村中百姓都慌忙逃命：因为灾年且村子早已被各路强盗劫掠多次了，所以村里的粮食所剩无几。这时赵氏兄弟两个正在家中，一伙强盗破门而入，翻箱倒柜，欲搜刮粮食钱财，然而赵家已经是家徒四壁，没有一点油水，没有一点粮食。兄弟俩一看强盗冲进来了，他俩岁数都不大，就吓得直往门外跑，因为弟弟赵礼弱小跑得比较慢，强盗就一把抓住了赵礼，因为饥荒得严重，饥饿早已经使盗贼失去了理智和人性，随即想把被抓的赵礼吃掉。（在当时这种吃人的现象还是存在的）

哥哥赵孝见此情形，跪在凶恶的强盗面前，哀求说："我弟弟有病，身体瘦弱，身上也没有多少肉，他的肉自然也不好吃，你们还是把他放了，由我替他，我身体好，我身体胖，你们就吃我吧。"强盗听了赵孝的这番话，当场都愣住了，他们面面相觑，哪里见过有这样甘愿送死的人。这时，只见弟弟赵礼忙在旁边喊道："是我被你们抓住的，我如果被你们吃了，那是我命中注定的，我哥哥已经跑了，他有什么罪过？没有吃我哥哥的道理！应该吃我！"听罢此言，赵孝扑向弟弟，兄弟俩抱成一体痛哭。

穷凶极恶、无恶不作的强盗，看到赵氏兄弟互相争死的场面，也被这兄弟俩的友爱之情震慑了、感动了，他们那早已抛弃的良知此刻也被这人间手足的情意所唤醒，甚至几个强盗还淌下了眼泪，随即这伙强盗就放了两兄弟，让他们回村。

这件事情后来被当朝皇帝知道了，不仅下令褒奖，封了兄弟二人相应的官职，还下诏书将事情昭示天下。他们以德感化强盗的善行义举，是兄友弟恭的最好典范，值得全国百姓向他们学习。

"宜兄宜弟，而后可以教国人"（《大学》）。宜兄宜弟是兄弟和睦的意思。兄弟同气连枝，亲如手足，所以必尽悌道，这是天经地义、丝毫不许懈怠的。《大学》中引用《诗经·小雅》的诗句，是说兄友弟恭，长幼有序，伦理明而教化行，然后可以及施教于国。

兄弟姐妹之间能够相互谦让，和睦相处，生活一定其乐融融，然后民众就会自然而然地都来效仿。这便是儒家正己然后化人的为政之道，也是治国在其齐家的奥妙所在。

12.1.2 四海之内皆兄弟

有的朋友可能会说，现在很多家庭都是独生子女，悌道很难在生活中落实。这虽是事实，但是兄弟之间的关系不仅仅限于有血缘关系的兄弟姐妹。《论语·颜渊》中记载了这样一个故事。孔子的弟子司马牛有一次向孔子请教怎样做君子。孔子对他说："君子不忧愁，不害怕。"司马牛不懂这话的意思，问道："不忧愁，不害怕，就叫作君子了吗?"孔子说："君子经常反省自己；所以内心毫无愧疚，还有什么可忧愁、可害怕的呢?"司马牛告辞孔子后，见到了他的师兄子夏。他忧愁地说："人家都有兄弟，多快乐呀，唯独我没有。"子夏听了司马牛的话安慰他说："……君子敬而无失，与人恭而有礼。四海之内皆兄弟也。君子何患乎无兄弟?""四海"指天下、全国，表示天下的人都像兄弟一样。子夏说："我听说过'一个人死与生，要听从命运的安排，富贵则是由天来安排的。'君子对工作谨慎认真，不出差错；和人交往态度恭谨而合乎礼节。那么普天之下到处都是兄弟，君子何必担忧没有兄弟呢?"

古代五伦中的长幼有序，强调的是无论在家还是在外，比我们年长的同辈人都是我们的哥哥姐姐，相反，比我们年幼的同辈人都是我们的弟弟妹妹。在单位，同事之间不仅仅是同志关系、朋友关系，也可以看作是兄弟姐妹的关系。如果我们能够把同事之间的友情看作是亲情，视同自己的兄弟姐妹。我们评职称、评优或者评比先进工作者的时候，可能就会互相推让了。

当然，在新闻媒体上，我们还经常看到兄弟姐妹之间因为赡养父母、房屋拆迁等问题伤和气，最后导致法庭争讼的事件。这些问题的出现，主要的原因是其没有学习做人之道。所做之事因为违背了伦理道德，所以即使由法庭出面调解，心中的隔阂也很难消除。

可见，儒家处理人与人的关系，是以爱和敬为主导原则，进而双方各自在自己的位置，兢兢业业，尽心竭力地做好分内之事而已。这种能够运用沟通与传播智慧的人，才能达到长久和睦相处的效果。"爱人者，人恒爱之；敬人者，人恒敬之"(《孟子·离娄章句下》)，爱别人的人，别人也永远爱他；尊敬别人的人，别人也永远尊敬他。

12.2 案例分析

出门[1]

古时候，有两个兄弟各自带着一只行李箱出远门。一路上，重重的行李箱将兄弟俩都压得喘不过气来。他们只好左手累了换右手，右手累了又换左手。

[1] 50个正能量励志小故事［EB/OL］. http://tieba.baidu.com/, 2015-09-15.

忽然，大哥停了下来，在路边买了一根扁担，将两个行李箱一左一右挂在扁担上。他挑起两个箱子上路，反倒觉得轻松了很多。

救人

在一场激烈的战斗中，上尉忽然发现一架敌机向阵地俯冲下来。照常理，发现敌机俯冲时要毫不犹豫地卧倒。可上尉并没有立刻卧倒，他发现离他四五米远处有一个小战士还站在哪儿。他顾不上多想，一个鱼跃飞身将小战士紧紧地压在了身下。此时一声巨响，飞溅起来的泥土纷纷落在他们的身上。上尉拍拍身上的尘土，回头一看，顿时惊呆了：刚才自己所处的那个位置被炸成了一个大坑。

把这两个故事联系在一起也许有些牵强，但它们确实有着惊人的相似之处：长幼有序，兄长关爱兄弟是人与人之间自然存在的情义，能够按照这个自然之道与他人交流与沟通的人一定是有智慧的人。故事中的弟弟和小战士是幸运的，但更加幸运的是故事中的上尉和大哥，因为他们在帮助别人的同时也帮助了自己！

感悟：在我们人生的大道上，肯定会遇到许许多多的困难。但我们是不是都知道，在前进的道路上，搬开别人脚下的绊脚石，有时恰恰是为自己铺路！

◆ **美文链接**

心是一块田：种什么 得什么❶

心是一块田，种什么，得什么。如果你心里是快乐的种子，那么长出来的一定是笑容！如果你心里是痛苦的种子，那么长出来的一定是忧伤！如果你心里是恨的种子，那么长出来的一定是怨！如果你心里充满爱，那么长出来的一定是宽容！如果你心里有邪恶，那么长出来的一定是坠落！

一个人活着快乐不快乐，喜悦不喜悦，关键在于你的心。如果你的心是快乐的，那么，你在哪里都是快乐的；如果你的心是喜悦的，那么，你做什么都是喜悦的。有时候，决定我们心情的，不是别人，是我们自己。

有时候换一种心情，你会快乐一些。老人们常说，房屋不必太宽，心要宽；心是一块田，靠自己去播种。我想，如果你能快乐地度过你的每一天，使你的生命像田野上的树一样自然、健康，像田野上的花朵一样芳香、饱满，那么，整个自然界都会来祝贺你。甚至，上帝都会来祝贺你。这是真的。因为喜

---

❶ 无名氏．心是一块田：种什么 得什么［EB/OL］．http：//travel. sohu. com/. 2016－02－18.

悦能使人变美，而仇恨、抱怨和痛苦却只能使人丑陋。

相由心生，这是一句佛语。每个人的心是一块田，种善因，故得善果；种恶因，故得恶果。而相由心生，笑容就是心灵的一面明镜，真实地映射内心所种的因。

有一回，释迦牟尼佛向一位农夫托钵，农夫却对佛陀说："我耕田种谷，所以有饭吃；你不耕田种谷，何以要饭吃?"佛陀说："我也耕田种谷，我是在众生中种田，播下善种子，善根会发芽茁壮，而你布施给我，就像是在种福德田，当我度众生时，你的供养便在其中。"心是一块田，种什么，得什么。

思考题

1. 您认为兄弟姐妹之间的交往如何才能保持长久?

2. 如何将"兄友弟恭"的沟通之道运用到同事或朋友身上?

3. 如果说哥哥姐姐爱护弟弟妹妹，弟弟妹妹恭顺哥哥姐姐是天经地义的沟通之道，那么，如何把握这个沟通之道的度呢?

第13章 朋友之间的沟通智慧

13.1 朋友之间如何做到诚信

朋友关系一般是指没有血缘关系的人，如同事、同学、战友或陌生朋友。为此，古人认为，朋友之间和睦相处的关键是诚信。诚信不仅是朋友之间相处的道术，也是人与人之间最起码的和睦交往的底线。以真诚之心，行信义之事，是说待人处事要做到诚实无欺，信守诺言、言行相符、表里如一。

秦末有个叫季布的人，一向说话算数，信誉非常高，许多人都同他建立起了浓厚的友情。当时甚至流传着这样的谚语："得黄金百斤，不如得季布一诺。"（这就是成语"一诺千金"的由来）后来，季布得罪了汉高祖刘邦，被悬赏捉拿。结果他旧日的朋友不仅不被重金所惑，而且冒着灭九族的危险来保护他，使他免遭祸殃。一个人诚实有信，自然得道多助，能获得大家的尊重和友谊。反过来，如果贪图一时的安逸或小便宜而失信于朋友，表面上得到了"实惠"，但却毁了自己的声誉，而失去的声誉相比于物质要重要得多。

所以，孔子说："人而无信，不知其可也。大车无輗，小车无軏，其何以行之哉?"人要是失去了信用或不讲信用，不知道他还可以做什么，就像大车没有车辕与横木相连接的木销子，小车没有车辕与横木相连接的木销子，它靠什么行走呢？诚信对一个人的行为、品德而言，可以构成一个动力。一个人没有诚信的话就如同汽车没有发动机，是无法起步的。

"朋友不信，则其交易绝"（《吕氏春秋》）。一个没有诚信的人，是很难结交到朋友的。《中庸》上说："诚者，天之道也；诚之者，人之道也。""诚"是天道的根本特征，所谓天然之性德也。人性本自纯净纯善，因而也是人固有的性德。很多人不能做到诚信，主要是因为遭受了不同习性的感染，所以，有了智、愚、贤、不肖之别。孟子说："万物皆备于我。反身而诚，乐莫大焉。"也就是说，人只有通过格物、致知、诚其心、养其性，才能自然而然地达到对天道的体认和理解，并能恢复其本性，达到“赞天地之化育，而与天地参”的境地。可见，立诚，就是立自然和谐之道、社会和谐之道，也是立宇宙和谐之道，即天人合一之道。

而“信者，诚也”，“诚”是“信”之体，“信”是“诚”之用。诚信作为人立身处事的根本，是天地之道的必然要求。因此，中国古代有所谓“信者行之基，行者人之本，人非行无以成，行非信无以立”（《吕氏春秋·履信》）的论断。

信任危机的根源在哪里呢？就在于我们自己对自己丧失了信心。因此，只要我们坚信以诚待人、无私无求的沟通之道，真诚友善的朋友一定会越来越多，行走天下一定没有什么大的障碍。

13.2 选对朋友圈很重要

现在我们每个人都有自己的朋友圈、微信圈。朋友圈里每天都会传播出很多信息，有积极向上的正能量信息，也有抱怨、发泄不满的负能量信息。与什么样的朋友交往多了，无形之中也会受到什么样的感染，这就是传播的力量。所以说，选对朋友圈很重要。

《孙卿子》里说：“夫人虽有性质美而心辨智，必求贤师而事之，择贤友而友之。”意思是说，这个人虽然禀性质朴、美善，心智非常地聪慧，但必须求贤师学习，选择贤友交往。

多亲近圣贤人即常诵读圣贤书，每天所听到的、看到的均是尧、舜、禹、汤这些古圣先王的大道。尧、舜、禹、汤都是很有德行的人，都是忠诚信实、恭敬礼让的人，都不是怨天尤人的人，常听常看经典的圣贤教诲，不知不觉地用圣贤的智慧指导我们的言行。

如果我们结交的都是不善之人，所听的可能都是欺骗、巧诈、虚伪的言语。所看的可能都是邪污卑下、放荡邪曲、贪图利益的行为，我们使自己遭受到刑罚处罚的可能也会不知不觉地增多，这就是潜移默化的结果。

因此，我们选择什么样的朋友来交往是非常重要的。如荀子所说，蓬草本来是很软、很弯曲的，但是生在笔直向上的麻中，它也会自然地向上生长，也会长得笔直。因此，古人常说：和善良的、有德行的人交朋友，亲近这样的善友，就像在雾水中行走一样，虽然打湿不了你的衣服，但你时时都蒙受他德风的滋润，不知不觉地你就受到了熏陶。

有这样一个故事。楚国有一个善于给人看相的人，他给人看相，说的和实际情况都非常相符。楚庄王很奇怪，就向他请教。这个人就说：“我并不是能给人看相，我只不过是观察这个人所结交的朋友。如果这个人是一个布衣百姓，他所结交的朋友都能够孝敬父母、友爱兄弟、尊敬长辈、淳厚善良、行为谨慎、畏惧法律，这样的人，他的家庭会一天比一天过得好，他的身心会一天比一天更安定，这样的人被称为‘吉人’。如果这个人是侍奉君主的臣子，他所结交的朋友都是诚实守信、有德行并乐于为善的人，这样的人，他侍奉君主会一天比一天侍奉得好，官职也会一天比一天提升，这样的人是‘吉臣’。如果观察人主，他的朝臣都是贤德之士，左右侍奉的人都是忠诚的人，这个君主有过失，他身边的群臣、左右都能够犯颜直谏，给他指正过失，这样的君主，他的国家会一天比一天更安定，他自己也会一天比一天受人尊敬，天下人对他会一天比一天地心悦诚服，这样的人被称为‘吉主’。所以说，我并不会给人看相，我只不过是观察这个人所结交的朋友而已。”这个人只是观察人所结交的朋友，就能够判断出一个人的前途命运。[1]

所以与什么样朋友交往，也决定了走什么样的人生之路。

13.3 化敌为友的沟通智慧

与善良的人交友做到诚信比较容易，但是对待不友好的朋友应当怎么办呢？或者说如何化敌为友，如何与敌人做朋友呢？

大家都知道，美国的第 16 任总统，亚伯拉罕·林肯吧。有一次，林肯在竞选美国总统前夕在参议院演说时，遭到一个参议员的羞辱，参议员说：“林肯先生，在你开始演讲之前，我希望你记住你是一个鞋匠的儿子。”

“感谢您使我记起了我的父亲，他已经去世了。我一定会记住您的忠告，因为我知道我做总统无法像我父亲做鞋匠那样好。”

整个会场陷入一片沉默。林肯转过头对那位傲慢的参议员说：“据我所知，我父亲生前也为你的家人修过鞋。如果您的鞋子不合脚，我可以为您修。虽然我不是伟大的鞋匠，但我从小学会了父亲修鞋的技术。”然后他又对所有的参议员说：“如果你们穿的那双鞋是我父亲做的，而它们又不合脚需要修缮，我尽可能帮忙。但是我可以自豪地说，我父亲的手艺是无人能比的。”

说到这里，他流下了眼泪，所有的嘲笑都化作了掌声。

有人觉得林肯总统对待政敌的态度太过宽容：“你为什么要试图同他们成为朋友呢？你应该想办法去打击他们、消灭他们才对。”

林肯却温和地说，“我难道不是在消灭政敌吗？当我使他们成为我的朋友时，政敌就不存在了。”化敌为友才是最好的消灭政敌的方法。这就是林肯的智慧和胸怀。

---

[1] 刘余莉．群书治要十讲［M］．北京：团结出版社，2014．

现在，在以他的名字命名的纪念馆的墙壁上刻着这样一段话：

“对任何人不怀恶意；对一切人宽大仁爱；对人要有一颗宽容的心，因为上帝告诉了我们什么是正义，所以我们要坚持正义；让我们继续努力去完成我们正在从事的事业；抚平我们国家的伤口。”

做人要学会宽容，宽容是一种力量。当我们掌握并能运用这种力量时，我们自然就会显得自信和强大——它不是软弱，它是刚强和坚韧。

我们中国有句老话，“仁者无敌”。为什么仁者无敌呢？因为仁者真正体会到了人的天命之性，人的本性是纯净纯善的，和众生是一体的，所以他不会和任何人有敌对，不会有对立的念头。

“仁者无敌”并不是说打遍天下无敌手，或者说，有仁德心的人就没有人诽谤他、批评他、嘲笑他，而是他自己遇到别人的诽谤、嘲笑、攻击，仍然以一片慈悲之心来对待，在内心之中不和任何人起对立。中国也有一句话叫“化敌为友”。为什么能够化敌为友呢？真正能够化敌为友的人，一定是有仁爱之心的人。

我们看到在“二十四孝”上就有很多这样的例子。比如说，位于“二十四孝”之首的大舜，他的后母，他的弟弟，还有父亲，三番五次都要置他于死地，但是他不仅没有对立之心，反而总是反省自己的不足，说：“我做儿子没有尽到孝道，没有让我的父母欢心，他们还对我不满意。”所以他得了天子之位后，不是想着去报复，而是跑到原野上去哭泣。为什么呢？因为他觉得自己虽然贵为天子，富有四海，但仍然没有尽到人子之孝，于是，他总是想方设法地帮助他的后母和弟弟。最终，他的德行感化了父母，也感化了天下的百姓，受到了人们的爱戴。

和大舜相似的一个故事，也是在“二十四孝”之中的，那就是闵子骞的故事。闵子骞的亲生母亲过世了，他的父亲给他找了一个后母，后母又生下两个孩子。他的后母非常偏心，在寒冬腊月的时候，给自己的两个儿子穿的衣服是非常暖和的棉衣，给闵子骞穿的却是芦花做的衣服，看起来很厚，实际上并不保温。

有一次出门的时候，闵子骞赶马车，因为冻得瑟瑟发抖，没有把马车赶好，他的父亲非常生气，盛怒之下，一鞭子就抽在了闵子骞的身上。结果这一抽，把棉衣给抽破了，里边的芦花都跑了出来。他的父亲才知道，原来这个儿子身上所穿的衣服不是保暖的棉衣，而是芦花做的衣服，他就要回去把后母休掉。当父亲在盛怒之下要把后母休掉的时候，闵子骞并没有想到，“给我报仇的机会、出气的机会终于来了”，反而乞求他的父亲。他说了一句话：“母在一子单，母去三子寒。”意思是说，如果我的母亲还留在这里，只是我一个人受冻而已，如果您把母亲休掉了，那我们兄弟三人都要挨冻了。他劝父亲把后母留下来。他的这种德行感化了后母，从此以后，一家人过上了和睦而幸福的生活。

这些人之所以能够化解怨仇，靠的绝对不是对立，不是你踢了我一脚我就打你一拳，然后对方再踢你一脚你再打他一拳，使这个怨越结越深，彼此都痛苦。为什么呢？因为你打了别人，你就得防备别人来回击你。所以中国人明白这个道理，从小教导孩子不要去和人家争，甚至还教导孩子要退让、谦让、礼让。这不是懦弱和胆怯，而是有效传播与沟通的大智慧。

《论语》上就记载着这样一句话，孔老夫子说“君子无所争”，君子没有要和别人竞争的地方。“必也，射乎？”如果说一定有和人家竞争的时候，那一定是在比赛射箭的时候。是怎么争的呢？“揖让而升，下而饮”，就是两个人互相鞠躬、互相敬礼，然后走上堂去比赛射箭。比赛完射箭之后，“下而饮”，赢了的人要给输了的人敬酒，还很谦虚地说：“承让承让。”当然这并不是虚伪的谦虚，而是发自内心地认为，在高手之间的比赛偶然因素很多，我偶尔一次把对方赢了，确实有运气的成分在其中。而那一个输了的人接受了敬酒之后，他不是埋怨、嫉妒胜过自己的人，“反求诸己”，他是反过来反省自己的技艺学得不精，所以才败在了人家的手下。胜了的人没有傲慢，反而很谦虚。输了的人没有嫉妒，也没有怨恨，而是想着去提升自己的技艺，期待下次能获得好成绩。所以孔老夫子最后说：“其争也君子”，即使他们去竞争，去比赛射箭，也不失君子之风，没有说因为竞争就和人家产生对立。我们从这里看到，古人从小所学的就是建立在仁爱思想上的为人处世、待人接物的态度和有效沟通的方式。

13.4 邻居之间的沟通之道

13.4.1 诚信、谦让的沟通智慧

诚信之道，谦让之道，也是邻居间的相处之道和沟通之术。

什么是邻居？是你正在炒菜，发现酱油瓶子是空的，于是你就敲门要点酱油的那家儿；是你出差了可以帮你看着家以防被人撬了的那家人；是你家房子冒烟了能第一个去打 119 的那些人……这是中央电视台倪萍对邻居的解读。因而，我们常到这句话，远亲不如近邻。

在我国的很多城市都有关于“仁义巷”的故事。

仁义胡同又称“六尺胡同”，位于山东省聊城市东昌府区东关大街 111 号傅斯年陈列馆（傅氏祠堂）东临，长 60 余米，宽 2 米。胡同为青石铺筑，胡同南首为一木质牌坊，坊上檐下正中为清康熙皇帝题写的“仁义胡同”。傅斯

年是傅以渐的七世孙，仁义胡同的故事就是由这位清朝的开国状元傅以渐而来的。

傅以渐，清朝开国状元，官至武英殿大学士，兼兵部尚书，可谓一代名相。他天资聪慧，博览群书，经史熟记不忘，对伦理道德尤为注重。他治学严谨，学识渊博，儒生学士尊称“星岩先生”，有些史官学者赞其“道德文章实为一时之冠”。顺治皇帝对其非常器重，凡是朝中重要之事，都找他来一起商量。清朝康熙年间，傅以渐的家人在老家（东关家庙）拓修建设时，傅家新建的院墙盖住了邻居地基，邻居认为有碍自家的风水，于是找上门来。傅家宅院刚刚修缮完毕，不愿额外增加开支，与邻居发生纠纷，一时相持不下，于是写信给当时任国史院大学士兼兵部尚书的傅状元，让他跟地方官员通融一下，予以照顾。

傅以渐很快回信道：“千里捎书只为墙，让他三尺又何妨？万里长城今犹在，不见当年秦始皇。”家人看后，十分羞愧，主动将墙基退让三尺，并主动找邻居道歉，邻居看到相府人家如此仁义，十分感动，便也退让三尺，就成了傅氏祠堂东邻的这条六尺胡同。后来康熙皇帝驻跸聊城，闻听此事，书写了“仁义胡同”四个大字以倡义举。

如今有很多游客专门来这里照相留念。这个巷子里的居民看到游客，均会很自豪地引领游客参观拍照，这条小巷的故事不仅在当时传为佳话，直到现在还影响着后代子孙。

关于仁义巷或仁义胡同的故事，在河南，山东、北京等地方都有类似的传说。为什么这样的传说能够代代相传？

这说明古人发现的人伦大道、仁义大道的确是自然之道，君臣之间，兄弟姐妹之间，邻居之间，朋友之间，只要心存仁爱之心、诚信之心、友善之心与之交往，双方都会感到身心快乐，祥和安康。因此，人际有效传播沟通之道术，要从心上下功夫。

13.4.2　宽容的沟通智慧

在汉代的时候，有一个人叫刘宽，从他的名字上就知道这个人非常宽厚。这个人的有修养、好脾气在汉代是出了名的。

有一天他坐牛车外出，半路上遇到一个人，说自己的牛丢了，非要看看刘宽的牛是不是自己的，其实就是怀疑刘宽偷了他的牛。一般人遇到别人无缘无故冤枉自己偷东西，可能早就忍不住要理论起来，理论不成可能还要大打出手。而刘宽一句话也没说，当时从车上下来后就直接步行回家了。

没过多久，那个丢了牛的人牵着刘宽的牛找上门来，看到刘宽赶紧道歉，说自己的牛找到了，白白误会了他，实在是对不起，怎么处罚他都愿意。刘宽看他这样，仍旧不生气，对他说："这世界上长得相似的东西实在是太多了，认错了也是难免的，还要麻烦你亲自把牛送回来，有什么好责罚你的呢？"刘宽的这番举动和言辞可以说是相当地大度，街坊邻居听闻这件事后，都十分佩服刘宽。

在家里，刘宽的脾气更是好得连他的太太都觉得不可思议。有一次他的太太突发奇想，想试一试自己丈夫的修养到底有多好。一天早晨，刘宽穿好了朝服，戴好了礼帽，穿戴得整整齐齐，要赶着去上早朝。这时，他的妻子命令一个丫鬟去给他送一碗肉羹，而在递给他的过程中这个丫鬟故意失手，把肉汤泼在了刘宽的身上。事情发生后，刘宽是怎样反应的呢？刘宽不仅没有恼羞成怒，责怪这个丫鬟，反而非常关切地问："烫着你的手没有呀？"从那以后，他的家人对他也是非常佩服，因为他确实做到了在任何情况下都不轻易发怒。

生活中的刘宽性情温良，脾气好，在工作中同样是仁厚宽恕。汉桓帝时，刘宽官做到太守，管理着三个县的事务。每当手下的官员犯了错，他也只是稍加惩罚，让官员们知道羞耻就可以了，从不用严刑来治理。每当有了政绩功劳，他都推举下属，而一旦发生了问题，他就把失误揽到自己身上。[1]

现在有的人，在工作中看到下属犯错就气得发一通脾气，看到领导决策失误，也要生一肚子气，这种拿别人的错误来惩罚自己的人是不可能生活得很幸福的。

13.5 感 悟

13.5.1 多给予对方

给父母最好的礼物是孝心；儿女的孝心胜过美味佳肴，父母的愉悦胜过灵丹妙药。

给家人最好的礼物是保障；女人保障让丈夫安心工作，丈夫保障让妻儿安居乐业。

给子女最好的礼物是榜样；给领导的最好礼物是诚敬；给下属的最好礼物是仁爱；

给朋友最好的礼物是诚信；给自己最好的礼物是修养。

---

[1] 刘余莉．心态即命运［M］．北京：世界知识出版社，2010.

13.5.2 多说爱语（不是花言巧语而是让人受益的话）

多说给人信心的话，多说宽容的话，多说使对方快乐的话，多说尊重的话，多说鼓励的话，多说关怀的话，多说商量的话。

13.5.3 推己及人，利他之行

己所不欲，勿施于人。自己不想做的事，也不能让对方去做。

子曰："其恕乎！己所不欲，勿施于人"（《论语·卫灵公》）。

这句话所揭晓的是处理人际关系的重要原则。孔子所言是指人应当以对待自身的行为为参照物来对待他人。人应该有宽广的胸怀，待人处事之时切勿心胸狭窄，而应宽宏大量，宽恕待人。倘若自己不想做的事情硬推给他人，不仅会破坏与他人的关系，也会将事情弄得僵持而不可收拾。人与人之间的交往确实应该坚持这种原则，这是尊重他人、平等待人的体现。人生在世除了关注自身的存在以外，还应关注他人的存在，人与人之间是平等的，切勿将己所不欲施之于人。

13.5.4 反求诸己

孟子说："行有不得，反求诸己"（《孟子·离娄上》）。当我们在与人交往没有达到预期的目的时，我们首先做的事不是找对方的原因，而是应当反思反省自己哪里没有做好。换位思考一下，对方最需要什么，还有什么事情我没有想到。如果您真正做到了以一颗无私的心去关爱对方、礼敬对方，您就真正拿到了有效传播与沟通的金钥匙。

道理明白并不难，最难的是将这个道理落实到生活中。曾国藩曾说过一句话："一语不能践，万卷徒空虚。"意思就是说，读了万卷书，一句也不能在生活实践中运用，最终不能受益。

知道但做不到，等于不知道。知道与做到还有很大的一段距离。纸上得来终觉浅，绝知此事要躬行。只有将所学的理论、知识和道理与实践有机结合，才能说真正学明白了，才能收获到真实的所得。

◆ **美文链接**

缘分的秘密❶

所谓缘分，就是遇见了该遇见的人；所谓福分，就是能和有缘人共享人生

❶ 无名氏．缘分的秘密［EB/OL］．光明网，2016－10－13．

的悲欢。

缘分浅的人，有幸相识却又擦肩而过；缘分深的人，相见恨晚从此不离不弃。有的缘分是可遇而不可求的，属上等缘；有的缘分是可遇亦可求的，属中等缘；有的缘分是可遇而无需求的，属下等缘。

无论何等缘分，都离不开珍惜二字。在这个世界上，凡事不可能一帆风顺，事事如意，总会有烦恼和忧愁。当不顺心的事时常萦绕着我们的时候，我们该如何面对呢？“随缘自适，烦恼即去。”其实，随缘是一种进取，是智者的行为，愚者的借口。何为随？随不是跟随，是顺其自然，不怨恨，不躁进，不过度，不强求；随不是随便，是把握机缘，不悲观，不刻板，不慌乱。缘在惜缘缘去随。

人生的苦乐，取决于自己的内心。以美好的心，欣赏周遭的事物；以真诚的心，对待每一个人；以负责的心，做好分内的事；以谦虚的心，检讨自己的错误；以不变的心，坚持正确的理念；以宽阔的心，包容对不起你的人；以感恩的心，感谢所拥有的；以平常的心，接受已发生的事实；以放下的心，面对最难的割舍。

与老人沟通，不要忘了他的自尊；与男人沟通，不要忘了他的面子；与女人沟通，不要忘了她的情绪；与上级沟通，不要忘了他的尊严；与年轻人沟通，不要忘了他的直接；与儿童沟通，不要忘了他的天真。一种态度走天下，必然处处碰壁；因地制宜，因人而异，多怀感恩心，才能四海通达。

思考题

1. 为什么说诚信是朋友间的沟通之道？
2. 为什么说选对朋友圈很重要？
2. 当我们与他人沟通不畅时，首先要想到什么？
3. 在传播与沟通过程中，为什么说首先要学习为人之道？

第五部分

有效传播与沟通的技能

在传播与沟通的过程中，掌握了有效传播与沟通的道术，还需要学习有效传播与沟通的技能吗？道术与技能有什么区别？二者的区别在于，有效传播与沟通的道术重点解决的问题是双方期望达到的最终维持关系的理想效果，而技能主要解决的问题是在进行有效传播与沟通的过程中，所运用的一些技能或技巧。它是实施道术的有利助手，对预期达到信息共享的目的有一定的推动作用。如同树根与枝叶，道是有效传播与沟通的根，技能是枝叶；在道上下功夫，根越深，枝叶越繁茂，花果才能结得大、结得多。如果只在枝叶上浇水，而忽视了根的滋养，枝叶花果很快会枯萎和败落。其技能也就成为花架子，终究不能取得理想的沟通效果。如果在给树根浇水的同时，懂得给枝叶剪枝、打岔，即妙用技能和技巧，就起到了锦上添花的作用，必将取得最佳的沟通与传播效果。

在有效传播与沟通的过程中，都需要哪些技能和技巧呢？我们首先看看有效传播与沟通过程中需要考虑的要素：

要想鼓励对方分享自己的思想和心中的疑虑，要想推动问题的解决，要想获得很好的沟通效果，离不开一个开放和相互尊重的交流环境。所以，营造一个相互支持的沟通氛围非常重要。

表 5－1 列举了不同的做法将产生互相支持或充满抵触的沟通氛围。

表 5－1　相互支持的行为与相互抵触的行为

相互支持的行为	相互抵触的行为
重视他人	§ 无所不知/自大的
保持开放态度	§ 头脑封闭
平等/谦卑（心态）	§ 高人一等
描述/客观/清楚/得体（语言及非语言符号）	§ 主观判断
关心他人的需求和感觉	§ 不关心他人的需求和感觉
果断而合作的态度	§ 被动或带侵略性
直接而得体	§ 掩饰或带攻击性
与他人合作，解决日后可能遇到的问题	为过去的问题指责他人
双向/意愿/反馈/提问	§ 单向
信息共享（表露）	§ 信息不公开（隐藏）
双赢	赢输或双输
涉及沟通与传播的技能：倾听、反馈、表达、提问	未涉及沟通与传播的技能

从表5－1中可以看出，在与他人沟通的过程中，选择相互支持的行为常常会营造一个开放、和谐而相互尊重的交流环境，所涉及的沟通与传播的技能主要有倾听、反馈、表达和提问等技能，相反，选择相互抵触的行为常常会阻碍或限制有效传播与沟通的进程。

第 14 章 人际传播沟通技能

14.1 倾　听

人际传播与沟通的技能不仅仅是个体与个体之间相互交流的技能，也普遍应用于不同的群体（小群体传播）和多种大众场合下的传播与沟通。人际传播沟通技能主要有倾听、反馈、表达和提问。

倾听，是我们很熟悉的词语，在日常生活中，只要耳朵没有生理障碍，人人都有倾听的能力，但并不能说人人都是有效的倾听者，也不能说人人都有很高的倾听水平。美国著名作家欧内斯特·米勒尔·海明威（Ernest Hemingway，1899～1961 年）曾讲过一句话："我喜欢倾听，我从倾听中得到许多东西，大多数人都不知去倾听。"根据您自己的个人经验，您觉得海明威的结论是不是正确呢？大多数人都不知道去倾听。笔者认为，海明威说的话有一定道理。

在现代成功学中，许多优秀的企业家，许多德高望重、有真才实学的人在总结自己成功的经验时，都谈到倾听的重要性。在教学中，笔者发现学习优秀的同学都比较善于倾听。也就是说，他能很快地理解你所说的话的内涵。而有的同学看上去很聪明，但是学习成绩总提不上去。仔细观察后发现，问题主要是不会倾听。跟他说话时，他好像在认真地倾听，其实他脑子里在想另外一些事。问他听明白了吗？他说明白了。可是等你看到他们的作业时，就知道他们并没有听明白你说的话。

前几年，美国一些公司曾致力于通过一些广告宣传来提醒人们倾听的重要性。在他们做的广告里，有诸如此类的口号："你真的听见了吗？""倾听不光是一种良好的处世哲学，而且对我们的未来至关重要。""如果我们没有教会别人如何去倾听，我们又怎么能期待别人能理解我们所说的话呢？……"

为什么他们会做这样的广告呢？倾听其实是一项困难的、错综复杂的技巧，和其他技能相比，倾听也需要进行培训和练习。

14.1.1 倾听的含义

有专家研究发现，平均来说，我们交流时间中的42% ~53%是用来倾听的，16% ~32%是在说话，15% ~17%是在阅读，只有9% ~14%是在写作。因此，我们花在倾听上的时间要比其他种类的交流形式多得多。

进入《财富》杂志评选的500强企业家大都认为，他们大约要花一天中60%的时间来倾听。我们一般花多长时间来倾听他人讲话呢？设想一下，假如我们在报告厅听一位名人做报告，您估计您的倾听能力怎么样？大多数人可能会认为自己倾听的准确度在70% ~80%。但是有学者告诉我们，人真正有效率倾听的比例只有25%。换句话说，我们在与他人沟通时，或者听课、听报告时，只有25%的信息有印象，而75%的信息基本没有进入大脑，或者说报告的大部分内容很快被忘记了。

尽管我们大多数人都有着多年的倾听经验，但是我们仍然会误听，或者经常会忽略倾听。我们都知道传话的游戏。从第一个人传递的信息，到最后一个人接收到的信息，最原始的信息已经走了样，中间传递信息的人越多，原信息越容易被歪曲。这是因为第二个人在接收信息的时候，常常喜欢将信息的意思简单化，但第三个人听到这个信息进行解码时，有可能赋予其新的理解含义，到最后一个听者所记住的信息，很可能是依据个人喜好选择的那部分信息。所以，在传播与沟通的过程中，学会倾听是非常重要的。

实际上，能够准确地倾听他人传递的信息是非常不容易的。要知道倾听与收听可不是一回事。大多数人天生就有听的能力，除非天生耳朵就没有听觉的功能。

收听是一个被动的生理过程，是人的感觉器官对声音的生理反应，只要耳朵的生理机能正常运转，都能听见。即使在我们睡觉时也能被强力的声音惊醒，但我们并不能控制它。

而倾听则是一个主要参与的过程。倾听虽然以听到声音为前提，但更重要的是对所听的声音有所反应。在这个过程中，倾听者要用精力来捕捉所听的含义，如思考、理解、解释、评价和反馈的一系列相互联系的生理和心理反应过程。在倾听时，不仅要接受、理解别人所说的话，同时也要接收、理解别人的手势、体态和面部表情等非言语符号所传达的信息。倾听者得到的不仅是信息，还包括讲话者的情感。

因此，倾听可以定义为：倾听者通过听觉、视觉和大脑接收讲话者思想、信息和情感的过程。倾听需要我们做出一番积极、有意义的努力，来理解和记忆我们收听到的信息。

更重要的是，我们是怎样的人，也影响到我们所倾听到的东西。一个有责任感、懂事理、有礼貌的人，一般会很认真地倾听对方的讲话。相反，一个很傲慢、很浮躁的人，一般都不会很好地倾听对方的讲话。所以，在传播与沟通的过程中，倾听不仅是影响沟通效果的重要因子，也是一项体现综合素质的重要技能。海明威曾感慨地说："两年学说话，一生学闭嘴。"

14.1.2 倾听的过程

研究者认为，倾听不只是一个外部的过程，还是一个内在的过程。一般有四步联系过程和五步阶梯过程。

1. **四步联系过程**

四步联系过程是指感知、选择、处理和解释（见图5－1）。

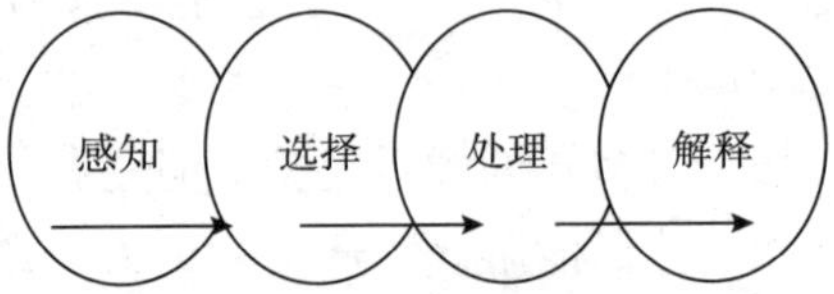

图5－1 倾听的联系

比如，我们在网上浏览新闻时，首先要感知一下今天的新闻标题，然后选择自己认为感兴趣的看和听，之后还会把自己对此信息的理解分享到朋友圈。如中共中央国务院印发《国家中长期人才发展规划纲要（2010—2020年）》，对此内容感兴趣的人，首先会关注这条新闻；其次可能会选择其中"人才流动配置机制"认真阅读或倾听；再次可能会将这部分内容记录下来；最后把这条信息发布或解释给关心这个问题的朋友。

感知、选择、处理、解释这四步活动，其实是一种瞬间所完成的程序。这个程序说明倾听和理解是联系在一起的。

也有的学者把这个过程说成五步阶梯。

2. **五步阶梯过程**[1]

把倾听的过程比喻为五步阶梯，分别是注意、察觉、解释、评价和反应（见图5－2）。

[1] 王德海．传播与沟通教程［M］．北京：中国农业大学出版社，2007：162－164.

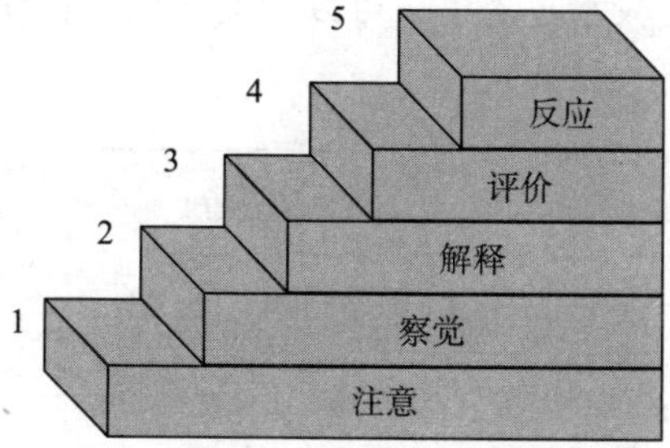

图 5－2　倾听的阶梯

当与他人谈话时，倾听者一般要经过五步阶梯。

第一步，注意是阶梯的底层，一般会集中精力倾听讲话内容。但注意力往往很容易分散，或只注意自己感兴趣的信息，或受外界信息干扰而走神儿。

第二步，倾听者常常受个人兴趣、过去经验、知识和技术水平的影响，对观察到的信息进行加工、选择和理解。

第三步，这一步是最容易产生误解的阶段，此时，倾听者往往把自己观察到的信息，主观地进行解读。所以很多倾听者对同一个信息来源，均有不同的理解和解释。

第四步，在解释之后，便开始对信息做出判断，评价其对我们的重要性。评价是否正确与个人的价值观、经验及信息的全面性有较大的关系。这种评价，也取决于我们是否相信某类讯息，同意某讲话者的观点等。没有经过专门训练的人，往往容易做出草率的评价。

第五步，这一步，是倾听者对讯息及信息发出者做出的反应，梯子的最后一步，只有到达这一步，做出反应以后，倾听过程才能完成。至此，当讲话者收到倾听者的反应时，便可以检查对方是否真正准确理解了其中的含义。

从这里我们也可以看出，每个人的倾听水平与效率是有差异的。

14.1.3　倾听的水平与效率

倾听是一个非常复杂的过程。如果想要有效率地倾听，一般需要花费多大的工夫呢？比如，当你在听你的导师讲述一个重要问题的时候，与你在听电脑里播放的最受欢迎的节目时相比，是不是前者会让你更加卖力气？

在很多方面，倾听和阅读有点类似。我们阅读某些材料的时候可能会非常小心仔细，而阅读另一些材料时则会迅速地跳过，只挑出那些自认为有价值的部分。还有一些材料，我们只需要看看标题与作者就知道值不值得深入阅读。如果信息对我们很重要，我们则会尽力去获取它。

为了培养出更为有效的倾听能力，学者们研究得出有四种不同水平的信息接收程度。从不同的接收水平入手，可以帮助我们评估作为一个倾听者的有效程度（见图5－3）。

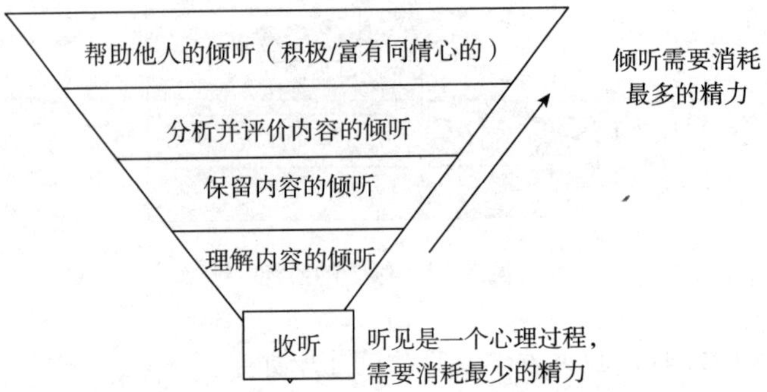

图5－3　倾听水平——精力投入程度

研究者认为，收听只需要最少的精力花费和投入程度。相反，为理解内容而倾听则需要多花一些精力。如果记忆或保留信息则需要花费更多的努力。进一步致力于分析和评价就更需要花费精力。如果是帮助他人的倾听，或是富有同情心的倾听，需要投入的精力最多。

不费力的倾听者通常会犯的一个毛病就是不能恰到好处地依据不同情况定出不同的倾听和投入水平。比如，在大型学术报告会上，我们很容易发现有学生开小差了。而且这些同学会后又常常坚定地说，某某要点我“从没有听到”。您遇到过这样的情况吗？比如，老师刚讲了什么是倾听，可能有的同学听明白了，可能有的同学几乎说不出来。为什么说不出来呢，因为刚才开小差了，注意力不够集中，总想着考试的时候再翻翻书，答个60分就行。有这样的想法，您一定不会成为一个有效率的倾听者。

虽然我们不能保证每时每刻都尽全力去倾听，但是，我们应当对无效率的倾听行为加以注意。

14.1.4　无效率的倾听行为

一般有以下几种：❶

1. 欺骗型的倾听者

欺骗型的倾听者是指假冒的倾听者。上课的时候，常有学生是假装在倾听。眼睛仿佛是在看着老师，有的时候常常表现出点头的动作，而且发出类似“嗯”或“啊”之类的声音，用来告诉别人他在认真听。但是，他的脑子里可

---

❶ 特里·K. 甘布尔，迈克尔·W. 甘布尔. 有效传播［M］. 熊婷婷，译. 北京：清华大学出版社，2005：152－154.

能正在想自己的私事，或是对讲话的人早已经厌倦。但是不好意思表现出来，假装在倾听。不论他们的动机是什么，其结果都是相似的——并没有任何倾听行为的发生，不知道讲话者说了什么。

2. 垄断型的倾听者

垄断型的倾听者希望你能倾听他们的讲话，但是他们却既没有时间也没有欲望来倾听你的讲话。他们常常以自我为中心，结果常常沉浸在自己的思路和想法里，不让你有被倾听的权利，但是却不惜任何代价要争取他们自己的表达权利。

日常生活中，是不是常常碰到这样的人，只允许他讲话，别人想插话却很难。一旦插入谈话，他会怎么样？你闭嘴，听我说。当别人说话时，他总是迫不及待地打断他人，不能耐心地听别人把话讲完，这种人就是垄断型的倾听者。

有学者研究，男性比女性更容易是垄断型的倾听者（据美国著名教育家和心理学家阿尔菲·科恩调查）。

3. 完成型的倾听者

完成型的倾听者是指填补空白者。他们在倾听时从未能获取整个信息。为了弥补丢失了的或者误解的部分，他们往往自己制造出一部分信息来填补空白。尽管看上去他们好像什么都知道了，但是其实他们总是只知其一，不知其二。

4. 选择型的倾听者

选择型的倾听者就像在花丛中寻蜜的蜜蜂。在倾听别人讲话时，他们只逗留在令他们感兴趣或是对他们特别重要的部分。这样的倾听者，常常会因眼里紧紧盯着蜜蜂的时候而错过了大片的鲜花。这样的人大部分都比较傲慢，认为别人讲的自己都懂，由于他的傲慢心起来了，所以很多很美丽的鲜花没能欣赏到，很容易漏掉话外之音。

5. 逃避型的倾听者

逃避型的倾听者的一个明显的特征是戴着耳罩。对于那些他们不愿意处理的信息，他们会关闭他们的耳朵。有时候他们会装作不理解你告诉他们的内容，或是假装根本没听见。有没有这样的倾听者？有，这样的人的特点是什么？以自我为中心，忽视他人的存在，不尊重对方。这样的人往往比较孤僻，或者不合群，不善于与他人沟通。

6. 防御型的倾听者

防御型的倾听者倾向于将他人的话看作是对自己的冒犯或者攻击。他们常常感到不安全。别人只不过问了一个简单的问题，他们便会发起反击。他们总是很容易在对方的评论里发现威胁的存在，但其实根本没有什么威胁。

这样的人防御心很强。当然，害人之心不可有，防人之心不可无。有防御之心，有安全意识没有什么不对，但是如果我们对他人的讲话总是带着一颗防御的心，去挑他人的话把儿，这样的倾听者，很容易错解对方讲话的意义。我们要知道，每个人讲话不一定都说得那么准确，即使是专家教授也有可能在即兴讲话时用词不当。如果我们不能以一颗尊敬他人、包容他人的心倾听他人的讲话，我们可能会误解他人讲话的内容。

7. 攻击型的倾听者

攻击型的倾听者在等待你犯错误或是走神，这样他们就能挑战你所说的内容。他们一直在等待时机，希望“储备弹药”以便削弱对方。他们也经常歪曲你的词句，从而达到他们个人的目标。他们并不是想努力理解你的意思来和你进行一场公平公开的讨论，只是要和你竞争，努力胜过你，或是争取在和你较量的时候占上风。

除此之外，可能还有一些其他类型的无效率的倾听者。总之，不理想的或无效的倾听往往表现为以下四种结果：①没有听见任何东西；②仅听见一部分内容；③听到了大部分内容，但信息不准确；④听到了又马上忘记了。

14.1.5 影响倾听的因素

1. 生理因素

生理上存在着先天的缺陷，可能是导致不能有效倾听的一个明显原因，比如听觉器官灵敏度的差异。另外，无论哪种语言，如果人们理解词句的速度快于讲述词句的速度或者相反，也是一种障碍。

2. 心理因素

主要指倾听者当时的心理压力、成见、兴趣等方面因素造成对有效倾听的影响。心理压力是指由各种不同的原因引起的烦恼、紧张、恐惧等，有这样的心理，一般听不进去别人的谈话。成见主要指倾听者本身对讲话者有看法，或认为讲话者言行不一，这样无形中造成了一种抵触情绪。兴趣则是指倾听者对讲话者本人或讲话内容的好恶，这对倾听效果也会带来影响。

3. 环境因素

人际沟通发生在一定的环境背景下，受时间、地点、特定情境的影响和制约很大。如果所处的环境不适合，或者干扰太多，噪音太强，则不会产生良好的效果。人神的倾听需要比较安静和适合沟通者心情的环境。环境包括自然的、人为的，色彩、音乐等都是一种非言语符号，同样起着传达信息的作用。在环境方面的障碍因素包括：噪音、温度、光线、距离等。

4. 倾听偏好和习惯

倾听偏好一般有四种：内容偏好、行为偏好、人的偏好、时间偏好。不良习惯：不愿接触较复杂困难的题目或者遇难而退；不善于控制倾听环境；伪装注意；一旦发现讲话者有一点点口齿不清或多一点语言噪音的伴随声，注意力便不能集中；随便打断讲话者；从听讲的开始至结束之后一言不发；没有倾听的表达；提前预想内容结果。

14.1.6　如何培养有效率倾听的能力

您有没有想与他人建立有意义关系的欲望，想不想提高自己的沟通能力，如果想，您一定希望自己成为有效率的倾听者或者反馈者。为此，培养有效率的倾听能力，一般需要从三方面入手。

首先，要意识到倾听的重要性和影响。其次，要意识到反馈的重要性和影响。最后，要意识到有效率的倾听包括不含判断的反应和批判性的反应两种。

倾听时，有的人喜欢运用批判性的倾听来帮助自己判断说话人的动机，并评估和分析所听到的内容。所谓批判性的倾听是指，在倾听时，最好问一些问题，来督促自己进行积极的思维。

比如：说话者的信息是否合理？这些信息的真实性高吗？说话人自己提供的证据是否支持了他（她）自己的观点？这个说话人的可信度或是权威度有多高？换句话说，这个说话人是否可以信赖，他（她）会是我可以相信的人吗？说话人的信息是否有自相矛盾、前后不符之处？

很明显，当带着批判性思维去思考别人对自己说的话的时候，你所要花费的精力远比仅仅收听那些词句要多得多。

14.1.7　提高倾听技巧的方法

如果您真的想提高自己的倾听能力，那就不能只做一次这些练习，然后把它们抛到一边，必须持之以恒。

1. **练习集中精力**

集中精力的练习是非常必要的，训练这种能力将是一个终生的事业。在任何状况下都应专注倾听他人传递的信息。要知道，尽管我们在努力地集中注意别人说的话，但是在我们的身边还会有许许多多的外部和内部的刺激物在不断地吸引我们的视线。所以我们必须努力排除这些不必要的干扰。

要想练习集中精力，最重要的一件事是应当处理好您的感情。厌恶、生气、快乐、悲伤和渴望等情感均会降低倾听的有效率，所以每天要保持好的心情。

第二件事，每天读诵《大学》或《心经》，帮助自己尽快安定下来。

“大学之道，在明明德，在亲民，在止于至善。知止而后有定，定而后能静，静而后能安，安而后能虑，虑而后能得。物有本末，事有终始，知所先后，则近道矣……”（《大学》）。

“观自在菩萨，行深般若波罗蜜多时，照见五蕴皆空，度一切苦厄。舍利子，色不异空，空不异色，色即是空，空即是色，受想行识，亦复如是。舍利子，是诸法空相，不生不灭，不垢不净，不增不减。是故空中无色，无受想行识，无眼耳鼻舌身意，无色声香味触法，无眼界，乃至无意识界。无无明，亦无无明尽，乃至无老死，亦无老死尽。无苦集灭道，无智亦无得。以无所得故，菩提萨埵，依般若波罗蜜多故，心无挂碍，无挂碍故，无有恐怖，远离颠倒梦想，究竟涅槃。三世诸佛，依般若波罗蜜多故，得阿耨多罗三藐三菩提。故知般若波罗蜜多，是大神咒，是大明咒，是无上咒，是无等等咒，能除一切苦，真实不虚。故说般若波罗蜜多咒，即说咒曰：揭谛揭谛，波罗揭谛，波罗僧揭谛，菩提萨婆诃”（《心经》）。

试想一下，在我们的生活周围有多少干扰您倾听的因素呢？物理因素的干扰，当您想集中精力倾听时，房屋突然变得冷了；人为因素的干扰，和您说话的人声音太大了或是太弱了，或者声音嘶哑等。您突然发现和您说话的人穿了一件很奇怪的外套，所以您目不转睛地盯着他看，反而没注意和那人的谈话内容。还有文化背景、职业、爱好等方面的差异因素，均可能影响您的倾听效果。

此外，还有谈话与思考的差异。如果和您谈话的人语速过快，当您重新将注意力放到谈话者身上的时候，您可能会发现你已经跟不上他的思维了。一般认为，人常常以每分钟 125～150 个单词的速度说话。但研究者发现，人可以以更快的速度思考——大约每分钟 500 个单词。这对倾听者来说意味着什么呢？这意味着，当您听别人讲话时，您可以开小差，甚至可以天马行空地沉睡在自己的世界里。所以，我们必须有意识地倾听。一边倾听，一边在心里总结和重复对方所说的内容，或是问问题，这样来让自己集中精力，这不是开小差。

练习聚精会神是一个需要长时间保持的活动。聪明的人会时不时地检查自己的注意力是否集中。积极的倾听者还会采用非语言的行为来支持他们的倾听活动。注意看讲话者的表情和动作。无效率的倾听者总是展示出较为被动的行为——他们不喜欢直面交流对象，他们的姿势是防御性的、紧张的，他们总是离他人远远的，不喜欢有眼神的交流。

现在的人为什么注意力很难集中呢？因为有了手机。信息技术的迅猛发展的确给我们的生活带来了种种便利，但是如果我们不能很好地利用它，就有可能造成我们与他人有效率传播与沟通的障碍。

2. 树立适当的目标

我们经常发现自己似乎在听，但其实并不真正了解我们在听什么。结果我们常常变得很疲倦，或是被激怒。为了培养自己有效率地倾听，则需要在倾听的过程中设立一个特定的目标。研究表明，当目标确定的时候，倾听的有效率程度也更高了。您一旦建立起这样的目标，就会问“为什么我现在要听这个”。

总体来说，倾听是为了理解、保留、分析和评估内容，并与他人建立有意义的关系。比如您在听一个关于计算机操作的讲座，目的是给您的公司选择一台合适的电脑，您的任务除了倾听、理解和记忆之外，还有分析和评价；如果您希望把学到的知识和技巧用来帮助同事和朋友，您还需带着同情心去认真倾听。同情心就是与朋友感同身受，您的朋友很想了解这方面的知识，但不巧的是没有机会到现场听，所以想到这里，您一定会很认真地代替他听，这样带着任务和目标倾听，或者说为了帮助他人而倾听，一定能够达到预期的目的。

3. 为了理解意义而倾听

为理解而进行的倾听主要是去听大意和中心概念。因为要记住别人所说的全部单词是不可能的，因此，我们应该努力学会抓住那些最重要的概念和要点。

曾担任美国克林顿政府时期的财政部长、花旗集团董事长的罗伯特·鲁宾描绘克林顿的领导力时说，好的领导者必须具备“作为一个听者所拥有的非凡技能”。克林顿在交谈时，能够讲述他人的观点，使那人感到克林顿不仅倾听而且理解了他的讲话。在人们与克林顿交流时，他们能够感受到自己成了被关注的中心。克林顿的倾听能力有一个特点，对听到的事情他总会做一些整理，克林顿会就某人在数日或几周前告诉他的事情发表评论，这些观点是他经过深思熟虑后做出的反应。

4. 为了记住信息而倾听

曾经为“美国经理人联系会”做过大量关于记忆研究的培训专家罗伯特曾说：“保持活力的艺术就是保持注意力的艺术。”如果您想记住所听到的东西，则必须首先学习如何集中注意力；接着，学习如何确定您理解到的东西。一旦您可以集中注意力倾听别人谈话的内容，同时还可以理解别人所说的话，那您便可以向更高的层次进发——为了记住信息而倾听。

在生活中，经常碰到这样的事情，当您被介绍给另一个人的时候，您是否曾经问自己，“天啊，他叫什么名字了？”您去外地旅游，导游刚说过在什么地方集合，您可能还会重复地问“刚才导游是怎么说的？”这是什么原因呢？可能是没注意倾听，也可能是记忆不好。这就需要我们经常练习自己的倾听能力和记忆能力。

5. 为了分析和评估内容而倾听

培养这种能力需要付出更大的努力。在您学习如何分析和评估信息的过程中，您将会理解如何在人际交谈中指出话语里所存在的谬误。

甲：你听说了吗？王小二因为贩卖毒品被警察抓走了。

乙：王小二？我不敢相信。警察一定是弄错了。他可不是那样的人。

在这段话里，乙马上就肯定地做出结论。他并没有好好分析别人给出的信息，而是根据他之前的经历和了解的情况做出反应。那么，乙应该如何反应才是对的呢？是不是他同意警察逮捕王小二就是对的反应？也不是。我们认为，乙应该询问警察获得了什么证据，指证王小二有罪，而甲又为自己提供了什么样的证据来替自己辩护。有效率的倾听者不会让他们的结论轻易就冒出来，相反，他们会等到有理有据的时候才会做出判断。换句话说，他们对事情的了解已经比较全面的时候才肯做出评估。

6. **带着感情积极地倾听**

“带着感情积极地倾听”这个词汇是由精神治疗医师卡尔·罗杰斯推广的。他认为倾听可以用来帮助人们了解他们所处的环境和所面对的问题。当您积极地、带着感情倾听的时候，您所做的不仅仅是被动地吸收他人发送的词语，您还要体味说话人的感情，尽量和他们感同身受，并且通过对方的眼睛看出对方的心思。

（1）没有感情的倾听。

甲：我想告诉你一些事。乙：我在听。甲：我快死了。乙：听见这我真难过。

甲：我变得越来越老了。乙：哦，这真可怕。甲：是的，我想你早就该知道。

乙：当然当然。对不起。保持联络。甲：我会的。你也是。乙：让我知道你的近况。

甲：当然，虽然新情况也不多。乙：好，好的。甲：你也是。乙：慢走。甲：你也是。

您是不是也经常带着“我在听”的假面具，频频点头表示同意，还不时地发出“嗯”或“我明白”的词句，但实际上自己的思绪早就已经跑到十万八千里以外了？

（2）积极的、赋予感情的倾听。

甲：我简直要被我妈弄疯了。

乙：如果我没理解错的话，你说你妈妈正在给你制造麻烦。对吗？

甲：我的老板真的想要解雇我。

乙：如果我理解正确的话，你是说你觉得你的老板想让他人取代你。是吗？

这样的对话可以传递这样一个信息：听者正站在说话人的角度为他们着想。这种换词式的解释是很有效果的，您可以按照以下三个步骤去做：

第一，做一个试探性的欢迎大家纠正的开头，比如，“如果我没弄错的话……”。

第二，用您自己的语言重复对方所说的大意。

第三，与他人核实您说的是否正确，比如，“这种说法对吗？”

通过这样重复地发送信息，至少可达到两个目的。一是让其他人知道他对他们的问题有足够的关心。二是如果说话者的信息没有被听话者准确地理解，他们也给自己保留了一个马上按照原义修正或修改信息的机会。例如：

甲：我马上就要辞职不干了。

乙：你明天就要辞职了？

甲：哦，没那么快！但是大约会在几个星期内。

积极的、富有感情的倾听者是不做判断的；他们只是用自己的语言来表述、思索他们对信息发送者的意思的印象。

研究表明，倾听家庭故事以及回忆往昔岁月，能让病人在身体上和精神上更快地康复。倾听那些温暖的、积极的和能够勾起人回忆的故事，能够平缓心情，并且让人感到一切良好。

可见，倾听是一种慈悲，是一种品德，真诚地倾听胜过道德说教。

人人都希望被了解，也常常会急于表达自己，却疏于倾听。

一般人聆听的目的是做出最妥当的反应，并不是想了解对方。因为我们总以为周围的人都跟自己一样，以己之心度人之腹。

“噢，我完全了解你的感受，我也有过类似的经历，是这样的……”这类语句经常出现在日常交谈中，我们总以本身的经验来解释别人的行为，用自身的体验代替他人的感受。当别人不能认同时，便责怪他人“不可理喻”“令人费解”。

有位先生曾抱怨他的一位好友："真搞不懂他是怎么想的，别人的话他从来听不进去。"

我问："您是说，因为您试着去说服他，他并不听从您的，所以他令您费解?"

他默然，若有所悟。

我进一步问："难道要了解一个人，不是您听他说，而是他听您说?"

他愣了一下，恍然大悟。

我们与他人交流与沟通，重要的不是我们说什么，而是倾听他人的谈话。

7. *设身处地的倾听*

设身处地的倾听，透过言谈明了一个人的观念、感受他人的内心世界，出发点是了解他人，而非为了反应和应付。设身处地的倾听和同情的倾听有一些差别，同情掺杂了价值判断与认同。人际交往的确需要多一份同情，但却易养成对方的依赖性。设身处地也不等于赞同，而是指深入另一个个体的感情与理智世界。设身处地的倾听不只是去解读对方的语句，一个人说话时的语调与声音、表情与手势也包含着许多重要信息。了解式的倾听，不仅要用眼去观察，还要用心去体会。

一天半夜里，一位女士突然接到了一位很久都不曾联系过的表妹的电话。"怎么办?"电话中，表妹的声音紧张而焦虑。身为独生女的她从小与表妹一起长大，两人关系亲密无间，突然听说表妹因急病住院，病因不明，伤心至极。这位女士知道表妹一定很受打击，然而那时她却手足无措地不知如何安慰她，只是听表妹在电话中诉说……

两天后，表妹来电话了："我的病情已完全得到控制。"最后她对表姐说："谢谢您在我最需要支持的时候听我发泄，听我哭……"

这个女士茫然地笑了，那时她只是一时嘴拙不知如何回答而已，无意中，这个女士竟扮演了一个倾听者的角色。可见，能够保持着慈悲之心去倾听他人讲话，而且表现又是值得认可的，那么，只需很短的时间，您就有可能使对方的心灵得到安慰，从而使他摆脱痛苦。

8. *为帮助他人而倾听*

在您与他人交往的整个过程中，如果常常想着帮助别人，所扮演的角色虽是一个慈悲的倾听者，但实际上，您也得到了好处，可能学到了不少的人生经验；同时您也会体会到，帮助一个人解脱痛苦是一件很重要的事情，也是很快乐的事情。

换位设想一下，当我们需要别人倾听我们的痛苦时，有一个朋友能这样耐心地倾听，听我们痛哭；在不知不觉中，我们的内心会慢慢地趋于平静，最终走出痛苦。此时我们的心会怎么样？得到慰藉，这就是倾听的力量。

有时候，我们会惊喜地发现，倾听也是一种关怀，是一种默默的支持与力量，倾听可以治愈自己内心的痛苦。倾听不需要太多的技巧，只需要一些耐心，一些爱心，足够让你不会对唠叨厌烦，不会对啜泣反感。

学会在倾听中去体谅、去理解、去安慰，用一种无须语言的方式让您所爱所珍惜的人感受到支持、感受到关心吧！

如果您需要一个倾听者，不妨让自己先去倾听别人心中的声音，分担别人的痛苦。当他人怀着感恩和爱心与您交流时，您可能会发现倾听的力量如此之大。所以有学者认为，倾听是一种品德。一般认为，善于倾听的人身上有一种善良的天性和善解人意的特质，这种力量常常超出你对别人的道德说教。

生活中有很多这样的例子。你的一个朋友正在向你倾诉，很可能他（她）说的事情是完全与你无关的，是你不关心或不感兴趣的，但你绝不能表现得不耐烦，你应当进入角色，而你的角色就是“倾听”，这也是考验你们之间友情的时刻，如果你的心里真的有这位朋友，无论他说什么，你都应该是乐于聆听的。

因为，当我们在意某个人的时候，我们自然会进入他的生活，他的事也变成了我们的事，他的烦恼也变成了我们的烦恼，他的痛苦也就是我们的痛苦。这时候，对于这位朋友，我们会很自然地抱以同情和关注，这就是一种慈悲，只不过，由于朋友的情谊，我们不会明显地感到自己是在付出。

倾听是一种能力，是一种慈悲，是一种品德，是对您个人的注意力、记忆力、理解力、想象力、思考力的挑战和训练。因为倾听是一个逻辑的归纳、综合、演绎的过程，也因为倾听是一个情感投入的过程，所以倾听可以使您的心智越来越发达。

14.1.8 感悟

1. 学会有效的倾听

有学者总结，能够真正地听懂别人讲话一般有 5 个阶段。①听不懂（自以为是）；②听懂了（明白了倾听的重要性）；③认为自己最棒（有信心了，但是千万不要傲慢，听话能力可能会下降，或者停止不前了）；④希望别人提出批评指正（已经能够以谦卑的心去倾听了）；⑤能听出弦外之音。

2. 倾听是一种能力

每个人对信息内容的选择不一样，每个人的习惯和品格不一样，倾听的效果也是不一样的。应培养和锻炼自己的倾听能力。如建立一种目标，设身处地地倾听，为帮助他人而倾听，等等。

3. **倾听是一种慈悲，倾听也是一种关怀，是一种品德**

何谓慈悲？用爱心体会他人的需要，并给予他快乐称为慈；怜悯他人，同感其苦，并帮他拔除其苦称为悲。有慈悲心的人，自然会耐心地、平和地、认真地、有感情地倾听对方发牢骚或述说疾苦；相反，如果不懂得做人之道，仅从自己的角度考虑问题，虽然懂得一些倾听的技巧，甚至花言巧语，装出一副和颜悦色的样子，随着时间的推移，对方可能慢慢也会对您失去信任。所以要想取得有效沟通与传播的效果，不断培养自己的慈悲心和关爱他人的品德就显得更为重要。

14.2 反　馈

反馈是有效率倾听的先决条件。反馈的过程与倾听的过程紧密相连。学会了倾听，还应学习如何提高自己的反馈能力。提高反馈能力也是提高有效传播与沟通能力的技能之一。

14.2.1 什么是反馈

反馈是指一个人自觉或不自觉地对他人的传播做出反应，从而发出语言或非语言信息。

作为一个学生，总是在持续不断地向自己的老师提供反馈信息。如果您露出“我很感兴趣”的表情，频频微笑着点头，以表示您明白和同意老师的意见，很可能老师就不再讲下去了。如果您露出迷茫迷惑的表情，老师或许便会更卖力地寻找能够清楚表达概念或公式的方法，或是举出更加有意思的例子。

如何向讲话者提供恰当的反馈信息，关系着两者之间沟通与交流的效果。

14.2.2 反馈的种类

反馈一般可分为以下几种类型。

1. **可评价型反馈**

可评价型反馈是指我们对某事物的态度。其本身既可以是积极和奖励型的，也可以是消极和批判型的。

（1）积极的可评价反馈。

积极的可评价反馈会使得传播以及传播之后的行为按照既定方向持续地走下去。如果一家公司做了一个广告之后获得了惊人的销售增长，大众都反映这家公司产品质量好，讲信誉，那么，这家公司往往会倾向于继续在同一家或类似的媒体上做同样或类似的广告。

在当今这个快速变化的时代，提出真正有相关性的问题也是一种积极的反馈，这是一种智慧。比尔·盖茨在回答记者访问时这样定义智力：“聪明就是吸收、掌握新信息的能力，就是进入一种状况，让别人介绍情况，然后马上提问‘这方面怎么样’，一针见血地提出问题；就是进行即时的吸收；就是马上记在心中的能力；就是要联想到貌似无联系实际有联系的领域。”积极的反馈不仅仅是赞同对方的观点，有时充满好奇地提出对方关心的问题，也是很重要的，这对传播与沟通的效果有积极的影响作用。

（2）消极的可评价反馈。

消极的反馈一般是指对说话者的言行中流露出不赞同或反对意见。比如，在你思考问题或者工作时，你的孩子不停地在你身边玩耍，你可能忍不住地说：“孩子，你安静会儿好吗？”或“让我一个人待会儿！”或“你别烦我好不好”，等等。这些反馈令人感觉不舒服，可能会使双方的交流与沟通出现停滞，或者双方都失去了自我控制，最后不欢而散。当然，在日常生活中，有的时候，我们免不了要说一些消极反馈的话，比如“我告诉过你不要那样做”或“今天你又迟到了”。这种反馈仅仅告诉人们不该做什么。这种消极的反馈一般是出于提醒，告诫对方做事要谨慎，这种消极反馈可能会使对方更加谨慎从事。

总之，您提供的反馈意见越具体，人们越能了解您赞成什么，不赞成什么。他们就知道是应该继续做下去，还是应该停下来。需要注意的是，不要添加解释或“标签”。“懒惰”或“态度不好”不仅是一组贬义的、具有否定意义的词汇，而且在交流中使用像这类“标签”式的评价会使交流处于危险的境地。比如“我从未发现你在完成了你的工作后去帮助别人”“你抽烟抽得太凶了，太不讲公德了”“你走得太慢，你的脚好像粘在地板上了”。如果使用消极的反馈，不使双方的情绪受到影响，而提供的是使人们改进的方法，这自然是可以的；如果使用消极的反馈，伤害了对方的自尊心，则可能会导致双方不愿意再交流下去。

作为传播者，如果发现对方的反馈比较消极，这个时候讲话方也应马上反省一下，是不是我们的讲话针对性不强，不能引起对方的兴趣，或者不小心伤害了对方。如果是这样，我们也应当马上修正或者改变自己的表现。

（3）塑造型的反馈。

塑造型的反馈是一种特殊的反馈。工业心理学家当·托斯迪（Don Tosti）曾定时地使用一些积极反馈，从而得到一些有趣的结果。托斯迪发现，在学习过程中，当一个人做出大家希望的行为时，最好马上给予其积极的反馈。比如“你干得太棒了！”“加油！”等，这样的反馈常常会给人带来一种骄傲和愉悦的感觉。相反，在特定时刻，当对方做出不受欢迎的举动之前，应暂缓发送消极的反馈，等到您能提出建设性意见时您再发送，可能会得到较好的沟通效果。比如，您家孩子不小心把家里的花瓶打碎了，您暂时不要发出消极的反馈，等到恰当的时候告诉他：你到别人家的时候，要小心一点，尽量不要再犯同样的错。这样的反馈作用相当于培训而非简单的批评，孩子一般比较容易接受；如果您发送了消极的可评价反馈，可能就会伤了孩子的自信心。事实上，塑造型的反馈还可以被当作提高您的表达水平的助推器，也可以当作助长对方士气的好方法。托斯迪发现，这种反馈对传播与沟通的过程来说有深远的意义。

你们在生活中也可以试着这样做，比较一下效果。比如，把“你必须这样做”或“那太愚蠢了”改为“在我看来，是不是这样做更好一点呢”“我的想法是”，这样做是不是常常会创造出更让人舒服、更让人接受的沟通环境。

也就是说，当我们给予反馈意见时，目的是鼓励和激励人们的良好行动。系统地陈述自己的反馈意见：“您是不是可以考虑这样做……”“无论发生什么情况我都认为你能找到应对的方法”“你办事，我放心……”让人们感觉可以自由地接受或拒绝你的反馈。

使用什么型的反馈是要看对象的，有的人适合给予积极的反馈，有的人适合给予消极的反馈，有的人两种都需要。客观的、有针对性的反馈内容，有助于人们看到真实的自我。

总之，我们所提供的反馈意见应该是让对方能够实施的，如果人们不能够实施，无论我们的反馈意见具有多么积极的意义，仍然是毫无意义的。

2. 非评价型反馈

是无指向型的反馈，不说消极评价反馈，也不说积极评价反馈，而是描述、询问他人所说的内容，或表示对此内容感兴趣。比如，你的孩子在这次中考中失误了，你不要说“我就知道你考不好，让你学习你不学习，就知道玩……”如果换一种说法，“我知道你很难受，我觉得你肯定能找到一个解决问题的方法”，发出类似这样理解性的反馈，或者发出调查型的反馈“你觉得为什么会出现这样的结果呢”“你分析这次考试失误的原因了吗”，这样说是不是可以给对方一个宣泄的机会，然后坐下来一起分析分析原因，可能你们之间的关系又会进一步，而不会产生敌意。

非评价型反馈可分为调查、理解、支持和“我”信息。

（1）调查型反馈是一种非评价型的技巧，我们通过向他人询问比较多的问题来慢慢将实情引出，并且向对方表示我们很有兴趣倾听对方的问题。

（2）理解型反馈，当我们表示理解的时候，我们是在努力弄清楚对方正在对我们说什么，并且重复我们听到的内容以核对是否符合对方的心意。这种重复表明我们对他人以及他人面临的问题十分关心。比如：

甲：我觉得我的表现太差了，肯定选不上了。
乙：你真觉得你没实力在今年入围吗？
甲：我真羡慕那些人。
乙：你的意思是你很羡慕那一组人吗？

这种反馈会使得双方关系加强，因为它会鼓励其他人向我们具体描述他们的感受。通过表示对他人的感觉非常敏感，真的非常乐意倾听，实际上是我们给他人提供了支持。其实，理解性的反馈也是一种感知。

禅宗曾提出过一个问题："若林中树倒时无人听见，会有声响吗？"答曰："没有。"树倒了，确实会产生声波，但除非有人感知到了，否则，没有声响。沟通只在有接受者时才会发生。

与他人说话时必须依据对方的经验。如果一个经理人和一个半文盲员工交谈，他必须用对方熟悉的语言，否则结果可想而知。谈话时试图向对方解释自己常用的专门用语并无益处，因为这些用语已超出了他们的感知能力。接受者的认知取决于他的教育背景、过去的经历以及他的情绪。如果沟通者没有意识到这些问题，沟通将会是无效的。另外，晦涩的语句意味着杂乱的思路，所以，需要修正的不是语句，而是语句背后想要表达的看法。有效的沟通取决于接受者如何去理解对方。例如经理告诉他的助手："请尽快处理这件事，好吗？"助手会根据老板的语气、表达方式和身体语言来判断，这究竟是命令还是请求。有学者说："人无法只靠一句话来沟通，总是得靠整个人来沟通。"

所以，理解性的反馈也是一种感知。感知到对方的心理，我们才能更好地去理解对方讲话的意义。

（3）支持性反馈。这种支持性反馈表示他人认为特别重要的一个问题，在您看来也是同样重要的。比如对待病人，发表支持性的反馈信息，最好的方法就是倾听，同时多询问病人的情况，表明你很关心他。

（4）使用"我"信息。与人沟通时，最好要发送"我"字头的信息，而不要使用"你"字头的信息。这个术语是托马斯·高登首创的。当我们在发送"我"信息时，我们并不对他人的行为做出什么判断，而是仅仅简单表达我们对他人的感觉。

比如："你烦死我了，你真让我生气"，孩子对此的解释可能是"我是个坏孩子"，这样的解释可能会引发一系列针对家长的敌对性、防御性态度，如果把这里面的"你"用"我"来代替："我实在太累了，我现在不想和你玩了”，那么孩子的反应可能就是“妈妈真的累了”。这样做的结果更容易让孩子去思考大人的话，并向着父母希望的那样去做。再如：

主管对工人：你们这些懒汉！你们再不快点干活我们就怎么也不可能按时交货了。

主管对工人：恐怕如果我们再不加快进度，我们就不能按时完成，这样公司就会损失很多钱。

很明显，与第一句相比，第二句比较好，不容易造成相互之间的敌意。

还有一种“零反馈”。假设有一个人正在跟你讲一个有意思的故事。如果你打算既不微笑，更不大笑，只是很有礼貌地看着这个人，那会发生什么样的情况呢？这种反应可能会让最擅长讲故事的人也停止说话，认为听众对他的故事不感兴趣。这种反应基本上属于“零反馈”。

不论你做什么说什么，不论做得好坏，都不反馈。这种反馈所传递的信息是“不论你做什么都不重要”，他们对我们的讲话不感兴趣。这是让讲话者很头疼的地方，对方是不是在听我讲话，他为什么不愿意听我讲话，等等。相反，如果领导对员工的工作不能及时地肯定或批评，可能员工们也会认为领导对他们所做的事情不感兴趣，或认为他们的工作不重要。而员工则有可能会对所做的工作失去兴趣，从而不再尝试把工作做得更好，因而工作表现越来越差。

零反馈有时也会让对方觉得忽视了他们存在的价值。而有的时候，使用零反馈也会取得好的效果。对于总犯错误的人，如果什么样的反馈都用过了，效果都不好，在这种情况下可以进行冷处理，让对方也冷静地想一想，为什么没人理我了，自己错在了什么地方，从而给他们一个改过的机会。使用零反馈需要把握好尺度，太过了，冷战时间长了，双方的关系就彻底破裂了。如果使用得恰到好处，可能会使双方的关系得到改善。

可见，与他人沟通的时候，不仅要学会倾听，还需要提高自己的反馈能力，或者说沟通的技巧就是真正地倾听和充满好奇心地提问或者反馈。

什么时候使用积极的反馈，什么时候使用消极的反馈，什么时候使用非评价型反馈，什么时候使用零反馈，都是需要智慧的。从以上的反馈类型来看，比较有利于双方沟通的类型是哪种类型呢？这个问题留给大家去思索。

14.3 表 达

口语的表达能力在传播与沟通的过程中占有重要的位置。会不会表达，会不会说话，如何把自己的观点或想法客观地、清晰地、流畅地表达出来，对于沟通与传播的效果有很大的影响。

写文章讲究写作方式，在什么情况下使用记叙的手法，什么时候需要说明、议论、描写、抒情等手法，而且每一种手法都有具体的训练方法；怎么写好记叙文，怎么写说明文、议论文等，从中学一直学到大学，关于写作的问题好像总有探讨不完的话题。对于如何提高自己的口语表达能力的话题相比要少得多。那么，口语表达能力的培养需要从哪些方面入手呢？

在信息社会，口才越来越显示出它的巨大作用。与人交往，需要社交口才；与商家谈判，需要攻关口才；与国外官员谈判，需要外交口才；与学者交流，需要演讲口才；毕业后就业，需要求职口才；到事业单位或媒体部门工作，需要主持人的口才。

口才的作用，大到通过对话解决国际争端，小到个人求职应聘、排解纠纷。现如今，良好的口语表达能力已经成为人们衡量一个人综合素质强弱的重要指标之一，已经成为用人单位选拔人才的基本标准之一。口才的功用已经渗透到当代社会生活的各个领域。

一个善于言谈或口才好的人，一般具备敏锐的观察力、科学的思维能力，能够深刻地认识事物，准确地反映事实，并能够全面地分析事实，合乎逻辑地推理事实；一个口才好的人，一般也具有广博的知识和良好的口语表达技能。我们不否认，通过一定口语表达方法的训练，我们的口语表达能力会有一个飞跃性的提高，但是这个提高一定是建立在一定的文化素养、知识结构、心理素质和人格魅力的基础之上的。

有的同学可能会说了，我的知识结构不厚实，文化修养也不好，我们通过一些训练方法，能不能提高自己的口语表达能力？回答是肯定的。一年学说话，十年修品德。本书所讲的一些知识、技能或者道术，都是前人总结出来的经验，大家如果能够认真领会，并按照要求去实践，把所学的理论融入日常生活中，化为一种习惯，您的口语表达能力一定会有很大的提高。

学者们研究，一个人口才能力的提高一般要经历三个阶段。即“敢说话”“会说话”和“少说话”。

14.3.1 口才能力的提高一般要经历三个阶段

1.“敢说话”阶段

“敢说话”主要解决的是心理问题。要培养自己在陌生人面前或者是在大众面前“敢说话”的胆量，这个问题看起来不是个问题，但实际对于提高口才能力起着重要的作用，如果不能闯过这一关，我们的口语表达能力很难上一个台阶。

不过笔者发现，现今的孩子，特别是“90后”的学生，胆量都比较大，都比较喜欢在大众面前炫一炫，或者晒一晒自己的才华。但有的同学可能天生胆小，不爱讲话，或者因为自己的方言音重，口才不好而不敢说话，如何克服这种心理障碍，消除恐惧心理，确实要闯过敢说话的关口。

(1) 克服恐惧感，培养自信心。

被称为演讲家的卡耐基说：“大学里的调查显示，演说课中80%～90%的人都害怕当众说话，究其原因，主要是没有做充分的准备，害怕自己讲话出错。有的人是害怕出错后，引起别人笑话。”这一个不好意思，就把人们的很多才能掩盖住了；一个不好意思，就把很多机遇给错过了。应当怎么做呢?

首先，要抓住每一个能够展示自我的机会，大胆讲话，并争取获得成功的经验。有的人好像天生就胆小，但是只要有过一次成功演说的经验，当众说话就不再是一种痛苦。美国著名的心理学家，也是杰出的演讲家艾伯特·爱德华·威格恩说：“要克服当众说话那种地震天摇的恐惧感，最确切的方法之一，就是获取成功的经验做支持。”

他曾经讲述了自己的一段经历。他说，上中学的时候，老师让他起立做五分钟的演讲，他非常惊慌，慌得几乎说不出话；后来，老师让他过几天做好准备后再演讲，他背诵了他的讲演稿，可是到演讲的时候，一上台就头昏脑涨，脸颊发烧，只好跑到学校后面，把脸贴在冰凉的墙面上，好让脸色不再发红。

读大学的时候，他还是这样。有一次，他好不容易低头背下了一篇演讲词的开头，但是当他面朝听众的时候，脑袋里突然“嗡”地响了一下，然后就一片空白。后来，他又勉强挤出一句开场白，之后就再也说不出话来了。他只好向听众鞠躬，最后心情沉重地回到座位上。接着身后传来一阵震耳欲聋的笑声。当时，他真想以死来解脱自己，后来他就生了一场大病。

再后来，他大学毕业后，看到有一场政治运动在激烈地争执“自由银币铸造”的问题。一天，他在街上看到一本小册子，是赞同自由铸造银币的建议。他认为，这些人的承诺十分空洞，他十分愤怒。因此，他当了自己的手表作为路费，回到家乡印第安纳州，自告奋勇就“建立健全的货币制”发表演讲。听众席上不少是旧日的同学。他开始演讲时，又出现了大学演讲失败的一幕，所以又开始窒息、结巴、言辞不畅，眼看就要全军覆没了。好在当时的听众没有起哄，而是与他勉强地撑过了这一关。听众的鼓励使他继续说了下去，不知不觉竟说了半个钟头。这一小小的成功成为他日后演讲时勇气倍增的基础。

随后的几年里，他非常惊奇地发现，自己竟然把当众演讲当成了养家吃饭的行业。

爱德华认识到，要想克服当众说话那种灭顶之灾一般的恐惧感，最好的方法莫过于首先获得成功的经验，并以此不断地激励自己。

（2）做好充分的准备。

孔子说：“工欲善其事，必先利其器”（《论语·卫灵公》）。意思是说工匠想要使他的工作做好，一定要先让工具锋利，比喻要做好一件事，准备工作非常重要。

美国辉格党领袖、曾任美国国务卿的丹尼尔·韦伯斯特，也是著名的演讲家，他曾说过：“如果我不做好准备就出现在听众面前，就像是没有穿衣服一样。”这个比喻比较贴切。比如要参加一个会议，有一个演讲，这就需要预先将要讲的题目、内容、要表达的思想、概念用自己的意念汇集整理一下。然后，搜寻自己记忆最深、与自己人生关口有关的经验以及自己最有收益、感悟最深的故事，填充到准备的大纲里，到时自然地说出来，就可以了。思路清晰，才能表达清楚。不要逐字记忆演讲词，这样常常会显得死板、笨拙、生硬；而且演讲中，一旦忘了词特别影响现场效果。

思想明澈清晰的时候，言语就会像我们呼吸的空气，自然而然地流出来。另外，还可以在朋友面前预讲一遍。当演讲准备得有点眉目时，找一两个好朋友，请他们吃顿便饭，顺便给他们试讲一下。你的朋友或许还能给你提出很多你想不到的问题，再把这些内容充实到你的演讲稿中，有什么不好呢？

（3）树立成功的信念。

首先，要相信自己，我讲的这个问题十分有意义，相信自己传达的这个信息能够帮助听众，使他们听后受益。采用这种积极的心理暗示很重要。告诉自己能行，你会是成功的演讲者，听众会喜欢你的演讲，你也将受到他们的欢迎。

不要考虑可能会使你紧张的反面刺激。预先设想自己可能会犯一些语法错误，或讲到中途突然停顿。一旦出现这些问题，要马上把这些全部忘掉，把注意力放在下一个问题上。要为自己加油，为自己打气，我所讲的来自我的亲身体验，来自我对人生的看法。跟自己对话，告诉自己我比听众中任何一个人都更有资格来做这番演讲。心理学家认为，这种自我启发而产生的动机，即使是假装的，也能成为快速取得成果的最有效的刺激因素之一。

信心源于实力，实力源于勤奋，勤奋源于坚持。莎士比亚说：“千百万人之所以不能成功，是因为做事不能坚持到底。”

（4）要有良好的记忆力。

要想做到口语表达滔滔不绝，就要有丰富的知识、充分的材料作为基础。既要博览群书，还要博闻强记。记忆力也是需要苦练的。英国前首相丘吉尔被人誉为“天才演说家”。他的口才并非先天赋予的，而是苦练而成的。每次演讲前，他总是精心写好演讲稿，然后背熟，并对着镜子练习手势动作。只有勤学苦练，大量背诵，积累名篇佳作，不断丰富充实自己的“词库”，才能在口才现场旁征博引，信手拈来，得心应手，使你的表达大放异彩。

无数事实证明，即使害怕说话的人，也能成为一代说话大师，比如美国总统林肯、美国著名作家萧伯纳、美国口才大师卡耐基等，都曾经是害怕说话的人。但是，他们通过不断的练习，完全战胜了自己的恐惧心理，把这种不确定因素变为确定因素。

2. “会说话” 阶段

会说话，不仅仅是指“说话的技能”，更是指在品德的统领下，把握说话的艺术。巧言令色鲜矣仁。只说漂亮话的人，华而不实的人，不能算会说话。说出的话既能使大家接受，又能让大家信赖并尊崇，这才能称得上会说话。

应当怎样培养这种素质？有智者认为，要学好两种本领——做事让人感动，说话让人喜欢。怎样讲话才能得到大众的欢心？

春秋战国时代的大说客苏秦，最初到秦国游说秦惠王，没能成功，被弄得灰头土脸地回来了，妻子、嫂子、父母对他的表现很失望，但是苏秦不灰心，找出很多书，发明了“头悬梁、锥刺股”的学习方法。最后，依仗三寸不烂之舌，游说东方六国，身挂六国帅印，促成了合纵抗秦联盟。

从传播的技能来看，会说话还包括演讲能力和主持能力。

美国第16任总统林肯是世界闻名的大演说家，他的《葛底斯堡演说》已被铸成金字，放在牛津大学的图书馆，作为英语文字的典范。他的口才是怎么得来的？靠苦练得来的。据说，他年轻的时候经常徒步50千米，到一个法院里去听律师们的辩护词，看他们如何辩论，如何做手势，回到家后学着他们的样子演讲。为了练就一副好口才，提高演讲水平，他曾对着树、树桩、成行的玉米演讲过多次。

古希腊著名的演说家德摩斯梯尼，年轻时发音不清，说话气短，还有爱耸肩的毛病。他开始演讲的时候，非常不成功，甚至被观众哄下了台。但他并没有被失败和嘲笑打倒。他刻苦读书，虚心向著名的演员请教朗诵方法。为了克服口吃，他把小石子含在嘴里朗诵。为了克服气短的毛病，他故意一边攀登陡峭的山坡，一边不停地吟诗；为了改掉耸肩的毛病，他每次练习演讲时，都在两个肩膀上方挂两把剑，剑尖儿正对着自己的双肩，迫使自己改掉不必要的动作。他还剃了阴阳头，以便不外出游走，安心在家对着镜子练习演讲。经过这些努力，他终于成为一名举世闻名的大演讲家。

著名体育节目主持人宋世雄，他的口才是众所周知的，可是他小时候曾经被父母怀疑是哑巴。5岁前，他一直不会讲话。这大概也是他练口才的动力。中学时，他就经常练习“绕口令”，像“吃葡萄不吐葡萄皮儿”一练就是上百遍。当别人问他成功的经验时，他说：“基础表达能力应该随时注意锻炼，比如走进某个会场，便可以练习描述这个会场的场面，房间是什么样的，桌椅是怎样摆放的，与会人员的表情各是什么样的，等等。”有时常常跑到街头巷尾，望着过往的车辆、行人、街边的建筑，嘴里念念有词，有时很枯燥，但没有这个枯燥的过程是很难提高的。

场上一分钟，场下十年功。大家都知道，做好任何一件事，都需要刻苦练习，但是通过什么方法才能使自己的语言表达能力不断地提高呢?

“口才树”理论体系是由著名演讲与口才理论家与实践家文若河先生创立的培训体系。该体系来源于实践，在长期的口才实践经验积累基础上，借鉴国内外成功口才训练经验研发而成。该体系几乎囊括了口才训练的方方面面，业内专家称，这一体系的创立填补了目前国内口才培训界没有独立体系的空白。

第一模块：心理素质训练

敢说话阶段，克服恐惧的心理。

第二模块：口才表达基础训练

从用气、发声、字、句、情等方面进行一些训练。通过朗读、散文、成语、经典文章，进行音色、腔调、节奏的培养和体态语的运用。充分了解自己的声音特点，采用科学的方法改善声音，扬长避短，形成自己独特的音色。

第三模块：口才表达技巧训练

了解主持人的语用规则，体会语言的科学性、语言的审美性、语言的技巧性（语言的应对策略）；练习语言编码中的“文采”，不断使自己的有声语言表达更“精彩”；等等。

第四模块：口才思维训练

通过主题演说训练、话题讨论、辩论赛和节目主持等形式，训练我们的思维。

古代策士（辩士）晏婴、苏秦、张仪、纪晓岚、诸葛亮等均是著名的演讲家，他们的口才都是在与他人交往的过程中不断练成的。

第五模块：口才知识储备训练

通过朗读经典文章，增强我们的个人修养和文采。“未明湖畔修心性，大师身旁好读书”，读经典重在明理和反省自己的不足，不断培养责任心和判断事物的能力，是增强修养的好方式。用经典成语锤炼口才，用名言佳句打造口才，用俗语、歇后语丰富口才，用中外名人名言提升口才。

“取法于上，仅得为中，取法于中，故为其下”（唐太宗《帝范》卷四）。取法：效法。指效法于精湛、高超的学识、技艺等，常与“仅得其中”连用，意思是效法上等的，也只能得到中等的，即做事要用高标准、严要求。跟着一流的、最高的标准学，你只能学出中等水平，跟着中等的标准学，只能学得下等水平。

语言表达有没有高标准？关于语言的标准问题，从古到今都有人论述，我国伟大的教育家、思想家孔老夫子在2500年前就有过精辟论述。孔子的教学中，四门科目“德行、言语、政事、文学”里“德行”摆在第一，是做人的基础，好比树根；“言语”排在第二，好比树干；政事、文学好比枝叶和花朵。

孔子认为，四门科目有必然的、内在的联系，不可分割。言语、政事、文学均以德为本。实践德的思想则要靠言语、政事、文学来完成，四者相互依存，相互影响，但同时又相互独立。“有德者必有言，有言者不必有德”（《论语·宪问》）。好德，一定有好言，有道德的人一定有美好的语言留下来；有美好的语言，不一定有好的道德。

在言与德的关系上，孔子重视言，但更看重德。孔子说过这样三句话：第一句，“巧言乱德，小不忍则乱大谋”（《论语·卫灵公》）。花言巧语能败坏德行，小事不能忍耐就会败坏大事情。是说一个人即使话说得很动听，如果不切实际，搬弄是非，这样的言行不一者，其道德品质一定很恶劣。第二句，“乡愿，德之贼也”（《论语·阳货），专指外貌忠厚老实，讨人喜欢，实际上却不能区分善恶、好坏、是非的好好先生。孔子认为这样的人败坏了道德。第三句，“道听而途说，德之弃也”（《论语·阳货》）。意思是说，路上听来便在路上传播，这是有道德的人应该抛弃的。对于没有根据的话，是不能随便传播的；如果随便传播，这是没有道德的行为。

从传播与沟通的角度来说，孔子对于如何说话给我们指明了方向，说漂亮话的人，没有是非观的人，随便传言的人都属不道德。语言的表达要以德来规范和统领。言语的表达要服从于德。

（1）语言表达标准有：“言”要“得体”；“言”要合“礼”；“言”要合“仁”。

具体体现在以下几方面。

1）“言”要“得体”（用语规范，准确贴切）：读过论语的人都知道，孔子教学、游说列国、宣讲仁政的主张时，都要求用雅言。雅者，正也。雅言即准确规范的话，也就是当时的普通话。

传媒大学的张松等教授把用语规范准确贴切归纳为以下5个方面：

① 无差错标准：字音、词汇、语法、语流及知识、常识、观点、论点等，不允许出现差错，一旦发生应立即改正。不坚持这一点，在语言文化、思想政治等方面就会发生导向性错误或偏差。

② 明晰性标准：字字珠玑，语语中的。语意、章句、思路、逻辑、感情、态度、目的、对象、政策分寸、描写论述、引文用典等，必须清清楚楚、明明白白。表达上要坚持快而不乱、慢而不断，不含糊、不模棱两可。“语言这东西，不是随便可以学好的，非下苦功不可”（毛泽东语）。

③ 真诚性标准：认认真真，实实在在，不敷衍，不做作，不故作多情，不故弄玄虚，不妄自尊大，不媚态百出。一言一行都对受众负责，都发自肺腑，都全力而为。巧言令色，鲜亦仁。花言巧语，装出和颜悦色的样子，这种人的仁心就很少了。

④ 适应性标准：适应广播、电视，适应节目、栏目，适应语体、风格，适应听众、观众。不脱离规定情境，不脱离语言样式，不脱离自在身份，不脱离受众期待。要准确定位，要一专多能，要随遇而安，要随机应变。不可一味追求个性，一心实现自我；不可模糊主体意识，忘记创作理想。这适应性，当然是主动积极的，不是被动消极的。要准确理解和把握适应性的双向互动内涵。

⑤ 审美性标准：从用气发声、吐字归音，到表达技巧、艺术处理，都必须进行审美观照，竭力避免粗俗、低俗、庸俗、世俗，全力进入音美、意美、情美、形美的审美视域，不以“质朴”失美，不以“华丽”害美。传播者是美的使者，心灵美才会语言美、仪态美。

2）“言”要合“礼”（适切语境，得体适度）：

① 讲话要看对象，看场合，看语境。

礼者，序也。礼字，有法则的意思，有秩序的意思。任何事物都有先后顺序，“物有本末，事有终始，知所先后则近道矣”（《大学》）。说话也一样，讲话要看对象，看场合，看语境。

“可与言而不与之言，失人；不可与言而与之言，失言”（《论语·卫灵公》）。不能说的言辞有五种，即病言、怨言、忧言、怒言、喜言。病言，是指有衰竭之气而精神不足的言辞；怨言，是指哀怨断肠而没有主见的言辞；忧言，是指关闭阻塞不能宣泄的言辞；怒言，是指草率决定而没有条理的语言；喜言，是指松散抓不住要领的语言。

一次，在公交车上看到这样一段对话：

车上并不拥挤但也不是很松快。一位五六十岁的老妇人站在一个座位旁边，座位上坐着一个十几岁的小女孩，老妇人的身旁站着一位美丽的妙龄少女。几站之后，小女孩准备下车了，就在她一起身的瞬间，妙龄女迅速将手中的皮包越过老妇人的肩膀放到了座位上面。老妇人边为她让开身，边平静地说：“别着急，等我挪一下。”抢到座位的妙龄女嘟囔着：“谁着急了？”妙龄女坐下后，发现老妇人总是看她，便有些不耐烦：“你总看我干什么？”“我在欣赏你的美丽。”老妇人仍然带着平静：“你很漂亮。”妙龄女白净的脸上泛起了红晕，但是表情中却流露出一种不耐烦。老妇人继续平静地说：“我下一站该下车了，这个座位原本就是你的。”妙龄女脸庞上红晕的面积愈加大了起来，但嘴上依然在撑着面子：“下就下呗。”老妇人的脸上泛起

了一丝笑意，依然平静而温和："姑娘，知道吗？有的时候一个座位很容易得到，但是做人却不那么容易了。"话语过后老妇人下了车，妙龄女的脸上写满了羞愧。

在生活中，人们常常因为一些琐事而发生争吵。双方为了各自的利益会用辩解、驳斥甚至怒骂来解决矛盾，但是结果却使冲突升级，导致双方结怨。车上的老妇人没有指责，没有抱怨，只是温和而平静地让妙龄女从中获得了一种教益。这就是"阳光"播撒的效应。其实人际传播就是这样的简单，而进行有效的传播与沟通则要看所使用的语言符号是否得当，只要找对了方法，沟通自然顺畅，所存在的问题也能友善地解决。

"夫言之术，与智者言，依于博；与博者言，依于辩；与辩者言，依于要；与贵者言，依于势；与富者言，依于豪；与贫者言，依于利；于贱者言，依于谦；于勇者言，依于敢；与愚者言，依于锐"（《鬼谷子》）。战国时期的道学家鬼谷子先生认为，与聪明人说话，要依于博大精深；与渊博的人说话，要依于逻辑思辨；与逻辑思维能力强的人说话，要依于简明扼要；与高贵者说话，要依于宏大的气势；与富人说话，要依于高雅；与穷人说话，要依于利益；与地位低下的人说话，要依于谦虚；与勇敢的人说话，要依于果敢；与有过失的人说话，要依于进取。这是鬼谷子的九大说话原则，它们至今仍闪烁着光辉。见什么人说什么话，也是传播与沟通的技能之一。

② 说话要因人而异，因地而异，因时而异。

话不投机半句多，言不合礼人不快。中国自古以来就有礼仪之邦的称号，与人交往时多用礼貌用语，包括肢体语言等均合乎礼仪才能给人留下深度交往的空间。

比如握手礼。主人、长辈、上司、女士主动伸出手后，客人、晚辈、下属、男士再相迎握手，是合乎礼。长辈与晚辈之间，长辈伸手后，晚辈才能伸手相握；上下级之间，上级伸手后，下级才能接握；主人与客人之间，主人宜主动伸手；男女之间，女方伸出手后，男方才能伸手相握；如果男性年长，是女性的父辈年龄，在一般的社交场合中仍以女性先伸手为主，除非男性已是祖辈年龄，或女性未成年，则男性先伸手是适宜的。但无论什么人，如果他忽略了握手礼的先后次序而已经伸了手，对方都应不迟疑地回握（见图5-4）。

握手的力量、姿势与时间的长短往往能够表现握手人对对方的不同礼节与态度，我们应该根据不同的场合以及对方的年龄、性格、地位等因素正确使用。握手的时间要恰当，长短要因人而异。握手时间控制的一般原则可根据双方的熟悉程度灵活掌握。初次见面握手时间不宜过长，以三秒钟为宜。切忌握住异性的手久久不松开，与同性握手的时间也不宜过长。

图5-4　社交场合的握手礼

注意：一定要用右手握手。被介绍之后，最好不要立即主动伸手。年轻者、职务低者被介绍给年长者、职务高者时，应根据年长者、职务高者的反应行事，即当年长者、职务高者用点头致意代替握手时，年轻者、职务低者也应随之点头致意。和女性握手，一般男士不要先伸手。

男士握手时应脱帽，切忌戴手套握手。

在任何情况下拒绝对方主动要求握手的举动都是无礼的，但手上有水或不干净时，应谢绝握手，同时必须解释并致歉。

站姿、坐姿如何都会给人留下很深的印象（见图5-5、图5-6、图5-7）。

图5-5　正确的站姿

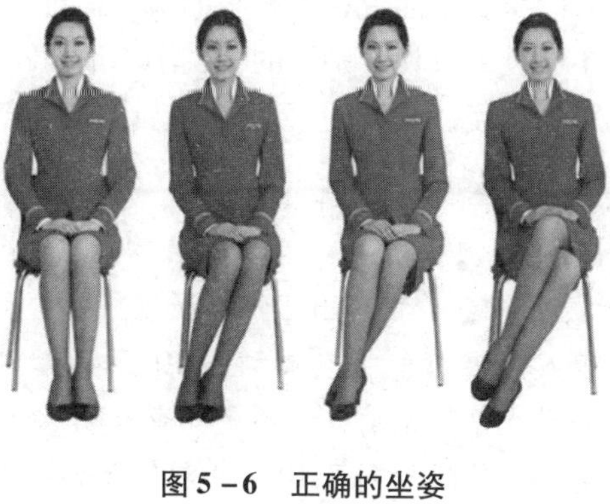

图5-6　正确的坐姿

图5-7　不雅的坐姿

肢体语言符合礼仪，的确能给人留下很深刻的印象，别人一接触到您就会感觉舒适，愿意与您交流。当然，我们外表看起来很帅，很漂亮，一出口，满口脏话，可能会影响双方的进一步交往。

进行语言交流时也要多用谦辞敬语。初次见面说“久仰”；好久不见说“久违”；请人批评说“指教”；求人原谅说“包涵”；求人帮忙说“劳驾”；麻烦别人说“打扰”；求给方便说“借光”；托人办事说“拜托”；未及远迎说“失迎”；等候客人说“恭候”；无暇陪客说“失陪”；陪伴朋友说“奉陪”；问人干嘛说“贵干”；问人姓氏说“贵姓”；贵宾来到说“莅临”；称人之家说“贵府”；平辈年龄问“贵庚”；交友结亲说“高攀”；求人解答用“请问”；请人指点用“赐教”；赞人见解说“高见”；称已见解说“拙见”；归还物品说“奉还”；需要考虑说“斟酌”。

3）“言”要合“仁”（主题明确，内容集中；思路清晰，连贯流畅；生动形象，蕴藉深邃；反应机敏，灵活应变）。

仁者，爱人，我们与他人交流时首先要想到，如何让别人在较短的时间里，听明白我们讲话的意图。因此讲话时，说话内容要切题，内容集中；思路清晰，连贯流畅；生动形象，避免表达含糊，避免歧义；讲话简要，要有条理。这也是对人尊重的表现。

说话的艺术具体表现在以下几方面：急事，慢慢地说；大事，清楚地说；小事，幽默对地说；没把握的事，谨慎地说；没发生的事，不要胡说；做不到的事，别乱说；伤害人的事，不能说；不开心的事，找对对象说；开心的事，看场合说；伤心的事，不要见人就说；别人的事，小心地说；自已的事，听听别人怎么说；尊长的事，多听少说；夫妻的事，商量着说；孩子们的事，开导着说。

这是发生在英国的一个真实故事。有位孤独的老人，无儿无女，又体弱多病。他决定搬到养老院去。老人宣布出售他漂亮的住宅。购买者闻讯蜂拥而至。住宅底价8万英镑，但人们很快就将它炒到了10万英镑。价钱还在不断攀升。老人深陷在沙发里，满目忧郁，是的，要不是健康状况不行，他是不会卖掉这栋陪他度过大半生的住宅的。价钱炒到了10万英镑，他仍然没有舍得卖出。

一个衣着朴素的青年来到老人面前，弯下腰，低声说："先生，我也好想买这栋住宅，可我只有1万英镑。可是，如果您把住宅卖给我，我保证会让您依旧生活在这里，和我一起喝茶、读报、散步，天天都快快乐乐的——相信我，我会用整颗心来照顾您！"

老人颔首微笑，把住宅以1万英镑的价钱卖给了他。

从这个案例中可以看出，言语表达的背后有道：完成梦想，不一定非得要冷酷地厮杀和欺诈，有时，只要你拥有一颗爱人之心就可以了。仁爱之心、利他之心即为道也。

妻子正在厨房炒菜。丈夫在她旁边一直唠叨不停："慢些。小心！火太大了。赶快把鱼翻过来。快铲起来，油放太多了！把豆腐整平一下。哎哟，锅子歪了！""请你住口！"妻子脱口而出，"我懂得怎样炒菜。""你当然懂，太太"，丈夫平静地答道："我只是要让你知道，我在开车时，你在旁边喋喋不休，我的感觉如何。"

讲话除了要注意场合，还要学会体谅他人。学会体谅他人并不困难，只要您愿意认真地站在对方的角度和立场看问题，即为智慧的沟通。

主题明确，内容集中：这实际上说的是"言之有物"。一个人巧舌如簧、滔滔不绝、口若悬河，算不算有口才？

有人问墨子："多说话有没有益处？"墨子回答说："青蛙、蛤蟆整天日夜不停地叫，叫得口干舌燥也没有人注意到它的存在。可是公鸡每天按时啼叫，一啼全天下人都知道是天亮了。"

如果一个人说话没有实际内容，虽然滔滔不绝，夸夸其谈，不能称其有口才，只能被认为胡吹乱侃，能说而已。

思路清晰，连贯流畅：语言要"言之有理""言之有序"。

看一个人有没有口才，主要看他说的话有没有道理。有的人说起话来句接一句，语速也很流畅，但是仔细听听，才知道他在胡说八道，满嘴放炮。

很多人讲话都有这个毛病，讲话条理不清、忽东忽西、一团乱麻。我们的口才虽然不能像圣人孔子、孟子、荀子、曾子那样"言满天下无口过"的水平，但是我们把自己的思想有条不紊地说明白说清楚总还是可以的。

生动形象，蕴藉深邃：说话要"言之有采"。

口才好的人说话除了有内容、有道理、有条理之外，还要鲜明生动，文采洋溢，富有艺术的魅力。

儒家主张，言要“有物、有序、有文采”。“我追求的风格是：纯朴恬淡，本色天然，外表平易，秀色内涵，形式似散，经营惨淡，有节奏性，有韵律感，似谱乐曲，往复回环，万勿率意，切忌颟顸”（季羡林：《赋得永久的悔》）。

增加语言编码中的文采，可从以下几方面入手：

其一，炼字。

下笔著文，不厌其烦，达到千锤百炼的程度，就是“炼字”。常用的锤炼词语的方法有：

◇ 熔铸新意

月亮是太阳的影子，记忆是昨天的影子。记忆牢牢地把昨天箍得半死！时间的薄膜痛苦地封存往事。

月光无声地溶解着人生的痛苦。饮酒，也饮下月光。月光在山溪里流淌，流成一曲瘦瘦的乡愁。

乌蒙山月什么都不像，又什么都像。它是母亲留给我的一面不能拭得太亮的镜子。我常看见她老人家在镜里抹泪。

——淡默《乌蒙山月》

◇ 词性活用

由于表情达意的需要，在特定的上下文里临时突破原有的词性和用法，叫词性活用。

但是河中眩晕着的灯光，纵横着的画舫，悠扬着的笛韵，夹着那吱吱的胡琴声，终于使我们认识绿如茵的秦淮水了。

（朱自清《桨声灯影里的秦淮河》）

那碰着岸边石块的叮叮，像是大路上车轮滚过的轮声；那急流的水声浪声，是在催促着农家开犁播种呵！

（刘湛秋《三月桃花水》）

◇ 化静为动

红杏枝头春意闹。

（北宋诗人宋祁《木兰花》）

我们已经走出树丛，现在是在被月光洗着的马路上了。

（巴金《苏堤》）

三月桃花水，是春天的明镜。它看见燕子飞过天空，翅膀裹着白云；它看见垂柳披上了长发，如雾似烟；它看见一群姑娘来到河边，水底立刻浮起一朵朵红莲，她们捧起了水，像抖落一片片花瓣；它看见村庄上空，很早很早，就袅袅升起了炊烟……

（刘湛秋《三月桃花水》）

其二，巧用比喻、讽喻、摹状等修辞手法。

惠子曰："夫说者固以其所知喻其所不知，而使人知之。"（刘向《说苑·善说篇》）大意是，惠子对梁惠王说："说话的人本来就是用人们已经知道的东西来说明人们所不知道的东西，从而使人们真正弄懂它。"善于使用比喻的修辞方法与他人沟通，常常会起到意想不到的效果。

波黑冲突就像一个久治不愈的病人，后来来了好多医生给病人会诊，但是病未见好转，人们却对医生们的处方和动机产生了怀疑，医生之间也产生了分歧和争论。

（水均益《医生们的困境》）

比喻可分为明喻、暗喻、借喻三种基本类型。

◇ 明喻：是最明显的比喻形式，本体、喻体和比喻词语都出现。比喻词如：像、如同、犹如、仿佛、像……一样、宛如……似的，等等。

"我的心猛然地跳了一下，像点着的焰火一样，从心灵深处喷出了感激的漫天灿烂的火花……。"

（冰心《樱花赞》）

葡萄都熟了，那一串串亮晶晶的淡绿色、紫红色、米黄色的葡萄，挂满了大街的两旁和上空，人在这大街上走着，就仿佛走进了一个琥珀和珍珠缀成的世界。

（峻青《秋色赋》）

◇ 暗喻：也叫隐语，不像明喻那么明显地打比方。比喻词常用是、变成、成为等。

我不配做一盏明灯，那么就让我做一块木柴吧。我愿意把我从太阳那里受到的热散出来，我愿意把自己烧得粉身碎骨给人间添一点温暖。

（巴金《朋友》）

◇ 借喻：本体和喻体都不出现，只出现喻体。在相似的基础上直接用喻体代替本体，更加强了二者的相似性。

再往下走几十级，瀑布就在我们上头，要抬头看了。这时候看见一幅奇景，好像天蒙蒙亮的晨光，正下急雨，千万枝银箭直射而下，天边留着几点残星。

（叶圣陶《记金华的两个岩洞》）

会说话阶段，还包括许多表达技能，如演讲、主持等，在后面的章节会详细介绍。了解语言表达的标准以及口才要经历的阶段固然重要，但更重要的是把这些标准变成行动，才能说基本具备了会说话的能力。这个阶段过后，自然会进入更高的会说话境界阶段——“少说话”。

3. “少说话”阶段

“少说话”阶段主要指具备很高的修养时，才能达到的境界。“少说话”不等于不说话，不会说话。说话的理想境界是恰如其分，以少胜多，谨言慎行；多听少说，从会说话到少说话，乃至到不说话，其实是很难做到的。特别是对于好说话、爱说话的人，不让他说话行吗。老百姓说的“沉默是金，口才是银”是有道理的。

在“少说话阶段”应掌握“开口说话的四原则”。

语言是与人交流的最佳工具，心灵是与人沟通的最佳场所。随着科学技术的发展，语言交流的形式也日趋多样化，但是，无论怎样变化，人们使用最多的应该还是说话和文字这两种语言方式。

由于各种媒体言论自由的逐渐放开，现在人们的讲话往往不太注意，形成我行我素、随心所欲的现象。其实，开口讲话是有原则的。首先从大的方面讲，正如孔子所说：“非礼勿言。”意思是说，凡是违背礼法的话都不说。因此，只要违背天理、人伦、法律、人情的话都不说。从细微的方面讲，应注意四个原则：

第一，能带给人信心。多说给别人信心的话，多说鼓励人的话，积极向上的话。首先自己要充满自信。自信源于实力。

第二，能带给人希望。当我们憧憬着心中所期望达到的某种目的或出现某种情况时，我们会感到未来的美好。同样，在我们与他人谈话时，要把自己对未来的美好希望传递给其他人，让人们也对自己的未来拥有希望，使自己的人生不迷茫，并获得幸福美好的人生。

例如，同样是小学三年级的学生，在作文中说他们将来的志愿是当小丑。有一位学生的老师斥之为："胸无大志，孺子不可教也！"另一位的老师则说："愿你把欢笑带给全世界！"（注：常用积极的思维看问题，才能说出鼓励人的话、激励人的话。）

第三，能带给人智慧。智慧是指有远见卓识和辨别是非的能力。在我们与别人讲话时，善于引经据典，善用圣贤智慧启迪别人的智慧，不失为利他又利己（提高个人口才）的一种方式。

第四，能带给人快乐。人们都喜欢听什么样的话？

其一，多说宽容的话。古人说："容人之过，才能得人之心。"意思是说，只有包容别人的过失，才能赢得别人的真心。其二，多说尊重的话。因为"人敬人高"。人与人之间相互尊敬，彼此都会变得高尚。同样，古人说："自重者然后人重之。"意思是说，只有注重自己的言行，然后别人才会重视我们的语言。古人还说："不自重者取辱。"意思是说：不注重自己的言行，就会自取其辱。其三，多说关怀的话。古人说："良言一句三冬暖，恶语一句六月寒。"意思是说，一句温暖人心的话，可以把冰冷的心变暖；一句伤害人心的话，可以把温暖的心变凉。

口语表达是一种言与德融合的艺术，是一种传情达意的技能。它不仅讲究内容，注重表达的方式，而且更注重德。"德者，本也""言为德之末节，德为言之根本"。

随处散播你的爱心，就从对您的家人开始，多一份关爱给您的孩子，您的另一半，然后您的邻居……。让每个接近您的人都有如沐春风的感觉。给别人一个关怀的眼神，一个灿烂的微笑，一个温暖的拥抱，为上帝的仁慈做见证。

案例　爱，创造出力量

25 年前，有位教社会学的大学教授，曾叫班上学生到巴尔的摩的贫民窟调查 200 名男孩的成长背景和生活环境，并对他们未来的发展做一评估，每个学生的结论都是"他毫无出头的机会"。

25 年后，另一位教授发现了这份研究，他让学生做后续调查，看昔日这些男孩今天是何状况。结果根据调查，除了有 20 名男孩搬离或过世，剩下的 180 名中有 176 名成就非凡，其中担任律师、医生或商人的比比皆是。

这位教授在惊讶之余，决定深入调查此事。他拜访了当年曾受评估的年轻人，跟他们请教同一个问题："你今日会成功的最大原因是什么？"结果他们都不约而同地回答："因为我遇到了一位好老师。"

这位老师目前仍健在，虽然年迈，但还是耳聪目明。教授找到她后，问她到底有何绝招，能让这些在贫民窟长大的孩子个个出人头地？这位老太太眼中闪着慈祥的光芒，嘴角带着微笑回答道："其实也没什么，我爱这些孩子。"

14.4 提 问

提问是有效传播与沟通中必不可少的一个重要环节。它关系到双方的沟通是否可以更持久，也关系到最终的沟通效果。我们经常听到大学生们讲述他们第一次求职时面试的情景。有一个学生说，面试时某公司经理首先让他介绍一下为什么要到他们公司应聘，他满怀信心地把自己准备好的资料讲得绘声绘色，还讲了很多自己对公司的展望和思考等。他心想，自己所讲的一定能给公司留下深刻的印象，并能当场拍板录用他。可是，当他情绪激昂地演讲完之后，换来的却是一片沉寂。其中一个高管看了看手表，然后站起身说："好，谢谢你！我得去参加另一个会议了。"这场面试就结束了。

他一直不知道为什么自己这么优秀而很多大公司却没有录用他。直到他后来到另外一家小公司上班后，在工作中结识了一位业内资深人士。在与这位智者交往的两年中，他才发现，自己与客户沟通时忽视了一个最大的问题，就是不会提问。他发现，这位智者与客户交流时，有一个特点除了问客户问题，就是倾听客户谈话。他们交流时，总看到这位智者一会儿点点头，一会儿微笑一下，一会儿再反问客户一个问题："您具体想了解哪方面的情况呢？"客户说出想了解什么问题后，这位智者的回答很简单，几句话客户就满意地决定与这位智者签订合同了。

提问究竟有什么学问？提问有技巧吗？提问的艺术和智慧体现在什么地方？怎样提问有利于提高沟通与传播的效果？

14.4.1 提问的方式

提问的方式一般由问题的种类而产生，即什么样的问题决定了什么的提问方式。

问题的类型一般有以下几类：

1. 问题导向类——封闭性问题（具体性问题）

问题导向类是指基于事实的一些问题。比如，发生了什么事？怎么回事？问题是什么？在哪里发生的？什么时间？为什么它会发生？根本原因是什么？

谁的责任？这类的问题一般属于比较具体的问题或封闭性的问题。一般只有一个答案。

2. 解决方案导向类——开放性问题（笼统性问题）

解决方案导向类是指基于问题解决方案或期望达到预期效果的问题。比如，您想与对方沟通的问题是合作贸易的问题，您可能会问这样一系列的问题：您更希望合作的情况是什么样？这个解决方法将会带给您什么益处？您需要什么资源？哪两步能使您朝着您的目标前进？通过合作您期望达到什么结果？等等（见图5-8）。

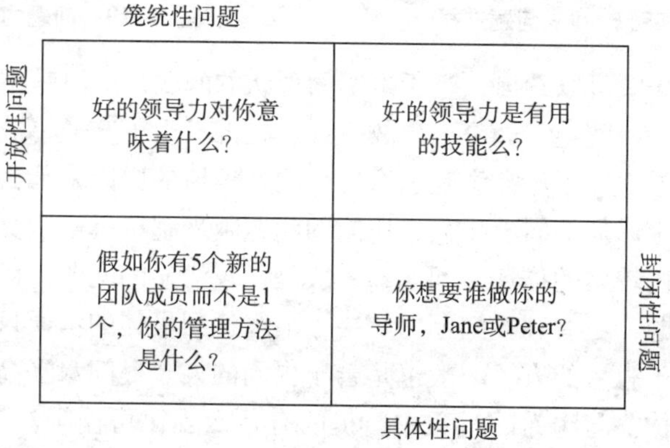

图5-8　提问方式矩阵

在双方的沟通过程中，特别是初次见面的朋友，双方往往问的问题都是探寻性的问题，提问方式一般是开放式的。所谓开放性提问是指问题提得比较概括、抽象，给对方以充分发挥的余地。比如，您知道自己的最大优势是什么吗？您所经历的最令人难过的事情是什么？听说小王是一个爱开玩笑的人，您能想到一个她开别人玩笑的实际例子吗？

沟通一段时间后，往往问题会提得比较具体和单纯，这类问题给对方的自由发挥余地很小，针对具体回答的提问方式就是封闭式的提问或闭合式的提问。

比如，向一位求职的女性提问："作为一个女性，您求职时是否曾经被歧视过？有同样能力的男生是否比你们晋升得快？你们做同样的工作是否和男生获得同样的报酬？如果身为男性您此时会在做什么？谈谈您所了解的称职的女性在求职时遭到拒绝的情况好吗？"

沟通的过程中，两种提问方式交互进行的情况比较多。那么，怎样提问更容易了解事物的本质？或者更有利于达到最终的沟通目的？

请大家参看图5-9，三角形外围有很多基于事实的问题，您认为提什么问题最能了解事实真相？或者说提哪一类问题比较有力量？请把您认为的最有力量的问题放在三角内，根据问题力量程度，顶端是最有力量的问题，底端是最无力的问题。相信大家都能依照问题的力量程度排列出来（见图5－10）。

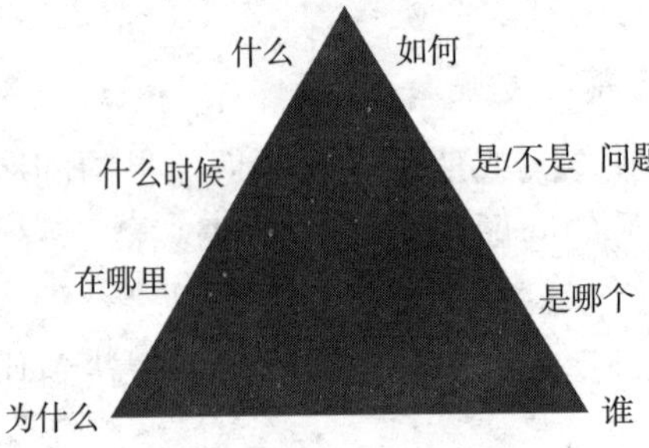

图5－9　问题选择

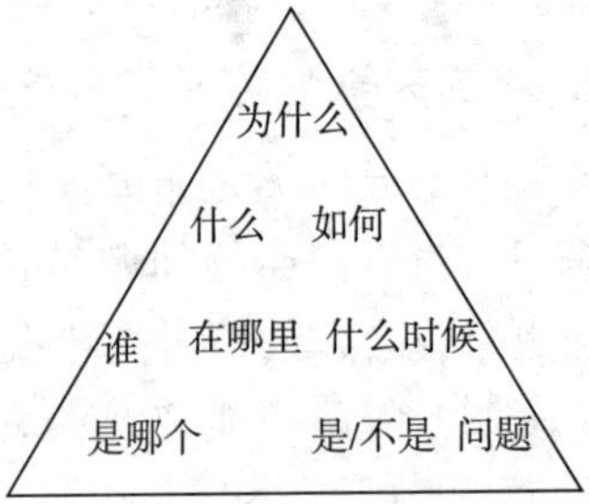

图5－10　问题力量强度

从图5－10中可以看出，基于事实的现状的问题，一般是不用经过太多的思考就能问的一些问题。如交通事故事件，是谁发生了交通事故？在哪里，什么时候？事情怎么样了？究竟是怎么发生的？事情的原因是什么？为什么会这样呢？随着三角形低端向上排列，所问的问题越来越接近事实真相。

对事实有比较多的描述性问题，一般是比较浅显的问题，而经过深入思考后所提出的问题，更有利于问题的解决，最终达到最佳的沟通目的。

可见，善于思考的人，一般也是善于提问的人。提问水平高的人也是善于学习的人。在传播与沟通的过程中，提问有什么规律可循吗？先提什么问题，后提什么问题，沟通的效果会一样吗？

14.4.2　提问的技巧

在沟通的过程中，虽然很多提问是随着当时的事实而定，随着问题的出现而选择提问的方式，好像没有固定的格式或固定的流程，但研究者认为，实践经验也告诉我们，提问是有一定的规律性。与他人，尤其是陌生朋友交往时，提问可遵循下面的流程，有利于取得较好的沟通效果。

首先，使用探询性问题，该问题往往能够给对方留下比较好的印象。例如，我们今天就先从……开始讨论好吗？此时此刻您是不是很想说两句？

其次，提出一些澄清性的问题。双方相互认识、相互交流了基本情况后，再接着提出一些澄清性的或者确认性的的问题（封闭性问题）有利于加深相互的了解。例如，你刚才说的是……我理解的对吗？那你的意思是说……

再次，提执行性问题。经过不断的交流与对话，两个相对独立的圆圈开始重叠，而且重叠面逐渐加宽，双方的观点趋向一致，这个时候便可提出一些执行性的问题。例如：您打算什么时候开始新的计划？如果遇到什么问题可随时联系我们。

最后，提封闭式的问题。通过深度沟通，双方从陌生到熟悉，最后双方相互认同，共同谋划新的合作方案。最后所提的问题，可能会更具体。例如，下一次的聚会是周六吗（见图 5－11）？

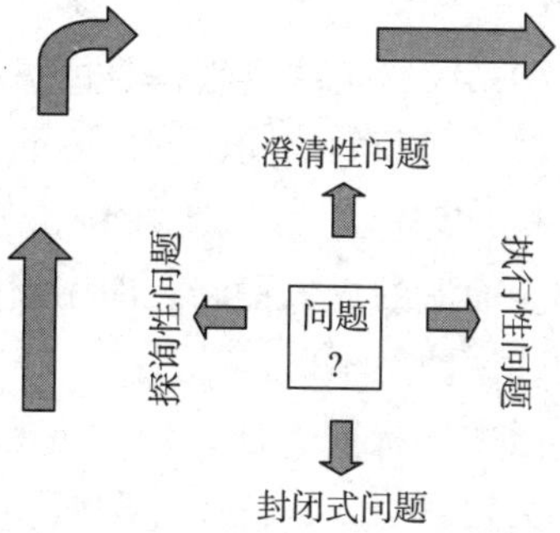

图 5－11　有效提问的类型与流程

总之，开放、真诚的心态是有效提问的前提。

14.4.3　提问的智慧

提问的技术或技巧一般很容易学会，但是有了技术或技巧还需要在实践中灵活地运用。提问的智慧是指在生活中创造性地发挥和运用提问的技术和技巧。

提问的艺术或智慧，体现在日常生活中。能够恰当地运用提问的技术，可有效地促进传播与沟通。在沟通过程中，通过提问了解对方最关心、最迷惑、最需要帮助解决的问题，而且要尽可能地促使对方自我探索和自我表达，积极面对内心的困惑和责任。归纳和总结学者们的研究成果，提问的智慧主要体现在以下几方面。

1. 选择适宜的提问时机

在人际交往过程中，选择恰当的时机提问对进一步传播与沟通有很大的促进作用。同时，尽量避免在不恰当的场合使用不恰当的提问方式。比如，在征询同事或下属的意见时，不能一下提出好几个问题（多重问题），让人难以清晰作答。例如：你对领导或直接主管还有同事有什么意见？问题越具体越好。抓住适宜的提问机会，对营造一个相互支持的沟通氛围十分重要。相反，如果在对方繁忙的时候、正在与人讨论或争论问题的时候、津津有味观看文娱演出或体育比赛的时候、生病的时候、难得有一次休息的时候或伤心、心烦、失意的时候提一些问题，可能都会遭到对方的冷眼。所以与他人沟通时，要注意对方的情绪和自己的态度，选择适宜的提问时机。始终站在对方的角度考虑问题，谦虚诚恳地与对方交往。

2. 在不同的场合应使用不同的提问方式

比如，与官员、专家、技术人员、名人等沟通、提问时，比较适合采用正面提问的方式，即开门见山地直接提出一些问题。这些人因为具有一定的社交经验和社会阅历，容易领会提问的意图，而且常常公务繁忙，过于客套容易招致对方反感。而在职场上沟通时，可能要根据具体情况采取多种提问方式，如从打开局面的第一问，到深入话题的追问，到迂回前进的反问，再到亦虚亦实的两面提问（正问与反问），均需要智慧地判断和智慧地提问。对于一些领导，沟通时还有可能采用反面激的方式提问，即用问题刺激对方，甚至把对方刺激得跳起来，非把话向你说清楚不可。

西方记者大都热衷于激发式提问方法，使对方愿意谈出他们需要的情况。他们讲究问题提得巧妙、尖锐、引人、古怪。例如：意大利记者奥琳埃娜·法拉契就是以敢于提出尖锐问题而使人称道的人。她在《采访历史》一书中谈及她的采访哲学时说："在我采访 14 位政治人物时，不是以解剖者或者一个客观的记者去进行解剖。我是怀着极其强烈的感情向他们提问的，在向他们提出这些问题之前，会先向自己提出这些问题，以便体会出被采访对象的感受。"例如：1980 年，法拉契采访邓小平同志时，曾这样提问："据说，毛泽东经常抱怨你不大听他的话，不喜欢你，这是不是真的?""大跃进难道不是错误?照搬苏联的模式难道不是错误？对过去这段错误要追溯到何时?"

总之，交谈时神情、语态要专一。提问时还要注意，不要提太大的问题，不要提过多的外行问题，不要提暗示性的问题，不要提"太硬"的问题，不要提审问式的问题。以平等的心态、平视的眼光、真诚朴实的风格与对方交流，均可促进沟通与交流所期望达到的目的。

思考题

1. 为什么说听见不等于倾听？培养有效率倾听能力的途径有哪些？
2. 提高倾听能力对有效传播与沟通有什么积极的作用？
3. 请讲述一个塑造型的反馈或非评价型反馈的实例。
4. 使用什么型的反馈，最有利于传播与沟通。
5. 言与德的关系是什么？处理好二者的关系对有效传播与沟通有什么作用？
6. 语言表达的标准有哪些？
7. 开口说话的四原则是什么？

第 15 章
小群体内的传播沟通技能

如果说人际沟通是一对一的直接交流与互动，那么，小群体传播与沟通则是一个有着共同目标或情趣的群体进行一对小众或群体内一对一的相互交流和相互影响的过程。小群体属于大组织中的一部分，也称小组或团队。虽然它是一种非正式的组织，但它与正规的组织沟通有许多相似之处。

小群体沟通一般指少部分人以非正规的形式组合在一起的成员，为了实现某种共同的目标，完成某种具体的任务和发挥大家的潜力相互交流、相互学习、相互影响的过程。[1] 例如学习兴趣小组或某种专业技术协会等。在知识、经验的交流和分享方面，小群体沟通是一种个人和社会需求的结合，一般为任务导向和问题解决型。由于小群体的规模比较小，人员结构比较多元或复杂，又是非正式的组织，所指定的负责人多是自愿为大家服务的人，所以成员之间的沟通相对比较自由和开放，一般可以达到 1 +1 >2 的效果。

小群体沟通的特征一般有以下几点。

共同的目标或兴趣爱好。大多数的小群体都有特定的目的或目标，这些目标是成员共同认可的，有的群体还设立了活动章程，明确说明该群体的目标和义务。所指定的义务一般是在群体利益认识一致的基础上形成的，如读书会、经典学习小组、某些社团组织。一般情况下，是在成员不知情的情况下，被建群人主动拉进群的。如当今信息网络和数码时代，建立微信群、QQ 群等小群体组织的现象比较普遍或流行，每个有手机的人可能都自觉或不自觉地参加了 3 ~5 个小群体或朋友圈。这些小群体的目标是不明确的，仅仅为了传播一些信息。

面对面的直接交流。为了达到某种共同的目的，成员间一般会定期组织面对面的交流活动。比较活跃的小群体还经常举办一些公益性的学习、服务、文艺、年终表彰活动。如爱故乡公益联盟组织，某种专题研究小组，各种健康保

---

[1] 王德海. 传播与沟通教程［M］. 北京：中国农业大学出版社，2007.

健、购物等服务组织。这些组织除了借助媒体工具在群体圈交流学习体会或传播一些相关信息外，还会定期举办面对面的交流与沟通活动。

价值观相似。小群体的成员大都有相似的价值观或相似的信仰和伦理道德背景。群体成员的来源虽然比较多元，文化背景、教育水平、年龄、职业各不相同，但是由于有共同的人生观、价值观、世界观等，群体间的交流与沟通往往比较容易达到预期的信息共享的目的。

不同的功能角色互换。功能角色是指在实际工作中，人们在群体中担任的职责或所起的作用。在小群体中，每个成员的角色一般是被明确规定下来的。有的被推选为领导如团长、社长、秘书长、组长等，有的被选为联络员、管理员、评论员、干事等。这些角色都是根据需要而产生的，群体内每个成员都有机会充当这个角色。尽管所担任的角色不同，但领导者与被领导者都没有很大的压力，成员间往往会共同遵守某些原则和标准，并自觉地、认真地履行自己的角色。有时因工作需要常常会角色互换。

平等对话，协商决策。在小群体组织中，很多问题的解决都是在共同商讨和相互沟通中进行的。一般有固定的沟通程序。其一，明确问题；其二，大家一起讨论和分析，共同找出具体的问题或题目；其三，分工合作对问题开展调查；其四，对调查的结果或数据进行分析；其五，共同协商，制定出相关的标准；其六，提出解决方案；其七，选择最佳方案；实施解决方案；其八，评价实施结果。在问题讨论中，充分发扬民主，调动成员参与的积极性，最终通过多次沟通或商讨，找到问题的解决方案。

一般具有凝聚力。凝聚力是发自成员内心而对群体目标保持一致性的行为基础。研究表明，凝聚力较强的小群体，由于价值取向一致、目标一致，各功能角色相互尊重，沟通互动频繁、顺畅，往往表现出团结一致的面貌和惊人的工作效率。通过群体内的人际沟通活动，使人们共同的价值取向趋向统一和群体情感加强，即人与人之间产生伙伴关系甚至亲友关系的认同感。

从小群体的沟通特征中可以看出，小群体虽然具有较强的凝聚力，又有共同的兴趣、目标和爱好，但是要想使这个群体长期地保持旺盛的生命力，每个队员还应培育自己的沟通能力，这些技能主要有领导力、好奇心和倾听能力（参看第 14 章）。

15.1 领导力

我们都知道，人际关系是人与人之间在社会生活中所产生和建立的关系，有控制关系、信任关系和亲密关系。在沟通行为发生之前，沟通双方特定的人际关系已经存在。一般来说，小群体成员间是在相互信任的基础上建立起来的朋友关系，而非控制关系和亲密关系。

小群体成员为了实现共同的理想、目标和事业走到一起，在这项活动或事业开始实施或实施的过程中，一般需要多次召开小组讨论会。在进行小组讨论时，沟通的过程也随之开始，在沟通过程中，常用的有效沟通技能一般有以下几点。

15.1.1 正己化人

作为小群体的领导者或组织者除了具有激发小组成员自信心和热情的能力之外，还需要有很强的责任心、使命感和奉献精神。换句话说，作为领导人，其言谈举止都应具备榜样的样子，以吃苦在前、享受在后的作风影响人，正所谓古人所言，“正己才能化人”。

从传播与沟通的角度来看，在组织活动时，作为小组领导人，在发布一个新项目或项目愿景时，常常需要坦率真诚的较好的口语表达能力，将项目的宗旨、观点和期望清晰地、坦率地表达出来。如讲述主题明确、思路清晰，说话抑扬顿挫而又有激情，使每一个成员都能够清楚了解项目的宗旨，理解项目预期的目标，明晰存在的困难及努力的方向。

在做到上述的基础上，带头实施和承担共同制定的目标和义务，发挥领导者的作用。

15.1.2 高水平的倾听能力

对某一项议题开始讨论时，小组负责人具备高水平的倾听能力非常重要，即关注每一个成员的讲话内容和肢体语言信息，尽量使每一位成员都有发言的机会，并对每一个成员的发言进行归纳、总结，以表示对每一个成员的尊重。特别是对于持有不同见解的成员，要耐心地倾听其陈述观点，不要中途打断，要从中找到可取的建议，并鼓励大家像她（或他）一样积极参与讨论。

15.1.3 活用反馈技巧

为了调动大家积极参与讨论，挖掘每个人的创造力，在队员讲话的过程中，可适当地对其讲话内容进行反馈。尽量多用支持型、理解型反馈。如多复述队员讲述的内容和意义，引导其对问题进行深入思考。少用评价型反馈。适当的时候也可使用积极反馈，激发其时常关注活动实施过程中出现的各种问题。

15.2 好奇心

在群体沟通的过程中，应以好奇的心态对待每一个发言的成员。要了解队员的观点、兴趣，特别是对那些不同意的观点和意见，要保持开放的心态，问一些开放式问题，请求他或其他队员详尽地解释其观点。这样做对了解对方抵触的原因非常有帮助，常常会起到意想不到的沟通效果。通过仔细聆听队员的不同见解，能够检查组织者的假设和判断，避免遗漏一些重要的信息。

15.2.1 感同身受，换位思考

在小群体沟通的过程中，最有效的沟通技能之一是表现出您对对方感受的理解，就像“穿着他人的鞋子走路”。您会尽力把自己放在对方的位子上，换位思考体会预见他人对某事可能的反应，引导其积极参与建设性的行动。

15.2.2 善于提问

在小群体沟通的过程中，善于提问是保证小组讨论能否取得最终沟通效果的常用技能。提问的方式很多，有开放式提问，有闭合式提问，还有诱导式或聊天式提问。为了使其他成员听清楚谈话的内容，还可采用澄清式提问，如“您刚才说的是三个方面……对吗”？另外，用开放式的提问搜集或澄清信息，可以让谈话朝着我们希望的方向发展。例如，“我可以提供什么帮助?”“您想怎么处理这个情况?”“您觉得主要问题在哪?”“实现……的主要障碍有哪些?”“Y 项目的工作进展如何?”“您对……有什么关注?”“我们怎样才能在日后更好地处理类似的客户情况?”“您有什么意见?”“您觉得我们选择这个途径有哪些优缺点?”

总之，小群体的有效沟通，重点是理解对方的观点，而不是考虑如何反驳。每个人都是应从自身作起，修正身心、克己复礼，培养自己的领导力、好奇心和倾听能力。沟通不是竞争，而是创建一个相互尊重的氛围。讲话的方式，要像成人对待成人的方式，不要像父母对待小孩，或小孩对待小孩的方式。使用表达技巧时要多用“您”和“我们”，避免使用“你应该”“你必须”“你需要”；要学会照顾对方的立场和“面子”，要保持平静，忌讳情绪化；表达简单明了、通俗易懂，对专业术语要慎用；不要指责对方，先认同和肯定，多用“同时”少用“但是”；对事不对人，充分建立信任感。例如，成员间的沟通，最好直言不讳，体现尊重；营造公开透明的环境，坦率透明对建立你与他人之间的信任度非常重要。又如真诚纠正错误，忠诚做人做事，积极追求进步；面对现实，明确期望，落实责任，先听后说，信守承诺，传递信任，建立深厚的友谊。

15.3 案例分析

例如，在下面的商业合作对话或沟通的流程中，在表达的背后隐藏着的德

行是起主导作用的。

某商业合作沟通流程：

（1）回顾背景：回顾整个相遇或合作情形的背景（尊重对方的存在和价值）。

（2）强调共同的价值观：把目标和对方的需求和价值观相联系（关注对方的需求和价值取向，寻找共同点，为有意义的对话打基础）。

（3）提出想法及说明好处：描述你的想法及它们的好处（向他方表达自己的想法，开放自己的心态，这里需要真诚地去表达）。

（4）请人们表达疑虑：鼓励对方讨论可能存在的问题，用自己的话重复对方的疑虑，以检查自己是否已彻底明白（需要关爱、理解和支持对方）。

（5）征询意见：征询对方对一个解决方案的建议，方案应能满足所有参与方的长期需求（需要谦卑、尊重和同理心）。

（6）进一步完善想法：完善并提出你的想法，保证其考虑了各方的利益（需要少取多予的为人之道，即考虑对方的利益要多一些，对于沟通效果会更好）。

（7）就行动计划达成共识：就行动计划达成共识，制定短期的跟进计划。

（8）表达赞赏和信心：对对方的合作表示赞赏，并表示对同心协力、实现目标的信心（靠人格的魅力）。

思考题

1. 小群体沟通的特征有哪些？
2. 小群体有效沟通的技能有哪些？
3. 小群体的领导力如何提高？
4. 倾听能力背后的道是什么？

第 16 章 公共场合下的传播与沟通技能

前面的章节里探讨了许多个体与个体之间一对一的传播与沟通技能的培养方法，这里着重探讨一对众的公共场合下的传播与沟通技能。众所周知，随着时代的迅猛发展，公共场合下传播与表达的平台越来越多，在公众论坛上有效地表达自己的思想，已经成为一个人综合素质强弱的重要指标之一。换句话说，如今，当众演讲与主持已成为一种最普及、最广泛的社会活动之一。或者说公共场合下的演讲和主持也像货币一样处处在“流通”。有的时候在单位开个会，或者与同学和朋友聚会，都需要这种一对众的演讲口才和主持的沟通能力。

我们每天都在说话，但是日常状态下的说话与演讲和主持并不是一回事，也就是说学会在公共场合有效地表达自己的思想是需要掌握一些技巧的，而且通过一系列的训练方法，可以令我们成为一个自信的、从容不迫的、有影响力的演说家。

16.1 演讲与主持

演讲是由“演”和“讲”两个方面构成的。但这里的“演”并不是指纯粹的表演。演讲需要对大众真诚地表达自己的思想，如果为了表演而表演，表演出来的真诚会令人生厌。所以，演讲的“演”主要是指内容的演绎和态势的演示。“态势”是指自然流露的形体语言，演讲的态势要服从表情达意的需要，并体现自己的表达个性，做到自然得体。

主持人的语言表达与演讲有许多共性，二者均是在公共场合和语境下的带有演说性的语言表达方式，因此，我们就把演讲与主持口才的训练方法放在一起说。在公共场合，我们如何使自己成为一颗耀眼的星辰，吸引众人的目光呢？首先，我们要做好在公共场合中讲话的准备。

16.1.1 演讲与主持前的基本要求

1. **准备**

在演讲前，首先要问自己以下几个问题。

我的听众是谁？他们想听些什么？他们对我要讲的题目知道多少？我演讲的目的是什么？我演讲的主要内容是什么？

演讲者发表演说的目的，是要说服、鼓动和影响听（观）众。听（观）众对演说的反应如何，是决定演说成功与否的根本依据。因此，要想使自己的演说更强烈地吸引和征服听众，取得好的效果，就要明白演讲的目的。

2. **净化演说的目的**

考虑这个问题非常重要，它关系到演讲的目的是否纯正，关系到演讲最终能否成功。

亚洲著名的演说家陈安之在演说时不止一次提到，他 21 岁时听到了他的老师——世界潜能成功大师安东尼·罗宾说过的一句话："最有价值的演说只有一个目的，就是要帮助别人，在传播感化别人的过程中并让别人采取行动。"此话很有道理，演讲者抱着这样的目的演讲，常常可以把观众拉进演讲中。否则，别人为什么要听您讲，凭什么要听您讲？

在现实生活当中，很多演讲者更多关心的问题是我如何使个人的水平正常发挥，我个人的表现怎么样，很少关注听（观）众的需求。以一颗帮助观众满足其愿望的心去演说，其真诚心常常能够引起观众的共鸣，并能说服观众行动。真诚的力量是无止境的！

3. **选题**

一个好的选题往往是吸引观众的一把利剑。所以在选题时，首先要考虑的问题是：听众是谁？他们是怎样的人？他们的职业、文化背景、年龄、性别，听（观）众最感兴趣的问题是什么？这个选题有趣吗？他们会从您的演讲中得到什么？您的演讲能否帮助观众解决实际问题，能否给观众带来新的信息？您要表达的中心思想是否简明有力？

4. **审题**

演讲题目确定后，要对这个话题进行审题。审题时可以列出与这个讲题有关的全部论点，然后将次要的、没有把握讲清的、可能会出现负面效应的论点删除，而选择那些能准确、深刻、有针对性地表达题意的内容。

一般在演讲时，容易忽视的问题是话题太大。如何把您的话题缩小呢？研究者认为，选择一个话题后，可以把它放在一个梯子的顶端。接着，将这个话题分解为一个个的要素，即把它分解为越来越小的部分。比如谈贫困的问题，全世界的贫困问题—中国的贫困问题—贫穷问题与无家可归者，我们省的无家可归的贫困者—我们市的贫困问题—我们学校的贫困生问题（见图 5－12）……

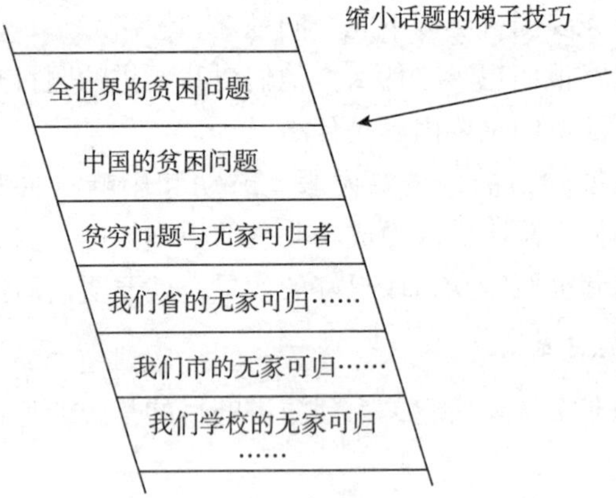

图 5－12　缩小话题的梯子技巧

最小的单元出现在这个梯子的底端，这个过程好像在剥洋葱一样，你剥得越多你的话题就会变得越来越小。

5. **找论据**

找出与论点有关的“库存”材料，对这些材料进行筛选，留下最鲜活的、最适合题意的材料。选择论据最好选择您亲身经历的事，或者插入一些您个人的故事。

6. **全面构思**

构思可从三个方面考虑，这也是演讲的最基本的结构：引言、主体、结论。一是开头如何不落俗套；二是主体部分如何条理清晰，使用真实相关的事例，重点要突出，能够以理服人；三是结尾如何给人以启发，如何具有感召力。

培训演讲口才的文若河老师把这个结构称为“三点论”。所谓“三点论”，简单讲就是在主体部分表述演讲内容的时候，用“第一、第二、第三；或者用首先、其次、最后；或者三个词、三句诗词”等进行连缀，使演讲内容层次分明、条理清晰、易于理解。

之所以叫“三点论”，顾名思义就是只讲三点。当然，这绝非对于演讲者的硬性规定，不是说演讲者只能或必须讲三点，多讲少讲都不行。而是根据学者们多年的演讲辅导经验，讲一点两点略显单薄，四点五点又显庞杂，而三点，刚刚好。

比如：一位母亲在女儿婚宴上的一段讲话就较好地运用了“三点论”。

亲爱的各位亲戚朋友：（称谓）

大家好！（问候）

非常感谢大家在百忙之中放弃休息的时间，前来参加这个宴会。作为母亲，看着自己心爱的儿女长大，有了自己的小家庭，我感到很幸福。在座的很多亲戚是看着孩子长大的，所以，在这里我首先要感谢大家这么多年来对孩子的关心和帮助。

虽然今天是大喜的日子，但是作为母亲，我不想说什么“执子之手，与子偕老”“百年好合，天长地久”之类祝福的话。我想对女儿、女婿叮嘱几句，说三句“不是”。（开场白——引言）

第一句，婚姻不是1+1=2，而是0.5+0.5=1。结婚后，你们小两口都要去掉自己一半的个性，要有做出妥协和让步的心理准备，这样才能组成一个完美的家庭。现在的青年男女们，起初往往被对方的“锋芒”所吸引，但也会因为对方的“锋芒”而受伤。妈妈是过来人，想对你们说，收敛自己的“锋芒”，容忍对方的“锋芒”，才是两情永久的真正秘诀。

第二句，爱情不是亲密无间，而应是宽容“有间”。结婚后，每个人都有自己的交往圈子，夫妻双方有时模糊点、保留点，反而更有吸引力。给别人空间，也是给自己自由。请记住，婚姻不是占有，而是结合，所谓结合，就像联盟，首先要尊重对方。

第三句，家不是讲理的地方，更不是算账的地方，家是一个讲爱的地方。不是有这么一句话吗？男人是泥，女人是水。所以男女的结合不过是“和稀泥”。婚姻是两个人搭伙过日子，如果什么事都深究“法理”，那只会弄得双方很疲惫。（主体）

好了，我就说这些。最后，妈妈还是衷心地祝愿你们婚姻美满，幸福甜蜜。也祝愿在座的各位亲朋好友家庭和睦、身体健康、万事如意！

谢谢大家！（结尾）

这篇讲话，开场白用的是最具有悬念的开场白——逆向思维开场，不是人云亦云，开场就说祝福的话，而是引出主体部分要说的三句“不是”，用了“三点论”。此外，结尾也很到位，向一对新人女儿女婿祝福，向参加婚宴的亲朋好友祝愿。

文若河老师提出的“三点论”在任何场合都适用，无论有没有时间准备演讲稿，在脑子里总结出三点就可以大胆地上场讲话了。有时即兴发言更适合使用。

如果有时间，可以好好设计一下引言即开场白。演讲口才大师卡耐基曾经把演讲比作飞行，把开场比喻为飞机的起飞，开场的失败就是起飞没有成功，后果不堪设想。

好的讲演构架非常重要。常用的开场有开门见山，第一句话点破主题；开始把自己的观点用实例告诉听众，你要讲的主题是什么。也可以用讲故事的方法开场，一两笔描绘一个简单的图画或提出一个相关的问题；提出一个吸引听众的目标性信息；强调共同立场，等等。

然后在主体部分，详细而准确地表明你的三个论点；最后告诉听众，您的演讲将会给他们带来什么好处。一般是在讲演的高潮时结束，结束语要么总结演讲要点；要么描述采纳某种技术后的远景；要么赞美和感谢听众。

16.2 演讲和主持过程中应注意的问题

16.2.1 多用个性化的语言，增强演说的魅力

所谓个性化的语言是指讲话者要用自己的语言表达自己的思想感情、意志和气质，而不是老调重弹，套用那些现成的语言（欧阳有权《口才学教程》，2002）。

有一个幽默故事说，从前有一位统计学家，从未照看过自己的孩子。在一个星期六的下午，他妻子要外出买东西，叮嘱他要照看好家中 4 个年幼的孩子，他勉为其难地答应了。当妻子傍晚回家时，他长出一口气，并交给妻子一张纸条，上面写着：

擦眼泪 11 次，系鞋带 15 次，给每个孩子吹玩具气球各 5 次；每个气球平均寿命 10 秒钟；警告孩子不要横穿马路 26 次；孩子坚持要穿过马路 26 次，还要再过这样的星期 0 次。

这个故事不乏幽默和讽刺，但却很好地表现了这位统计学家习惯使用数据的职业个性。人物的性格特点跃然眼前。

一般来讲，有个性的人或使用个性化语言的演讲者和主持人常常会给人留下深刻的印象。或者说更具亲切力，更具有人情味。

使用个性化的语言一般有以下几种：

1. **严肃的话轻松说**

李敖：我希望共产党存在 1000 年，我们抱着它、搂着它，它的宗旨就是全心全意为人民服务。

---

2. **正面的话反面说**

戒烟的公益广告（戒烟的四大好处）

（1）节省布料：因为吸烟易患肺痨，导致驼背，身体萎缩，所以做衣服就不用那么多布料了；

（2）预防盗贼：抽烟的人常患气管炎，通宵咳嗽不止，贼以为主人未睡，便不敢行窃；

（3）驱赶蚊子：浓烈的烟雾熏得蚊子受不了，只得远远地避开；

（4）永葆青春：不等年老就去世了。

---

3. **情理之中意料之外**

现场突发事件如何处理，这时候往往要考验演讲者平时的修养和讲话的水平。戏谑自嘲与将错就错有异曲同工之妙，主持人在舞台上行走，穿着礼服，难免会有磕磕碰碰、不便之感，作为女性的节目主持人多多少少会遇到这样的尴尬。

1991年9月19日，杨澜应邀主持第九届大众电视“金鹰奖”颁奖文艺晚会，在报幕退场时，不小心被台阶绊了一下，“扑通”一声滚倒在地。这意外的洋相，使场内顿时一片哗然。然而杨澜一跃而起，笑容可掬地说：“真是人有失足、马有失蹄呀，我刚才狮子滚绣球的节目滚得还不够熟练吧？看来这次演出的台阶不那么好下哩，但台上的节目很精彩。不信，瞧他们的。”话音刚落，全场观众为她机敏的反应爆出热烈掌声，有的观众还大声喊：“广州欢迎你！”

显然，这一跤，非但没有摔掉杨澜的形象，反而更让广州人民领略了她出众的才智。

4. **说大实话**

有些人问我为什么不出书。我说啊，现在书太多了，不缺我这一本。（凤凰卫视《锵锵三人行》主持人窦文涛）

关于家庭：几个不和谐的音符被巧妙地凑到一块，没准能奏出异常优美的乐章那，看你怎么欣赏了，反正演奏者是在其中。（奏出异常优美的乐章，https：//www. douban. com/，豆瓣网）

人生有很多路要选择，选中一条走下去，便会碰见这条路上的人和风景；而选择另一条，则是完全不同的风景与人。有的人可能与你一起走，有的人留在原地；一起走的人，也可能在下个路口与你分开。没什么可哀叹的，这是人生的必然，珍惜身边与你一起看风景的人，并在下一个分别路口，洒脱地用力地挥挥手。(http://www.360doc.com/，360个人图书馆)

你可能在一个人面前一文不值，却在另一个人面前是无价之宝。谨记自己的价值所在。(http://www.juzimi.com/，句子迷网站)

钱财如粪土，仁义值千金。近水知鱼性，近山识鸟音。近水楼台先得月，向阳花木早逢春。古人不见今时月，今月曾经照古人。(《增广贤文》)

16.2.2 演说要有激情

激情来自你对生活的感悟，雄辩的最大吸引力，历来都源自一个人执着的信念和深切的感受。激情四射，才会触及观众的心灵，诱发观众的情感，接受你的思想。

无论是演讲还是主持，面对大众说话时都需要有激情。

《焦点访谈》主持人敬一丹曾经采访制作了一个题为《在沙漠边缘》的节目。片子通过触目惊心的画面，报道了我国西北地区土地荒漠化的严峻现实。采访快结束时，在一所农家小院里，敬一丹和一位妇女拉家常，问她怀里抱的孩子叫什么名字，回答是“沙沙”。敏感的敬一丹好像觉察到什么，忙问为什么起这个名字，这位母亲说：“因为出门是沙，进门还是沙。”紧跟着敬一丹又问站在旁边的邻家小姐姐的名字，得知叫“翠翠”，敬一丹灵机一动，把这段看似“唠闲嗑”的细节用到节目里，然后面对观众说：

这个小姐姐名叫“翠翠”，沙窝里的孩子起出这样水灵灵、绿莹莹的名字，不是能看出乡亲们的盼头吗？

接着敬一丹略一侧身，指着充满整个大屏幕、随风翻飞的碧绿的杨树叶说：

在我即将完成这个节目时，特意编辑了这样一组画面放在结尾。这绿色，是我们一路采访时追寻的颜色，是西北沙漠大片灰黄基调上的亮色，也应该是伴随着沙沙、翠翠长大的颜色。一位摄影记者说，到西北沙漠画画，只需带两种颜料，带十管黄的、一管绿的就够了。我想，画今天的沙漠是这样，但愿画明天的沙漠时，多带几管绿颜色。

这段话非常朴实，朴实之中带有浓浓的人情味，而且诗情画意中，还带着几分沉重，特别是选用摄影记者的话来做结束语，最后落笔在颜色上，没有直接阐述土地荒漠化带来的危害，没有引经据典地说政府“红头文件”上的话，但是听起来，却能让人产生联想，有画面，有意境，有深切的同情，有现在的担忧，有对未来的美好祝愿和憧憬，还有主持人关注国家、关注老百姓命运的情怀。有心人还能体味到敬一丹朴素、细腻而又淡雅、有韵味的语言特色。这些话，可以直接品味到的内涵很多，很丰富，很富有感染力。试想，如果主持人煞有介事地分析造成荒漠化的原因，论述荒漠化的结果，提出防治的措施，那就是另一种节目性质和收视效果了。因此，主持人的语言要讲究语境和受众的收视习惯。

需要注意的是，有语言个性不一定有魅力！如果违反礼貌准则、谦逊准则，或者忽略语言的适宜性、得体性，都会令人反感。直率可能被视为莽撞，锐气可能被当作“咄咄逼人”，善于辞令可能被误认为“圆滑、卖弄”。所以说，演讲者和主持人的语言个性不同于一般人的语言个性。

16.2.3 讲话时不落俗套，幽默风趣

语言的个性化是一个人的学识、修养、气质、性格的表现。但从表达技巧的角度说，个性化的口语表达又是可以通过学习和锻炼来培养的。这就要求讲话者注意用自己的话来表达自己的思想感情，做到我口表我心，我话传我情，不落俗套。

据说，英国著名作家萧伯纳有一次去参加一个舞会，舞场上一位打扮得十分妖冶的年过半百的贵妇人问萧伯纳：“您看我有多大年纪?”肖答：“看您晶莹的牙齿，像18岁；看您蓬松的鬈发，有19岁；再看您扭摆的腰肢，顶多14岁。”贵妇乐不自禁，进一步追问：“您能否准确地说出我的年龄?”肖答：“您把我刚才说的3个数字加起来。”这种出人意料的回答不落俗套，幽默风趣，令人回味。

16.2.4 保持谦虚的态度，不要让听众感觉您高不可攀

很多演讲者给听众一种高高在上的感觉，这是让听众融入演讲的一个很大的障碍。如果演讲者抱有一种高高在上的感觉，不管是智力、学识或社会地位上的，即使他不表现出来，听众一看也便知。因为在演讲时，一举一动、一言一行都会展露在观众面前。正因为这样，如果您能够保持谦虚，听众就会对您产生一种善意和亲切感，观众的这种积极反馈非常有助于演讲的成功。如果您拥有许多知识却从不炫耀，永远只是包容别人，用爱心和耐心启迪别人，相信您一定能够打开听众的心扉。

其实，博取听众喜爱的方法之一，最根本的还是取决于您的态度。放低您

的姿态，非常重要。

总之，演讲中最好能以真实的故事说理，诱导别人产生共鸣，使别人接受您的观点，最终征服观众。

我们“主张个性的多样化，但无论何种个性，言谈一定要有控制，豪放的主持人言语多激荡，也绝不可生硬；潇洒的主持人言多风雅，但绝不可随便；谦逊的主持人含蓄稳重，但绝不要畏缩；博学的主持人旁征博引，但绝不要芜杂；活泼的主持人轻松热烈，但绝不能恣意；幽默的主持人风趣诙谐，但绝不能油滑；深沉的主持人犀利深透，但绝不能冷傲”（吴郁《主持人的语言艺术》）。

16.2.5 恰当的提问是演讲和主持的焦点

演讲过程中的提问，一般包括两个方面。一方面是演讲者或主持人向听众提问，另一方面是听众向演讲者或主持人提问。

1. **向听众提问**

（1）提问的作用：①激发听众的兴趣；②促使人们思考；③加深理解和记忆。

（2）问题的种类：

① 询问：比如，询问对方吃没吃过某种食品，我们一般是会这样问：“您吃过火龙果吗?”

而我国至圣先师孔老夫子说，应该这么问：“您常吃火龙果吗?”询问对方某种学问或技能时，要这样问：“您擅长某种技能吗?”而不能说：“你会某种技能吗?”

② 重述：让听众用自己的话表达某种概念。问听众：“您对这个问题怎么理解?”

③ 应用：让观众实际模拟，将知识应用于具体事例中。

④ 分析：根据具体案例提出一些问题，请观众自己做出分析。

⑤ 归纳：根据具体内容进行概括或做出总结。

⑥ 评价：对某一具体事件做出评判。

2. **接受听众的提问**

有的演讲者在演讲时，把预先准备好的讲演稿念完就算完成了任务，这是一定要避免的。在演讲中，要力求生动、幽默。同时，要与观众有交流，鼓励听众提问题，并准备回答观众所提出的问题。

3. **何时接受提问**

在演讲正式开始之前，应该计划好什么时候接受提问。在演讲一开始，就明确地告诉观众什么时候可以提问。但要注意控制场面，不能跑题，时间上心里也应有数，以免拖延。一般来讲，演讲结束后接受提问，演讲者能够控制时间，掌握进度。然而，这样做可能会产生一些不良影响。

事先做好准备。在演讲前几天便应告诉观众，请大家事先提一些问题并转达给自己，这样做比较好，演讲时就可以针对大众的问题进行回答了。

在演讲或主持的过程中，要表示出欢迎提问的态度。在接受提问时，心态很重要，不仅要精神集中，认真倾听大家的问题，还应将听众提问和自己回答的过程看作向听众学习和丰富演讲内容的机会。

另外应表示出对观众的理解。有人提问时，要认真听，确保在开始回答之前，对问题有正确的理解。

不偏离主题。回答问题时最好不要跑题，用自己回答的技巧控制主题。

4. 如何接受提问

鼓励每个人都参与。在回答单个问题时，尽量不要造成仅回答某个人的问题那种气氛，避免一对一的对话。

5. 遇到较难回答的问题时

如果提问者坚持原来的提法，你可以说："这个问题很值得讨论，可惜我们没有足够的时间来进行讨论。我们可以找时间一起进行深入探讨。"

演说学者刘景斓认为，问问题，最好问观众简单、容易回答的问题；问观众很容易回答"是"的问题；问观众在您的引导下必须回答"是"的问题；问观众二选一的问题（预先框是的问题）。

同时，还要注意围绕观众最关心的问题提问，围绕演讲的中心思想提问，这样便于用事先考虑好的论点和论据说明答案。

16.3 有效表达的启示

（1）沟通不是竞争，创建尊重的氛围很重要；
（2）讲话的方式应因人而异，上什么山唱什么歌；
（3）表达也需要选择恰当的时间和地点；
（4）多用"您"和"我们"；
（5）避免使用"你应该""你必须""你需要"；
（6）照顾对方的立场和"面子"；
（7）保持平静，忌讳情绪化；
（8）表达简单扼要、通俗易懂，对专业术语要澄清；
（9）不要指责对方，先认同和肯定，多用"同时"少用"但是"；

(10) 保持谦虚的态度；

(11) 恰当地提问和智慧地回答问题。

思考题

1. 演讲与主持前的基本要求有哪些?
2. 为什么说多用个性化的语言可增强演说的魅力?
3. “三点论”的公式是什么？请举例说明。

第六部分

有效传播与沟通的策略

很多人都喜欢学技能，学技巧，社会上也很流行教技能和技巧。从心里的需求来讲，人人都希望在短时间内学得一门技术，或不费力就能取得很好的结果，不用干活就能拿高薪。从个人的愿望来讲，没什么对与错，但是从事物发展的规律来看，便说不通了。俗话说："天道酬勤，勤能补拙。地道酬实，实能补弱。人道酬德，德能补寡。"我们也知道这句成语"只要功夫深，铁杵磨成针"，比喻只要有决心，肯下功夫，多么难的事也能做成功。我们还知道这句谚语："种瓜得瓜，种豆得豆。"这些俗话、谚语、成语，描述的都是事物内部矛盾所决定的由量变到质变，再到新的量变的发展过程。称质量互变规律也好，因果规律也罢，这些规律和变化都是不以人的意志为转移的。

任何事物的发展都必须首先从量变开始，没有一定程度的量的积累，就不可能有事物性质的变化，就不可能实现事物的飞跃和发展。这个规律告诉我们，在学习和实践中要重视艰苦的量的积累工作，要有脚踏实地、埋头苦干的精神；立竿见影，揠苗助长是不现实的。

美国著名心理学家麦克利兰于1973年提出了一个著名的素质冰山模型。所谓"冰山模型"，就是将人员个体素质的不同表现划分为表面的"冰山以上部分"和深藏的"冰山以下部分"。

其中，"冰山以上部分"包括基本知识、基本技能，是外在表现，是容易了解与测量的部分，相对而言也比较容易通过培训来改变和发展。

而"冰山以下部分"包括社会角色（价值观）、自我认知、品质和动机，是人内在的、难以测量的部分。它们不太容易通过外界的影响而得到改变，却对人员的行为与表现起着关键性的作用（见图6-1）。

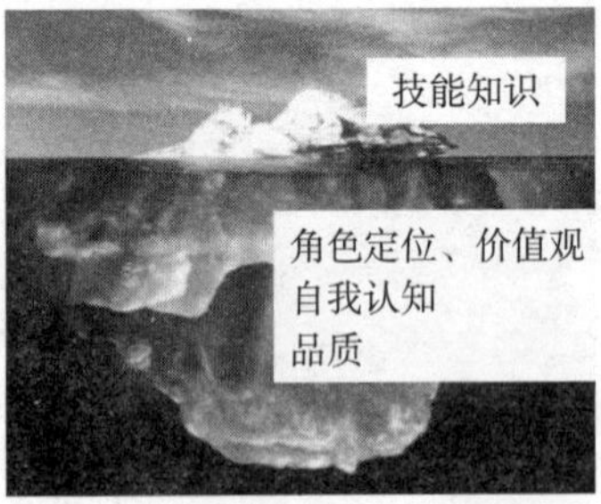

图6-1　麦克利兰的冰山模型

麦克利兰认为，人的素质有六个层面：

知识（Knowledge）：指个人在某一特定领域拥有的事实型与经验型信息。

技能（Skill）：指结构化地运用知识完成某项具体工作的能力，即对某一特定领域所需技术与知识的掌握情况。

社会角色（Social Roles）：指一个人基于态度和价值观的行为方式与风格。

自我概念（Self – Concept）：指一个人对自我的认知态度、价值观和自我印象如信念、热情、责任心等。

特质（Traits）：指个性、身体特征对环境和各种信息所表现出来的持续反应。如品德、勤奋、毅力等，品质与动机可以预测个人在长期无人监督下的工作状态。

动机（Motives）：指在一个特定领域的自然而持续的想法和偏好（如志向、使命感、责任心等），它们将驱动、引导和决定一个人的外在行动。

其中知识和技能大部分与工作所要求的直接资质相关，我们能够在比较短的时间使用一定的手段进行测量。可以通过考察资质证书、考试、面谈、简历等具体形式来测量，也可以通过培训、锻炼等办法来提高这些素质。

而社会角色、自我认知态度、价值观、品德、动机等往往很难度量和准确表述，又少与工作内容直接关联。只有其主观能动性变化影响到工作时，其对工作的影响才会体现出来。

这个理论被广泛地应用于管理学、心理学、教育学、医院等领域。从这个理论可以得到这样一个启示：藏在水下面的占据2/3的支撑山顶的山身和山基部分，支撑着我们眼睛所能看到的露出水面的山顶部分，如果没有水下面的山身和山基，"显著的才能和技能""成功的奖牌、花环、显赫的地位"是不可能出现的（见图6－2）。

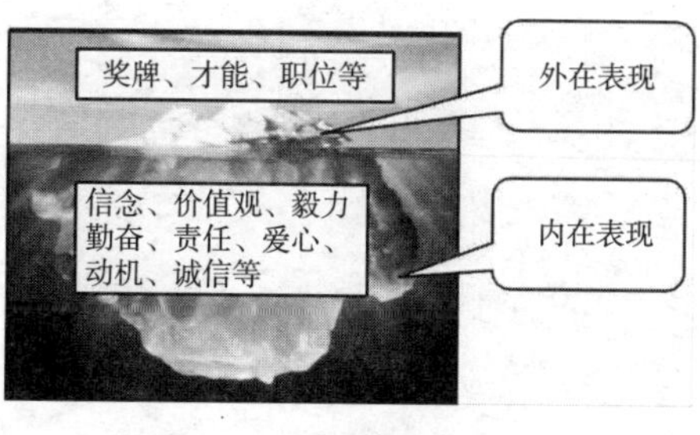

图6－2　冰山理论的应用

诸如价值观、热情、毅力、勤奋、责任心、志向等主观因素对于一个人的成功究竟有多大的支撑力量？如果没有下面这些因素的支撑，我们的才华和能力就不能显现出来吗？或者说我们每个人内在的潜在能量有多大？大家可能都看到我国科学家屠呦呦获得了诺贝尔奖的新闻。屠呦呦站在领奖台上的刹那辉煌，的确吸引了众多人的目光，让人很羡慕。但此时此刻，有多少人去关注她和她的团队在台下奋战几十年的历程呢！屠呦呦为什么能够摘取这个桂冠？她在瑞士颁奖大会上演讲时说，明确的目标和坚定的信念是她成功的前提，国家的重视使她感到责任重大，当时世界上有33亿人口在遭遇疟疾的威胁，其中12亿人生活在高危区域。同时，她相信中国医药学是一个伟大宝库，提取青蒿素可以救活亿万人的生命，她的这份责任心和坚定的信念，促使她战胜了许多艰难困苦，最后才取得了耀眼的成绩。

换句话说，我们想成为有效率的传播者和沟通者，或者成为有影响力、有亲和力的人物，需要从哪里下功夫？我们不妨挖掘和探讨一下支撑成功者背后的关键要素，即有效传播与沟通技能的策略。

第 17 章 核心策略——价值观与信念

17.1 正确的价值观是有效传播与沟通的基础

我们都很熟悉这样一句话：思想观念决定行动，行动决定习惯，习惯决定性格，性格决定命运。可见，思想观念对一个人性格的形成或成为什么样的社会角色有重要的影响。从某种意义上讲，思想观念就是价值观。价值观是指一个人对周围的客观事物（包括人、事、物）的意义、重要性的总评价和总看法。简单讲，价值观是指对生活的看法和价值判断。

不同的思想观念决定了不同的生活方式和不同的生活习惯。不同的价值观决定不同的生活方式和不同的幸福观。事实上，人与人之间的沟通过程，就是不同价值观相互交流看法的过程。当人们对生活的看法不一致时，如何进行有效的传播与沟通，进而使双方的价值取向取得相对一致？

究竟建立什么样的价值观对建立良好的人际关系有帮助？正确价值观的建立对营造幸福人生有什么样的作用？对于有效率的传播与沟通有什么帮助？要回答这些问题，首先，要了解正确的价值观的内涵与幸福观的内涵。因为，有效传播与沟通的前提是寻找共同的目标。

17.1.1 正确价值观和幸福观的内涵

对生活的看法千种万种，对生活的感受也千差万别，正如人们对幸福生活的看法，人人都希望得到幸福和快乐，但是人人对幸福的感觉不一样。什么是幸福？什么是快乐？古今中外，许多哲人或智者对这个问题均有过较多的研究。在此，我们将前人的研究成果汇总出来，以便于大家共同学习。

《现代汉语词典》诠释的“幸福”是指使人心情舒畅的境遇和生活；“幸福感”是指对于生活的主观意义和满足程度的一种价值判断。

可以说，幸福是一种感觉和感受，每个人对幸福和快乐的感知都不一样，这是无可非议的。身体的快感与发自心底的喜悦是不一样的。身体上获得快感，往往是短暂的，好东西吃太多，好酒喝太多，最后可能导致胃痛或引发不良事故的发生。而心理上的愉悦不仅不会导致后遗症，而且可以使我们的幸福感保持长久。可见，幸福感与幸福观不能画等号。

幸福观是指人们对幸福的根本看法。幸福是指人们在创造物质生活和精神生活条件的实践中，由于目标和理想的实现而感到精神上的满足。幸福观是人们的世界观、人生观的反映。由于人们的生活价值目标不同，人们的幸福观也就不同。尤其是不同的阶级有不同的幸福观。

儒家提倡积极进取、奋发有为的人生，向内修身养性，形成仁、义、礼、智、信良好的道德品质；向外要齐家、治国、平天下，求取功名，行中庸之道，不走极端，处理好人际关系等，这样的人生才是幸福的人生。儒家的幸福观重视理性与道德的作用，强调没有理智和美德就不会有幸福，强调社会幸福与个人幸福的统一，这在人类幸福思想史上有其特别的价值。

道家主张清静无为，顺其自然，崇尚返归自然，过原始质朴和自由自在的田园生活。追求符合人之本性的、内心的幸福。

佛家认为，人生痛苦的根本来源在于“贪爱”“痴迷”，即人的贪求欲望。要摆脱痛苦的“生死轮回”，才能达到幸福的彼岸即“极乐世界”，强调减少或灭除贪爱欲望，去掉“我执”，化解冲突和对立，提倡慈悲、清净、平等、正觉、随缘、看破、放下，获得究竟圆满的幸福生活。

西方思想界幸福观包括理性主义和感性主义的幸福观。理性主义是西方思想史上的一大传统，古代以苏格拉底、柏拉图、斯葛特学派等为代表，而近代以笛卡儿、康德、黑格尔等人为代表。这些人的幸福观的共性是认为人的幸福必须在理性指导下才能实现，强调人的精神快乐和理性能力，主张抑制欲望，追求道德完善。这类似于儒家的德行幸福感。赫拉克里特有句名言：“如果幸福在于肉体的快感，那么就应当说，牛找到草料吃的时候是幸福的。”苏格拉底有个关于幸福的等式，即“理性＝美德＝幸福”。斯宾诺莎认为，幸福不是别的什么，而就是德性本身。康德认为，人和动物的区别不在于感性欲望，而在于理性，但人绝不能将理性用作满足感性需求的工具，理性有其更高的用途，即要考察行为动机的为善或为恶，强调是动机而不是效果决定行为的善恶。他认为，幸福存在于至善之中。理性主义强调理性作用，贬低感性与情感的作用，主张抑制欲望，而追求道德的完善或精神上的幸福。他们认为人生的目的和幸福在于按理性命令行事，而感官的享受和快乐只会玷污理性，荒废人生。理性主义的幸福观有两种：另一种是以柏拉图、亚里士多德为代表的和谐

说，一种是以犬儒学派和斯多葛学派为代表的禁欲主义。❶

感性主义流派代表人物古代有德谟克利特、亚里斯提卜、伊壁鸠鲁等，近代有霍布斯、爱尔维修、边沁等。这一派幸福观的共同点在于把趋乐避苦当作人的本性，认为幸福就是追求感官的快乐、避免感官的痛苦。亚里斯提卜认为，肉体的快乐比精神的快乐更迫切、更强烈，肉体的快乐优于精神的快乐；而且，肉体的快乐既不在过去，也不在未来，只在眼前。这类似于杨朱的享乐主义。德谟克利特和伊壁鸠鲁虽然强调感官快乐对于幸福的重要性，但是，他们也要求人们追求精神快乐。边沁把感性主义幸福观发展为功利主义幸福观，提出追求最大多数人的最大幸福的命题，并认为人的幸福程度是可以评价与度量的，只要了解一个人的痛苦与快乐的程度，就可以计算出他的幸福程度。他还提出了计算和评价幸福程度的要素，包括感受苦与乐的强度大小、时间长短、是否确实以及确实的程度、影响范围等七个方面。这开启了后世对于幸福感指数研究的先河。

基督教神学的幸福观：基督教神学家认为人要达到幸福的境界，不是对财富、名誉、权力和肉欲的享受，而是在宗教德行中，在对上帝的热爱和追求中。只有对上帝的沉思、崇拜，才能返归天国，获得真正的幸福。

资产阶级的幸福观：是利己主义、享乐主义、个人主义，认为物质享受与个人私欲的满足是衡量幸福快乐的尺度。

马克思主义幸福观：把幸福的创造和幸福的享受结合起来，并把创造幸福作为前提，然后才谈得上享受幸福。因为对无产阶级和劳动人民来说，没有劳动就没有幸福可言。在社会主义条件下，只有社会劳动才是创造幸福的根本途径。只有为共产主义事业而奋斗，为绝大多数人谋利益，才是人生的最大幸福。❷

马克思主义幸福观是科学辩证的幸福观，是多方面的有机统一。马克思说："对于一个忍饥挨饿的人来说并不存在人的食物形式，忧心忡忡的穷人甚至对最美丽的景色都没有什么感觉。"马克思主义在肯定人的物质幸福的基础上，特别注重人的精神幸福，注重物质幸福和精神幸福的统一；幸福不仅是对生活的享受，更是通过劳动对生活的创造，是享受和劳动的统一；社会幸福决定着个人幸福，个人幸福丰富着社会幸福，是个人幸福和社会幸福的统一。马克思主义幸福观指出，人生最大的幸福在于奉献，在于为人类谋福利。马克思说："如果我们选择了最能为人类福利而劳动的职业，那么重担就不能把我们压倒，因为它是为大家而献身；那么我们所感到的就不是可怜的、有限的、自私的乐趣，我们的幸福将属于千百万人，我们的事业将默默地但是永恒发挥作

❶ 历史长河中的"幸福观"［EB/OL］. 凤凰网，2012-10-19.

❷ 读云杉《郭明义的幸福观》有感［EB/OL］. 中国共产党新闻网，2010-12-02.

用地存在下去，而面对我们的骨灰，高尚的人们将洒下热泪。”[1] 总之，该幸福观认为：①幸福观是整个历史发展的产物，各个阶级的幸福观是由不同的生产方式所决定的；②幸福的关键是人的志向、生活目的，真正的幸福在于铲除剥削制度，改变不合理的社会关系，创造崭新的合理的社会主义制度；③个人幸福和集体幸福紧密结合，强调集体幸福，但不否定个人幸福，把个人幸福融于集体、民族、阶级和人类的幸福之中。

幸福既是人类永恒的追求，也是人们普遍关注的一个热点问题，是一个常谈常新的话题。当前，加强社会主义荣辱观教育，推进社会主义核心价值体系建设，重新科学认识马克思主义的幸福观，对于指导我们的工作生活和人生走向有一定的参考价值。

幸福生活观虽受历史、环境、文化、职业等方面的影响，没有绝对的好坏之分，但是培育正确的价值观和幸福观，既符合人性，又有利于个人、国家和民族利益的思想观念，对于营造积极向上的氛围、获得究竟圆满的幸福人生有重要的推动作用。

笔者调研中了解到，对于幸福的感觉，每个人感受都有不同。但当询问不同职业、不同年龄、不同文化程度的朋友“什么样的生活才算幸福”时，不同的朋友的回答却是惊人地相似：“家庭和睦、夫妻恩爱才幸福”“家人平安、身体健康是幸福”“子女有出息，在外工作顺利，做老人的最幸福”“邻里和睦、社会安定生活就幸福”“老有所养，生活、看病有保障就是幸福生活”“吃穿不愁，还有业余文化生活，这日子就幸福了”“吃得好、穿的暖，没病、没灾”“讲卫生、环境美”“生活富裕、空气新鲜、绿树成荫……”可见，人们心里的“幸福观”其实很简单。

改革开放以来，我们的物质生活得到了极大的丰富，但是我们仍然觉得不幸福、不快乐。为什么会这样呢？因为我们的欲望太多。所以我们中国有句俗语“知足者常乐”“人生解知足，烦恼一时除”。如果我们真正理解了“知足”这两个字，可能所有的烦恼一下子就不见了。古人也说过这样一句话：“别人骑马我骑驴，仔细思量我不如。待我回头看，还有挑脚汉。”别人骑着马走路，我骑着一头驴走路，仔细想一想，我不如这个骑马的人。就像现在有的人开着桑塔纳来上班，一看别人开的是宝马、奔驰，他就觉得自己不如这个人。但是如果您总是向上比，那就永远没有满足的时候。就像一个人挣了十万元钱的时候，看到还有挣一百万元的人钱比他多、过得比他好、生活得比他富足，他就不满足，就拼命去挣。如果他有那个命还能挣到，如果他没有那个命，即使很拼命也挣不到那么多的钱，反而自己身心交瘁。即使挣到了一百万元，看

---

[1] 浅论马克思主义幸福观［EB/OL］. 中国社会科学网，2016－08－19.

到还有挣上千万元的人，过得比自己好，钱比自己多；再挣到了上千万元，上面还有挣上亿元的人。这样比下去，即使他的钱已经很多了，他也不会有富足的感受。我们看刚才讲的颜回，他的生活很简单，吃饭没有饭碗，喝水没有杯子，住在简陋的巷子里，别人都觉得他的生活太艰苦了，但是他却乐在其中。他乐在其中就是因为他有知足感。他心里很富足，所以他就是“知足而后富从之”。

中国人还有一句俗话：“屋宽不如心宽。”我们从平房搬到了楼房，从八十多平方米搬到了一百多平方米，从一百多平方米又搬到了别墅。房子越住越大，生活条件越来越好，但是人的幸福指数却没有因此而提升。什么原因呢？就是人的心没有知足感。古人的这句话说得很有道理，那个屋宽仍不知足的人，他不富足。而一个人的心宽，他的房子虽很简陋，但是心里很知足，所以他才是一个富足的人。

由此可知，人的富足与否也像人的幸福与否一样，是一种内心的感受，不是靠外在的物质欲望能够填满的。所以知足就常乐，不知足就永远乐不起来。物质的多少与幸福感没有太大的关系，保持知足常乐的心态非常重要。

从传播与沟通的角度来看，当我们很快乐、很幸福的时候，我们与他人的交流与沟通一般是比较顺畅的。当我们的欲望得不到满足，我们的心情会很差，心情不好的时候，我们可能很难与他人沟通，遇到陌生人想把人赶走，就是知心朋友来了，有时也很难在他面前露出笑脸。

人人都希望幸福和快乐永远伴随着我们，都希望幸福的生活多一点，长久一点。能不能使自己的一生都得到幸福和快乐？有的人可能说，很难。其实说难也不难。只要我们静下心来，学习和了解一下自己的一生应该怎么度过，对自己的一生有一个清醒的认知之后，就会觉得人生获得究竟圆满的幸福生活并不难。

17.1.2 幸福人生方向的选择

教育、求职、住房等都需要抉择，到底选择什么样的人生方向是正确的呢？

图 6 -3 显示，如果把人生比作一个天平，一边代表善，一边代表恶。人若向善的方向走，就越靠近快乐之源；若向恶的方向走，自然就会靠近痛苦之源。换句话说，您想获得幸福和平安，您就得向善的方向行走，即做好事、说好话、存好心，您的美德积累得越来越多，您的快乐幸福也就越多。反之，常做恶事或害人伤人之事，您的人生就会走向黑暗，烦恼痛苦接踵而来。所以古人说：“人行善，福虽未至，但祸已远离。”相反，“人行恶，祸虽未至，但福已远离”。

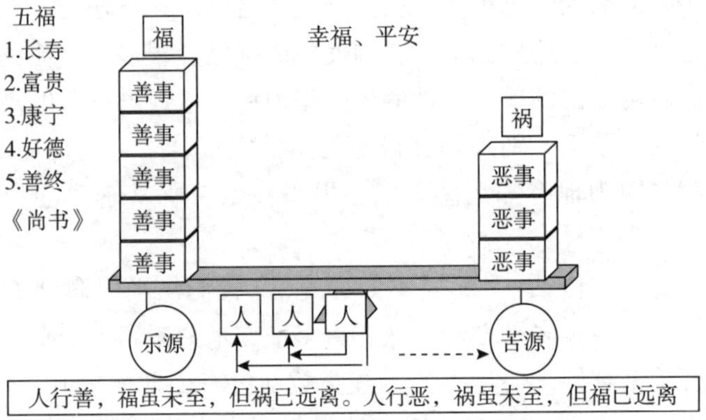

图 6－3　幸福人生的方向选择

《易经》曰："积善之家必有余庆，积不善之家必有余殃。"积德行善之家，子孙后代就能受到恩德的荫蔽，子孙兴旺发达；不能修善积德的家庭，往往生活悲苦，子孙衰亡。

美国的一位学者 A. E. Winship 在 1900 年专门对两个家族做了研究，通过比较两个家族，写成《尤克斯与爱德华兹》（Jukes－Edwards）一书。他追踪这两个家族两百年以来的繁衍发展，一个家族是无信仰的家族马克·尤克斯家族（Max Jukes），另一个爱德华兹家族（Edwards）是有信仰的，Edwards 是个虔诚的传道人。

有人统计两个家族 200 年后的情况，详细统计结果如下（见图 6－4）：

有信仰的家族	无信仰的家族
爱德华兹家族： 人口数：1394人，其中有： *100位大学教授 *14位大学校长 *70位律师 *30位法官 *60位医生 *60位作家 *300位牧师、神学家 *3位议员 *一位副总统	马克·尤克斯家族： 人口数：903人，其中有： *310位流氓 *440位患有性病 *130位坐牢13年以上 *7位杀人犯 *100位酒徒 *60位小偷 *190位妓女 *20名商人，其中有10名是在监狱学会经商的

图 6－4　两个家族后代的比较

为庆祝孔子诞辰 2560 年，国家投巨资续修了孔子的家谱，自收集数据到完成家谱，整个续修过程长达 10 年。孔子后裔已繁衍至第 83 代，被纳入新家谱的孔子后裔总人口已超过 200 万。

范仲淹的后代已有30多代，都很兴旺。为什么？因为他们把握住了正确的人生方向。

由此可以得出，正确的人生价值取向是尊崇仁义道德的，是自利利他、助人为乐、全心全意为人民服务的价值观。正确的价值观取向，不仅有利于人生幸福的实现，有利于人的个性品质的培养，也有利于人际关系的协调。

要想得到快乐与幸福，就要学会给予，学会与人为善，这就是幸福观，是人生获得幸福的方法，也是人与人之间进行有效传播与沟通策略的保障。

有的朋友可能会说了，我不这样看，我还是觉得钱越多越幸福。孔子曰："富与贵，是人之所欲也；不以其道得之，不处也。贫与贱，是人之所恶也；不以其道得之，不去也"（《论语·里仁》）。关键是应明白如何取之有道地挣钱。"货悖而入者，亦悖而出"（《大学》），靠投机取巧得到的钱，依然会以不合理的方式败散掉，不能长久享用。

富足与否也像一个人的幸福与否一样，实际上取决于每一个人内心的感受。如果有一个人很富裕，家资万贯，但是他还要向上攀比，还想成为亿万富翁、世界首富；有了一个50平方米的小房子，还想要150平方米的大房子。他的心不知足，也就不会有快乐的感受。人的幸福与否是一种内心的感受，仅靠外在的物质是填不满的。所以知足者常乐，不知足就永远乐不起来。

为什么有的人容易知足，而有的人却不容易知足呢？这是因为每个人对生活的看法和感受不一样。

其实古人对待幸福观看得比较深远，您有财富，仅仅是人生幸福的一个方面，在人的一生中获得五个方面的福，人生才不会有缺憾。《尚书·范洪》里记载，当一个人五福临门的时候，您的人生才能算真正幸福美满。哪五福呢？这五福一曰寿、二曰富、三曰康宁、四曰攸好德、五曰考终命。长寿、富贵、康宁、好德、善终，少一福都不能算完美。

1. 长寿

人人都想长寿，长寿的秘诀是什么？仁者寿。真正的仁者是什么样的？仁者一般是有信念的人、有正气的人、有正能量的人，是助人为乐的人，是知足常乐的人，是清心寡欲的人，是性情温和的人。这样的人一般会长寿。

广西有一个巴马长寿村，即巴马瑶族自治县甲篆乡平安村，那里90岁以上的人很多。80～90岁的人还下地干活，看孩子，看起来像50～60岁的，100～110岁的人看起来像其他地方90多岁的老人，但是他们说话和行走很有力，并不是老态龙钟的样子。笔者专门到那里去体验生活和调研。那里的农民很知足，欲望很少，觉得能吃饱就很满足。吃的饭很清淡，很多老人没有吃过肉。政府请100岁以上的老人吃饭，他们说"肉很香"。现在游客去得多了，都要吃肉，他们也吃点儿剩下的鱼肉，但是吃后牙会疼、嘴会烂、脸会肿，所以老人们不习惯吃肉。

南京汤泉镇的老山山脉旁，有一处隐藏在群树之中不起眼的寺庙，这里住着一位觉贤老和尚，有市民透露说这位高僧已经135岁了。《扬子晚报》记者在对老僧采访的过程中，整理出了他的生平。老僧说自己大概出生于光绪年间，曾是官宦之家，后来被寄养在安徽安庆，奶妈告诉他，他是1876年出生，所以现在已经140多岁了。他对记者说，他幼时便认识了师父上行下僧（据说是宣统皇帝的亲叔叔），跟随师父学文。后来又拜上勤下参和尚为师，跟随学武。再后来，他与师父居住在安徽安庆的迎江寺，在抗日战争爆发后去往四川，其后又回到安徽，于1985年来到南京。笔者认识的一位老师曾经去拜访过他，觉贤老和尚说："我的父亲178岁去世。"可见，能活178岁是有可能的。

清末民国初年的中医中药学者李清云，被称为有据可查的世界上最长寿的人，据称活了256岁，有的学者认为他活了200岁，也有学者认为他至少有170多岁，但都承认他确实是一位长寿老人（见图6－5）。

图6－5　长寿老人李清云

在他100岁时（1777年）曾因在中医中药方面的杰出成就而获政府的特别奖励。在他200岁的时候，仍常去大学讲学。1928年，李清云曾写了一部书《长生不老诀》，书中说，他长寿的秘诀，一是长期素食；二是内心保持平静、开朗；三是常年将枸杞煮水当茶饮。书中记载他长寿的关键在于气功健身。李清云提出用"刚柔相济，阴阳调和"的方法锻炼身体。可见，清心寡欲不容易犯错。

"酒色财气四堵墙，人人都在里面藏。若能跳出墙垛外，不是神仙寿也长"（北宋大相国寺《酒色财气诗》）。

2. 富贵

“富也者，福也”（《礼记·郊特牲》）。大富大贵是一福。福，不仅仅指物质财富，还包括精神财富。喜欢给予、喜欢付出的人都比较富有。富与负责的负同音，负责任，有责任心。贵是受人尊重的意思，求人尊重叫贱，主动尊重他人叫贵。从富到贵是生命的升级。如华人首富李嘉诚，就是既富又贵。他是大孝子，捐助教育和医院的善款有几十个亿。“诚信忠厚”是他们家的家风。“仁者以财发身，不仁者以身发财”（《大学》）。意思就是，有仁德的人，一般借助财富帮助众人以立身；不仁之人，依靠身力集聚财富。可见，财富只有用于流通济众才能发挥其功用。

我们的老祖宗不是不赞成我们挣钱，“君子爱财取之有道”。同时又告诉我们，“满而不溢，则长守富也”的道理，有了多余的钱应尽快捐给急需的人，则能把财富保持住。这是懂道的人才会做的事。钱太多，如果不会使用，就会带来灾祸。

3. 康宁

无灾无病叫康宁。灾，有天灾有人祸。天灾很频繁，人祸天天都有。比如信任危机，人与人之间缺乏信任就会出现危机。贪心也会带来危机。

俗话说：“酒是断肠毒药，色是剐骨钢刀，财是要命阎王，气是惹祸根苗。”有钱人相对容易带来祸端。纵观身边的人和事，不难看出获得康宁的人大都是比较守规矩、讲仁义道德的人。

4. 好德

生性仁善而且宽厚宁静，喜欢做善事，有好的品德，这也是一福。好德是一种好品德，不是人人都能做到的。所以孔子说：“吾未见好德如好色者也”（《论语·子罕第九》）。意思是说，我未见过喜好道德像喜欢美色一样的人。

喜好女色是人的天性，一般人都是感性多于理性，好色多于好德，但是过分好色就是恶。如果您能超越自己，成为好德的人，您的福就来了。好色之人，损福最快。

5. 善终（考终命），尽享天年，无疾而终

死也能看出是否有福。有福的人，一是寿终正寝；二是死后子孙后代不衰，这叫善终。仁者寿，什么样的人是仁者？

日本的“经营之圣”稻盛和夫认为，人生有三个阶段：①20 岁以前，好好学习；②20 岁到 60 岁，努力奉献社会；③60 岁以后，考虑如何把好的传统、好的家风传给子孙，越到老年，越要发挥余热；60 ~ 80 岁要考虑如何善终。稻盛和夫的这种做法完全是受我国传统文化思想的影响。

只有全部拥有五福才是完美的，缺少一福，您的人生也不算美满。从这五

福中也可以看到，要想获得五福，就得做一个积八德、守五常的人。“善不积不足以成名，恶不积不足以灭身。”一个人的福是靠一点一滴的善言、善行、善意积累而成；一个人的灾祸也是靠一点一滴的恶言、恶行、恶意积累而成。所以，古人总结出个人成败、家庭兴衰的道理：“积善之家必有余庆，积不善之家必有余殃”（《易经》）。

17.2 正确的信念是获得有效传播与沟通的保障

有的朋友认为，要获得一福都很难，拥有五福我做不到。不是做不到，是信心不足。信心来源于不断的学习和实践。其实，能够真正获得了一福，其余的四福可能同时也得到了。“夫子之道，一以贯之，忠、恕而已矣”，这就是中国传统文化的魅力。我们从哪里学，能够使我们永远有激情、有信心呢？

信念，是指信任，是坚信不移的想法，有时也称信仰和信心。信念是意志行为的基础，是个体动机目标与其整体长远目标相互的统一，没有信念人们就不会有意志，更不会有积极主动性的行为。信念是一种心理动能，其行为上的作用在于通过明智的道理和美好愿望，激发人们潜在的精力、体力、智力和其他各种能力，以实现基本需求和欲望，它是信仰与志向的结合。

美国著名的女作家、教育家、慈善家、社会活动家海伦·凯勒（Helen Keller）在1岁半时因患急性胃充血、脑充血而被夺去视力和听力，成为一个聋盲人。但她靠坚定的信念与顽强的毅力考入哈佛大学拉德克利夫女子学院。1968年6月1日逝世，享年88岁，却有87年生活在无光、无声的世界里。在此时间里，她先后完成了14本著作。其中最著名的有《假如给我三天光明》《我的人生故事》《石墙故事》。她致力于为残疾人造福，建立了许多慈善机构，1964年荣获“总统自由勋章”，次年入选美国《时代周刊》评选的“20世纪美国十大英雄偶像”之一。

她曾说过：“我要把别人看到的当成我的太阳，别人听到的当成我的乐曲，别人嘴角的微笑看作我的快乐。”

很难想象，双目失明的海伦·凯勒是如何摸着荆棘爬过来的；无法明白，两耳失聪的她是怎样感受大地的钟声闯过来的。她的心中一定有一种东西在召唤她，并为她指路，且这东西一定是温暖的、美好的、真诚的、无私的。这种像阳光一样的、给予他人的力量的东西就是坚定不移的美好愿望和信念。正如她所说：“信心是命运的主宰。”从她的精神、她的品质、她的信念不难看出，在她眼里，每天都是美好的希望，念力的力量是无穷尽的。

正如苏联教育家苏霍姆林斯基所说：“思想是根基，理想是嫩绿的芽胚，在这上面生长出人类的思想、活动、行为、热情、激情的大树。”

爱因斯坦曾说过："每个人都有一定的理想，这种理想决定着他的努力和判断的方向。在这个意义上，我从来不把安逸和快乐看作是生活目的本身——这种伦理基础，我叫它猪栏式的理想。照亮我的道路，并且不断地给我新的勇气去愉快地正视生活的理想，是善、美和真。"

北宋著名文学家、书法家、画家苏轼曾说："古之立大事者，不惟有超世之才，亦必有坚忍不拔之志。"战国末期的思想家和教育家荀况曾说："骐骥一跃，不能十步；驽马十驾，功在不舍；锲而舍之，朽木不折；锲而不舍，金石可镂。"

松下电器的创始人，被称为日本"经营之神"的松下幸之助曾说："在荆棘道路上，惟有信念和忍耐能开辟出康庄大道。"

黑格尔曾说："理想的人物不仅要在物质需要的满足上，还要在精神旨趣的满足上得到表现。"

美国第16任总统、著名政治家和演讲家林肯也说过："喷泉的高度不会超过它的源头，一个人的事业也是这样，他的成就绝不会超过自己的信念。"

这些思想家、教育家、科学家、文学家等通过自己多年的实践，总结出一个相对一致的道理，那就是正确的信念是人生幸福和事业成败的精神支柱。有了正确的信念，无论遇到什么事情，都能帮助我们排除万难，获得惊人的成果。

电影《英雄无语》中有这样一段台词："八万红军赶在蒋介石的'铁桶计划'没有完成前就撤离了江西根据地，踏上了两万五千里的漫漫征途。毛泽东对身边的人说，中央红军能够活着突围出来，搞情报工作的同志是立了头功的。"军史专家董保存说："在他们身上我们可以看到，那个时代的共产党人为了党的利益，为了这支军队的命运，他们可以说是不惜牺牲自己的一切。我们讲理想信念，就是要学习他们这种坚定的理想信念，这种精神正是我们今天需要发扬的。"❶

17.2.1 沟通中所持的正确的信念

在传播与沟通的过程中，要建立正确的信念主要包括三个方面：

一是坚信自己真正想要的目标是与人建立良好的人际关系；

二是坚信利他就是利己；

三是坚信改变自己比改变他人重要，唯一能够直接掌控自己的人是自己。

能够坚信这些信念的人，一般明白"伦常之道""五伦十义"的含义。明白"福田从心耕"和"厚德载物"的道理。心是一块田，种什么，得什么。

---

❶ 李琳，朱西迪．系列报道"不忘初心再长征"信念的力量［EB/OL］．央广网，2016－08－14.

如果你心里是快乐的种子，那么长出来的一定是笑容；如果你心里是痛苦的种子，那么长出来的一定是忧伤；如果你心里是恨的种子，那么长出来的一定是怨；如果你心里充满爱，那么长出来的一定是宽容；如果你心里有邪恶，那么长出来的一定是堕落。

在沟通过程中，心里要时常想着，我能为自己、为别人、为我们的关系做些什么。虽然我们的初衷都是想与他人建立良好的人际关系，但是很多人开始进入沟通的环节后，由于常常陷入是非的争辩之中，便忘记了沟通的初衷。比如，夫妻之间或朋友之间发生矛盾后，一般会争吵，之后生闷气，或者冷战。双方尽管多次想和好如初，但是沟通的效果始终不理想，甚至发展到关系僵化和断裂。主要的原因可能是忽视了沟通的最初目标，即希望二者关系和好如初。或者说，对于“和好”没有坚定的信念，忽视五伦关系的相处之道。如果沟通前或开始关键对话之前，心中就抱有与对方和好的坚定信念，即无论对方如何对我争吵或说一些难听的话，我都要耐心地倾听，让对方骂个痛快，也不还嘴，甚至还给对方倒杯温水，请对方润润嗓子接着骂；然后用心地思考如何为双方关系的和睦相处做点什么。比如想想对方的长处、自己的短处，为什么对方不能理解我，反思一下我在矛盾激化的原因中扮演了什么角色，我应当如何弥补自己的过错，等等。并始终坚信：改变自己最重要。有了这些坚定的信念，可能在进行深度沟通时会得到对方的理解。随着时间的推移，在不断地修正自己错误行为的过程中，我们可能会突然发现对方也在改变。

17.2.2 正确信念的作用

著名哲人苏格拉底说：“世界上最快乐的事，莫过于为理想而奋斗。”建立正确的信念对于有效传播与沟通有什么作用呢？研究者认为，至少可以达到以下三方面的目的。

1. 正确的信念可以帮助人们改善人际关系

我们都知道，沟通与传播是相互影响的过程。当问及一般人导致男女朋友分手的原因是什么，他或她通常会说是因为意见不合。在生活中我们也发现，人们在关于教育、理财、业余生活以及孩子的抚养问题上总会有不同想法和看法，有的人在与他人争论时，因为双方意见不一致，从此关系变得冷淡。但是我们也发现，有的人很善于与他人沟通，在单位或小群体中很有影响力，后来成为单位或某个部门很有威信的领导。为什么有的人沟通的效率比较高，而有的人却不善于沟通与传播？这可能与是否具有正确的信念有关。

仔细观察，您会发现这样一种现象，善于传播与沟通的人，一般都是乐观向上的人，是有坚定的信念、有明确的志向的人。比如，明白自己沟通的目标是什么，明白助人为乐的道理，明白改变自己的重要性，等等。在深度交流的过程中，善于沟通的人，处处能够从对方的需要考虑问题，暂时放下自己的见解，认真倾听对方的想法和看法。而且，善于沟通的人都坚信真诚心和爱心是最大的能量场，可以化解一切矛盾和冲突。所以，这样的信念常常支持他与各种不同性格、不同生活习惯的人尝试沟通，即使沟通失败，也不会轻易放弃有效沟通与传播的机会。拥有正确的信念，不仅有利于改善人际关系，也有利于塑造自己的人格。

2. 正确的信念可以改善个人健康，进而保持良好心态，以促进关系的改善

许多心理学的研究表明，当人们怀着负面情绪时，一般会心情低落，此时与他人沟通，往往听到的大多是难以忍受的话语，有时失败的对话还会带来极大的灾难。这些不愉快的情绪也会慢慢吞噬人们的身体健康。《黄帝内经》上有一句话说："气伤肝，怒伤心，恐伤肾，苦伤胆。"一个人经常生气，他的肝上就容易出现问题。

两个人的沟通，70%是情绪，30%是内容。情绪不对，内容就会被扭曲。这时候说出来的话往往既伤人又伤己，纵有一肚子的情愫，没有良好的情绪，说得再多也只是发泄。相反，如果有正确的信念，往往心里对双方的关系抱有美好的愿望，坚信人人都有一颗向善的心，人人都希望得到爱和呵护，所以与他人对话或交流时，心态能够始终保持阳光健康，比较坦诚和淡定。阳光的心态带给他人的必然是温暖、快乐和康宁，身体也自然健康远离疾病。人们常说，乐观是健康的滋补剂。换句话说，阳光的心态就是知足、感恩、乐观、开朗的心态，让人心境更好，让人际关系更加和谐。有了阳光的心态，就有了内心的和谐。有了阳光的心态，心胸会豁达。健康的心态，健康的人生。

阳光的心态，可以影响到周围的人，周围的一切又会反过来鼓励您。人的生命在于被需要，生活因为热爱而丰富多彩，生命因信心而更加美丽。作家狄更斯曾说："一个健全的心态比一百种智慧更有力量。"

3. 正确的信念可以增强个人的影响力

每个人都希望自己成为最有影响力的人，成为领导人和管理者，有这个愿望很好。大家都知道宋代著名的思想家、政治家、军事家、文学家范仲淹（范公），他小的时候遇到一个算命的人，他就问这个算命的人："我能不能当宰相?"宰相是一人之下万人之上。这个算命先生吓了一跳，说："你这个年轻人野心这么大，一下子就要当宰相。"他这么一问，范仲淹不好意思了："不然这样好了，你看我能不能当医生?"这个算命先生觉得很奇怪，怎么一下从想当宰相变成当医生？范仲淹说："因为只有良相跟良医可以救人。"范仲淹的人生目标就是要救人。

非常有德行的宰相叫良相，因为良相治理整个国家时，如果一个决策对了，千千万万老百姓将得到利益；一个决策错了，可能几百上千人就会饿死，所以良相能帮助天下很多的人，可以救人。良医是医术高明的医生，良医能把快要死掉的人救活。救活一个人，不只他活命，假如救活了一个丈夫，就等于是把他整个家庭都解救了，所以良医可以救人。算命先生听他这么讲，就说："你小小年纪心就这么可贵，你这一念心就是良相的心，你以后一定可以当宰相"。后来，他真的当了宰相，他的儿子也当了宰相。

这样美好的愿望为什么可以如愿以偿？因为这个愿望的背后有一个坚定的信念。简单地说，心中有利他之心的善念，就是正确的信念。正确的信念契合了自然之道和五伦之道的。老子说："是道则进，非道则退。"有的人很想当领导，但他当领导的愿望是为了要权、捞钱；有的人也很想当医生，但他想当医生的目的是挣钱、拿红包。这样的信念所得到的结果一般是不会长久的。

有了信念犹如春天播下了种子，要想使种子开花结果，还需要通过施肥和浇水等技术呵护她的成长。如同一个领导者要树立自己的威信和增强自己的影响力，不仅需要有正确的信念，还需要用自己的言行向周围人传播正能量的信息，在群体传播和人际传播过程中展示自己的沟通智慧。

领导与被领导的沟通之道是君仁臣忠，领导者真正地关心和帮助被领导者，被领导者自然会尽心竭力地认真工作。当然，具有影响力的人并不一定都是领导，但是没有影响力的人很难成为领导。成为领导的人，如果没有良好的沟通与传播的能力，也很难成为优秀的大领导。

具有影响力的人，拥有的能量藏在自己身上，一是人格的魅力，二是扎实的学识。有很多朋友常常花很多时间去拉人脉、搞社交，却很少花时间提升自己的人文修养和专业技能。事实上，唯有让自己变得强大，增强个人的社会价值，才能真正获得更多朋友的信赖。

思考题

1. 您认为培育正确的价值观和幸福观对于有效传播与沟通有什么影响？
2. 简述价值观与信念的关系。如何获得人生究竟圆满的幸福人生？
3. 沟通中所持的正确的信念是什么？
4. 建立正确的信念对于有效传播与沟通有什么作用呢？

第18章 支持策略——学而不厌

党的十八大提出了："完善终身教育体系，建设学习型社会"，习主席也多次强调建设"人人皆学、处处能学、时时可学"的学习型社会。学习型社会已经是现代社会发展的主要特征之一。

几乎人人都知道这句话——活到老学到老，人人都知道学习的重要性。但并不是所有的人都知道什么是我们终身必学和应学的内容。学什么能够让我们越学越想学，学什么能够达到孔子说的"学而时习之，不亦说乎"的学而不厌的境界？特别是面对未来的生态文明时代，我们应当学什么？学什么更有利于我们与他人的有效传播沟通，这是我们掌握有效传播与沟通策略的核心内容之一。

18.1 学什么

18.1.1 人生需要学习的内容

人的一生中学什么才能成人、成才？或者说，学什么才能成为一个有智慧的人，受人尊敬的人，让人敬佩的人？研究者认为，一般包括五个方面：伦理教育、道德教育、因果教育、圣贤教育、技能教育。

1. *伦理教育（人与人之间的真实关系）*

伦理教育是指人与人之间和睦相处、诚敬谦和的教育，是以五伦十义为主干的培养良好的人际关系的教育。

2. *道德教育（人与大自然之间的真实关系）*

道德教育是了解人与大自然、人与万物之间的关系的学问，即培养人与一切事、物平等对待、和睦相处、互相尊重、互助合作的教育。道是自然规律，是天性，德是一种修养，体现在言行中的一种美德，如仁义礼智信。在儒家看来，道与德是一体的。"道"乃自然的运行法则，是自然的原理原则。能顺乎自然，将自然的法则落实在我们生活当中，就是“德”的意思。比如孝道，学习了孝，就要做到孝顺父母，孝养父母之身，孝养父母之心，孝养父母之志，孝养父母之慧。真正这样做了，就得道了。所以，“德”在《说文解字》中被定义为：“德者，得也。”朱熹在《四书集注》中进一步解释说：“德者，得也，得其道于心而不失之谓也。”也就是说“德”真正要得到的是“得道”。一方面，“德”意味着一个人的精神品质、能力和力量。一个有德的人能够得到上天和祖宗的支持认可以及人民的拥戴，得道者多助，失道者寡助。另一方面，“德”是一种道德品质特征，作为人格教化的结果，德“内得于己”，源于性。“人性本善”，这就意味着人性中具有体悟天道的能力和潜能。[1] 道德教育是告知人们人与大自然之间真实关系的学问，明白了其中的道理，然后自然生起平等、博爱、共存共荣和爱护生态环境的意识。

3. 因果教育（人与不同维次空间生物的关系）

《安士全书》云：“人人信因果，天下大治之道也，人人不信因果，天下大乱之道也。”不信因果是社会动乱的根源。凡事都有因，有果就有因，我们似乎都知道“种瓜得瓜，种豆得豆”的道理，但是并没有多少人相信因果律，这是100多年前忽视因果教育的结果。

《太上感应篇》有言：“祸福无门，唯人自召，善恶之报，如影随形。”学习过因果教育的人，做人做事都会考虑因果。因为他明白什么是善，什么是恶。

《了凡四训》中记载，过去有一群学生向中峰禅师请教善恶的标准是什么。有一个学生说：“谓詈人殴人是恶；敬人礼人是善。”中峰云：“未必然也。”另一学生说：“贪财妄取是恶，廉洁有守是善。”中峰云：“未必然也。”为什么中峰禅师说不一定呢？不能从表面看问题，要从本质上解释“善恶”的含义。

元朝的中峰禅师说：“有益于人，是善；有益于己，是恶。有益于人，则殴人，詈人皆善也；有益于己，则敬人，礼人皆恶也。是故人之行善，利人者公，公则为真；利己者私，私则为假。”

意思是说，做事有利他人的善是真善，利于自己的善则是假善，是恶。对他人有益处，即使是打人骂人也是善。如果为了个人的私欲，表面上看很有礼貌，也符合规矩，那也是恶。发于内心的善行是真善，装给别人看的善行是假善。无所求而为之善是真善，有所谋而为之善是假善。

《了凡四训》上讲得很清楚，善有端有曲，有大有小，有半有满，有偏有正，有阴有阳，等等，人如何行善积德，如何改变命运，如何脱贫致富，如何

---

[1] 刘余莉．儒家伦理学［M］．北京：中国社会科学出版社，2011：88－89．

获得幸福快乐，书中都有所解释。

4. 圣贤教育（前三种教育的升华，即大爱的教育）

圣贤教育也可以称为智慧的教育，是以高度的定慧化解一切对立、矛盾、疑忌、冲突的教育。有智慧地运用仁义礼智信的道术对待人事物，以达到和睦相处，从而为社会和谐、为世界和平创造稳定的根基。它是伦理教育、道德教育和因果教育的升华，是精神文明的教育。

5. 技能教育（知识、技术、艺术等）

技能教育是为了就业而进行一系列知识、技能培训的教育。我国现在的教育体制主要引进的是西方的知识训练教育体制，从学习技能的角度来讲，这套体制是比较完备的。这套教育体制为我国培养了一批批的精英技术人才，使我国经济发展和科学技术水平得到了空前的提高。工业革命和信息技术迅猛发展推动了生产力的发展，改善了人们的物质生活条件，提高了人们的生活质量。尤其是电脑、电话等信息技术的发展，使我们实现了很多人脑暂时不能实现的事情，通过网络我们可以解决很多心中的疑问。电话、微信等通信工具，可以使我们跨越地域随时随地进行交流。

虽然科技发达使我们的生活越来越好，越来越方便，但是人们也发现，幸福指数并没有像人们想象的那样随着物质生活的满足而得到提高。科技发展的同时人类也付出了很大的代价。比如消耗了大量资源，加剧了资源短缺的压力，破坏了生态环境，物种灭绝加快，人身安全越来越没保障。现在平均每天都有成千上万的犯罪行为发生，而其犯罪手段大多与当下的时新科技相关，尤其是网络诈骗更是让普通百姓防不胜防。而从第二次世界大战我们已经可以看出，随着科技的发展，现代战争所造成的破坏与损失已远远不是以前可比，甚至有可能造成人类灭亡。

人类身体素质大不如前。随着科技发展，汽车、火车、飞机等各种交通工具的出现使人类的日常生活发生了重大改变，以前项羽的“力拔山兮气盖世”，在当今的社会已经是不可能再出现。各种新病菌不断出现，很多病菌的杀伤力已经远远超过以前的病菌的破坏力，这是由于医药科技的迅速发展加快了病毒的变种，以至于科技的发展速度已经跟不上病毒的变种速度。人心变得更加浮躁，家庭矛盾林林总总，离婚率几乎赶超结婚率。

总之，关于教育的内容和教学的次第，古今中外各学科领域的专家学者对此均有不少的研究成果。纵观这些研究成果，比较一致的看法是，人类一生要学习的教学内容不外乎这五方面的教育。然而，对于教学内容的先后次第以及不同年龄段学习何种内容，我国古代圣贤分析得比较透彻。大量的事实也验证了，伦理教育、道德教育、因果教育、圣贤教育是扎根教育，是终身要学习的内容。这四种教育是本，技能教育是末。如同一棵大树，前四种教育是根，后一种教育是枝叶和花果。“物有本末，事有终始，知所先后，则近道矣”（《大学》）。

忽视了立人之本的教育，结果会是什么呢？作奸犯科、违法乱纪的人多了，忤逆父母的人多了，家庭不和、闹离婚的人多了。所以古人一直强调，建国君民，教学为先。教学的内容主要指的就是前四种。“首孝悌，次谨信，泛爱众，而亲仁，有余力，则学文”（《弟子规》），是说学习要明白主次和轻重，如果把教育的重点放在了技能教育，就会出现本末倒置的现象。其实儒学很重视知识教育，但其知识教育的目的是在做人（内圣外王）的基础上做好利他的事，即指导人们如何做人（内圣）、做事（外王）的价值教育。

18.2 当今及未来时代必须学习的内容

从历史的角度看，自1905年清政府开始废除科举、兴办现代学堂后，学习西方的先进技术、物质文明教育逐渐成为社会的主流，而围绕儒家经典“四书五经”展开的以血统和道统为主流的精神文明教育渐渐衰落。尽管当时有志士仁人提出中国应走“中体西用，中西合璧”的道路，但这种声音极其衰微，到了新中国成立后的50年代末，经典教育彻底退出历史舞台，以知识经济和高科技为主导的物质文明逐渐成为主流，这不是哪个领导人决策的失误，这是人类对文明的选择，学习科学技术也是符合人类社会的发展规律的。

不过，在改革开放带给人们极大丰富物质生活的同时，人们也感受到虽然物质文明可以满足人们的需要，但是缺失了扎根教育的文化之魂，人们的生活没有了精气神，这也不符合人性和自然规律。在多元文化的时代，特别是在历史悄然进入生态文明时代，以习近平为核心的党中央提出走实现中华民族的伟大复兴之路，并不是唯我独尊，而是运用中华文化的核心“和”的文化，构建人类命运共同体。未来中国的道路，要走以中国优秀传统文化为本为核心、以马克思主义理论为指导、以西方科学技术为用的三结合道路，倡导世界不同文明的包容互鉴，促进世界各国“和平发展、和谐相处、合作共赢”。这是历史的必然选择。

为此，在未来时代，我们必须要学习的内容已经很清楚。100多年来，我们忽视的教育是扎根的教育，也就是说忽视了以伦理教育、道德教育、因果教育和圣贤教育为代表的中国优秀传统文化教育。如今，迫切需要我们重拾5000多年来中华民族一直追求和传承的和平、和睦、和谐的灿烂文化。这四种教育就是中华文化的核心内容，是孕育中华民族精神品格的“成人”（成为人）的教育，是一个人终身要学习的内容，也是有效传播与沟通的必修课内容。一个不懂得做人的人，一个自私自利的人，一个不仁、不义、不礼、不智、不信的人，纵然有丰富的知识和熟练的沟通技能，随着时间的推移，最终也不会成为人人尊重的人、人人拥戴的人。

近些年来，学习传统文化的热流已经遍布世界各国。比如《论语》在日本近年来一直保持着畅销书的地位，出版社打出了宣传语，“在混乱的时代，向《论语》学习做人之道”。让孩子在高声朗读《论语》中陶冶情操成为日本一种教育风潮。东京明治书院自2005年开办儿童私塾，到2008年学员已经超过千名。到了2010年，日本全国各地面向儿童的“论语私塾”已经如雨后春笋般兴起。而更受欢迎的是在商界中开办的将经营学和儒学结合的“论语私塾”被贴切地形容为一手拿《论语》，一手拿算盘。儒商成为日本商界受欢迎的类型。❶

从1870年第一个《道德经》德文翻译本问世以来，到现在已经有德文译本82种，研究老子的专著已经达到700多种。❷ 德国电视台最近的一项调查表明，老子还是德国人心中最知名的中国人，每4个德国家庭中就藏有一本《道德经》。一位叫马克的德国人说：“这是中国的经典，也是我们的经典。”❸

大文豪托尔斯泰对老子和孔子有很深的情结。“公元1891年11月，圣彼得堡一位著名出版家写信询问托尔斯泰，世界上哪些作家和思想家对他影响最大。托尔斯泰回信说，中国的孔子和孟子对他影响很大，而老子则是巨大。”❹

美国学者卡普拉惊奇地发现了道家哲理与高能物理现象的吻合，他在《物理学之道》中说：“中国的哲学思想，提供了能够适应现代物理学新理论的一个哲学框架，中国哲学思想的‘道’暗示着‘场’的概念，‘气’的概念与量子‘场’的概念也有惊人的类似。”❺

作为中国人如果不学习中国的经典，恐怕将来只能让外国人教我们理解中国的经典了！

18.3 如何学

从2002年来一股学习传统文化的热潮在中国民间涌动，到2006年央视《百家讲坛》播放的《于丹〈论语〉心得》吸引数亿观众；从古装影视剧热播到历史题材图书畅销；从人大成立国学院到北大、清华等开设“国学班”；从各地恢复祭孔到海外孔子学院遍地开花；从私塾重现到儿童读经；从习近平主

❶ 北京日报．《论语》为什么会成为世界的？［EB/OL］．中国文明网，2011-03-17.
❷ 环球时报．《道德经》曾风靡欧洲［EB/OL］．新华网，2007-03-24.
❸ 淳朴韵味．外国人眼中的老子《道德经》［EB/OL］．易网，2015-09-24.
❹ 王学信．托尔斯泰的孔老情怀［EB/OL］．中国侨网，2008-01-08.
❺ 卡普拉．物理学之道［M］．北京：北京出版社，1999.

席的系列讲话阐释中华“和”文化的理念，到制定的一系列协和万邦、维护世界和平的战略决策……这一切都表明，曾经渐行渐远的传统文化正在回归。

随着传统文化学习热、国学热、儒学热的不断升温，如何更好地学习伦理教育、道德教育、因果教育和圣贤教育成为人们关注的问题。本书针对有效传播与沟通应具备的素质，提出两种学习方式，与大家共勉。

18.3.1 自助式学习

自助式学习主要指自学和自修的学习策略，包括阅读什么书、如何读书、如何实践等有助于提高自身素质或人格塑造的方式。

1. 经典诵读的主要书目

中国优秀传统文化容纳了儒家、道家和佛家的精华，有很多经典著作流芳千世。但我们的精力是有限的，不可能读完所有经典。归纳古今学者的经验及笔者的学习体会，扎根教育的书主要有：《弟子规》《孝经》《太上感应篇》《十三业道经》《大学》《中庸》《论语》《孟子》《道德经》《易经》等。

《弟子规》是一部介绍做人规矩的书。它不仅仅是儿童要学习的经典，大学生、家长、领导干部等都应当学习并落实在言行中。《孝经》是一部入德学之门的宝典，“孝悌”二字深广无边，自古便有“以《孝经》统群经”的说法。学《弟子规》和《孝经》的目的主要是落实“孝养父母，奉事师长”的教诲。

《太上感应篇》是一部教人明因识果、得福远祸的经典著作。学习《感应篇》的目的是落实“慈心不杀”、培育悲悯之心，许多大儒甚至佛家的高僧大德每天都会拿它来检验自己的功过得失。

《佛说十三业道经》是一部佛学的经典著作。依照此法修正自己的行为，便能成人成才。清代的雍正皇帝曾为此经作序。无论人道天道，偏离十三业道便不是正道。

“四书”大家都比较熟悉。《大学》是告知人们修身齐家治国平天下的目标和方法的典籍。《论语》是记录孔子及其弟子的言行，较为集中地反映孔子思想的一部经典。孔子在古代被尊奉为“天纵之圣”“天之木铎”，是当时社会上最博学者之一，被后世统治者尊为“孔圣人”“至圣”“ 至圣先师”“万世师表”“文宣皇帝”“文宣王”，是“世界十大文化名人”之首。

北宋政治家赵普曾说：“半部《论语》治天下。”它从一个侧面反映出此书在中国古代社会所发挥的作用与影响之大。同样，《论语》中的许多警句对当今社会也有重要的指导意义。

《孟子》是战国时期伟大的思想家、教育家孟子所著的书籍，他被后世尊称为“亚圣”。孟子提出的“民贵君轻”的民本思想至今仍然有重要的意义。

《中庸》原是《礼记》中的一篇。《礼记》是古代一部重要的汉民族典章制度书籍，被称为儒家文化的理论著作。“中庸之道”亦被古人称为中道或中和之道。

《道德经》被誉为“万经之王”，是中国历史上最伟大的作品之一，对中国哲学、科学、政治、宗教等产生了深刻影响。

《易经》一书作为中国早期的思想文化体系，在中国传统思想文化中占有的重要地位已为世界所公认，可将其视为为人处世、提高修养的法宝。

2. 读诵经典的次第和方法

读诵经典的目的是开慧和明礼。古人发现，读诵经典的过程是修定的过程，定能生慧。读书百遍其义自见。以上提到的这些书的篇幅都不长，但却囊括了中华文化的精髓，用一年时间读完并熟诵是没有问题的。

古人读书很讲究次第。《三字经》说：“孝经通，四书熟；如六经，始可读……”就是说，我们先读完《孝经》，再读《大学》《中庸》《论语》《孟子》，然后再读《道德经》《黄帝内经》《易经》。这样按照次第阅读，就比较容易理解经典阐释的义理。

有一位中学校长，60 岁退休后，每天读诵经典，读经 2 年多，他的最大的收获是，身体健康了，记忆力增强了。他总结出一套读经的方法。比如每天读诵 1 小时，读 1 篇，分章节，每个章节读 100 遍；读下一个章节时再从前一个章节开始，以此类推，画正字以记录遍数。轻轻松松记住经典词句，不用专门背诵。他感慨地说：“经典使人的身心成长得更自然，小草长得更像小草，大树长得更像大树。”

有的朋友可能会说了，这些经典都是文言文，我们看不懂。我们怎样学习文言文呢？文言文学习的方法，就是读诵！读书千遍，其义自见。特别是孩子年龄越小，越容易掌握这把钥匙。孩子的记忆规律和我们成年人不一样，孩子的记忆力最好，不用去理解，只要在他的耳边重复 10 遍以上，他就自然而然地倒背如流。所以在汉代出了很多神童、圣童，他们在十几岁的时候已经把四书五经倒背如流。很多人觉得他们智力高，是神童。实际上并非如此，我们每一个人都具备这种能力，只不过我们的教育没有按照儿童成长的规律来教，忽视了从几百年的教育方法中汲取智慧。所以文言文的学习至关重要！它是传承中华文化的一个重要工具。

现在很多大学，比如中国人民大学、清华大学都开办了国学院，弘扬中华文化。但是到了大学才开办国学院，已经为时太晚。从幼儿园、从小学开始，就应该重视国学经典的诵读，因为孩子的记忆力是最好的，为什么不在他记忆力最好的时候，让他读诵这些珍贵的国学经典呢？随着年龄的增长，理解力提高了，把这个经典给他讲解出来，他学起来易如反掌，学起来很喜悦。古代的圣贤经典记载着古人对天道（自然规律）深刻的认识和体悟，一个人如果经常读诵这些圣贤经典，就自然能够站在巨人的肩膀上，看得更远！

3. **学而时习之，其乐无穷**

论语开篇的第一句话就是“学而时习之，不亦说乎？”在孔子看来，向良师益友包括经典中的圣贤老师学习之后，重要的是要时常实践，才能体悟到其中的乐趣。也就是说，能够按照经典中所讲的道理去做人做事，常常会激发我们的感恩心和恭敬心。当我们真诚地为父母或朋友做一件事的时候，反馈回来的信息是父母和朋友的开心，我们收获的自然也是开心和快乐。这就是学而时习之的乐趣，也是有效传播与沟通的最佳方法之一。

当我们知恩后，并开始真诚地回报父母、员工、孩子、配偶和国家的时候，同时也会相应地反馈给我们许多真爱、真善的信息。有学者研究表明，这种爱心与他们感恩心所产生出的能量，会形成一个巨大的能量场，在这个环境中的人们，会感受到一种发自内心的喜悦，这种喜悦才能称得上幸福，把这种爱代代传递下去，幸福感就会长久地保持下去。

网络上流传着这样一个感人的故事。

这个故事发生在美国。一个大雪纷飞的夜晚，布朗先生独自驾车返家，不料车子却在一片四下无人的荒野中抛锚了。正当他着急得不知该如何是好且又冷又饿之际，一个年轻人正好驾车经过，当他知道布朗的遭遇后，立刻拿出绳索绑住两部车，然后拖着抛锚的车到下一个城镇去修理。

可以想象布朗对这位年轻人的感激之情，他当下拿出一笔钱作为报答之意，不料年轻人却摇摇头微笑地拒绝了。他告诉布朗：“我不是为了获得报酬才做这件事，若你真想报答我，答应我一个要求就好。”布朗略感讶异地凝神倾听。

“希望今后当你遇到需要帮助的人，你都能够尽你所能地去帮助他，若他也像你现在这样想要报答，请你把我现在告诉你的话一样地告诉他，这就是对我最好的报答了。”

时光飞逝，一晃20多年过去了，这段时间布朗从没有忘记对年轻人的承诺，只要遇见需要帮助的人，他总是义不容辞地去助人，碰上受助者想要回报他时，他也总是照着当初那个年轻人告诉他的话去说。在不断帮助别人的经验中，布朗深深体会到助人为快乐之本的真谛，日子过得充实而愉快。

有一天布朗独自驾小船出海去钓鱼，不幸遇上了一个迅速发展的海上暴风雨，小船禁不起大浪的折腾翻船了，布朗抱着救生圈在海上载浮载沉地漂流了一天一夜，最后被冲上一座荒凉无人的小岛。

过了几天，一个来孤岛附近钓鱼的小伙子发现了遇险已命在旦夕的布朗并救了他。对于救命之恩，布朗事后非常感激地拿出一笔钱作为答谢，没想到小伙子竟告诉他不需要这样："只要今后当你遇到需要帮助的人，你都能够尽量帮助他，并且请他跟你一样，懂得去帮助需要帮助的人，这就是对我最好的报答了。"

"这就是对我最好的报答了"，多么耳熟能详的一句话，这句话刹那间让布朗热泪盈眶。他突然间明白，原来过去这20多年，他都自以为是自己在帮助别人，其实他真正帮助的是他自己。助人的善念在人间传递，若干年后像圆圈一样又传递回他身上，若不是有这么多的人共同传递这份善念，他今天或许不会获救。

然而，不仅善念会传递，恶念亦如是。一辆行驶在马路上不守交通规则乱按喇叭的车，能够瞬间影响数十部开车者的心情，这些受影响者若没有足够的宽容心，很可能将这份不好的情绪扩散至办公室或家庭中，让社会多了许多不必要的矛盾与冲突。

遇见令人不愉快的事，若我们搅入其中，扮演破坏人间祥和的角色，那对于这个世界的纷纷攘攘，我们谁也责怪不了，因为我们也都在起着推波助澜的作用；反之，若我们能智慧地让不愉快的事仅及自身而不波及他人，相信用不了多久，不愉快的事可能会很少再遇到。

从传播学的角度来看，这个故事讲述了一个有效沟通与传播的道理。一个善的信念决定一个善的行为，一个善的行为传播给任何一个人，起初传播正能量的人都能收获一份爱，这份爱不仅能够感染身边的人，身边的人也同样会感染他们身边的人。这也是牛顿第三定律的最好证明，相互作用的两个物体之间的作用力和反作用力总是大小相等，方向相反，作用在同一条直线上。让人间变成天堂或地狱，常在你我的一念间。什么样的沟通方式最有效？用一颗持之以恒的爱心沟通最有效。让恶念的涟漪不起，让善念在人间传递，不仅影响着他人，更是提升了自己。

18.3.2　他助式学习

学习的方式无外乎两种，一种是内助式，另一种是他助式。他助式是指借助外在的力量进行学习的一种方式。比如参加一些培训或学习班等，在相互观摩、相互切磋中学习和体悟。

内助式强调的是自己学和习的过程，在实践的过程中自己感悟和体悟其中的道理。如《大学》中所说："如琢如磨者，自修也。"不断地学习，不断地实践，不断地琢磨和体悟。从传播学的角度讲，这是向内传播，即自己与自己交流的一种形式。

而他助式强调的是向他人学习，相互交流和讨论，甚至辩论，在共学的过程感悟和体悟人生的道理，以弥补独自学习时信息不全面，对人、事、物参悟不透的不足，是一种小群体传播与沟通的方式。

论语中言及的“有朋自远方来，不亦乐乎”指的就是与志同道合的人一起学习和交流，岂不是人生最快乐的事吗？人是需要传播与沟通的，这也是向他人学习的一种方式。为此，他助式学习方式一般有以下几种。

1. *参加相关的学习班或传统文化公益论坛*

笔者通过十余年的实践和研究发现，在当今物欲横流的时代，为了快速了解传统文化的核心内容，获得人生究竟圆满幸福的方法和为人之道，人人都应当参加一次4或7天的“传统文化精进学习班”。7天的培训得到的反馈效果更好，参加培训的学员都反映“有钱难买早知道，这是成人的必修课”。现以D市的4天“传统文化培训班”为例，介绍一下该形式的传播沟通过程和取得的效果。

（1）形式概述。

D市的传统文化讲习班是由一位女企业家善心投资建起的。组织者张先生曾任某省银行副行长，后接触传统文化大有感触，毅然辞去高薪工作与妻子开办传统文化培训学校，2010年由“亲子班”开始，第一期开办就因其成效明显而大受欢迎。每期开班招收20人左右，所有参加人员住宿、吃用全部免费，属于全公益性质。经过口碑相传，每期报名人员都超标，培训班采取封闭式教学，4天一期，要求家长带着孩子共同参与。

现已正式用名“大连传统文化培训学校”，学校介绍中这样写道：本校旨在为所有追求幸福人生的家长、学生和社会各界人士搭建一个正规的学习、交流和实践圣贤教诲的公益平台，创建我们共有的精神家园。……本校将坚持公益的办学性质，开展义务教学，针对各类人群开设“幸福人生讲座”、“学生读经力行课堂”、寄宿制的“德行＋历练生活本领＋学习文化课”长期培训班。这些活动或课程以对圣贤教诲的学习力行为核心，为人们坚定正确的人生信念，增强抵御社会负面影响的能力。

1）传播内容：

本次课程内容没有实人教授，播放的是《传统文化公益论坛》[1] 的光碟（论坛的内容主要是社会各阶层的人谈学习《弟子规》后的受益以及自己如何在生活中运用这些所得），一位主持人会在每段片子后做简要回顾。每天早上诵读《弟子规》，另有两名老师主持每天晚上的课后分享，分为“孩子团”和

[1] 中国传统文化公益论坛由原中央电视台著名主持人陈大惠发起，自2009年7月在河北唐山召开之后，全国各地反响热烈，到2010年年底全国已有40多个城市举办论坛80多场。论坛每场参加人数多达4000人，少则500人，很多观众因一场论坛改变自己的人生，反响强烈。

“家长团”。

2）传播过程：

课程安排得非常紧凑，早上5点30分就起床，晚上9点下课，但通常因为学生们兴奋的讨论，基本上12点左右才安静下来。对于安逸惯了的都市人来说还是比较辛苦的。前三天，每晚最后一项是小组分享，分为“孩子组”和“父母组”。最后一天，大组分享与总结，共同分享心得体会，并由会务老师们播放几天以来拍下的过程视频回顾（见表6－1）。

表6－1　D市传统文化培训班课程表

	第一天	第二天	第三天	第四天
6：30～7：00	德育故事	音乐手语	音乐手语	
8：00～9：30	《家和万事兴》蔡礼旭	《我被十三所学校开除》	《礼在人际关系中的运用》	
10：00～11：30	《移风易俗》靳雅佳	《仁义礼智信之于中医》	《新世纪健康饮食》	分享
13：30～15：00	《大导演与老妈妈》	《久病床前有孝子》	不定	音乐手语
18：00～21：00	小组分享	小组分享	小组分享	《百善孝为先》

3）受众：

来自各地的城市居民，主要人群是具有“亲子”关系的母子或父子，也有少量的“隔辈”爷孙和单个的孩子及家长。

（2）传统伦理文化对个体意识的影响。

大连的传统文化培训班由于设有分享环节，所以人们接受传统伦理文化后的意识改变明显而生动。这里通过两个最典型的自述来分析这种影响。

案例1　王子，男，15岁，初中学生

学了传统文化，我才知道自己以前做错了好多。《弟子规》里说：“父母呼，应勿缓。父母命，行勿懒。”可是我以前沉迷于游戏，父母叫我吃饭我也不吃，父母想与我聊天我也不搭理，实在是太不孝了。我一直以西方的价值观出发，认为孩子和父母是平等的，他们虽然给我生命，但是强加给我的，不能以此为理由约束我。可是学了传统文化才知道，子女是父母的骨血化的，乌鸦尚且知道反哺，它是禽兽，人难道连禽兽都不如吗？亲情是最基本的，如果一个人连父母都不爱，说什么朋友啊兄弟义气啊都是胡扯。

该个案中，个体能够将自己的行为与《弟子规》做比对，发现自身的问题，从而建立起正确的对行为的认知，并且对自身原本拥有的西方价值观有了反思，重新建构自己的伦理价值观中对于“孝道”的理解。

案例2　张锦（化名），女，大专文化，57岁

通过四天的学习，我深深地忏悔自己的过往。我一直认为儿子不好，学了传统文化才发现他身上那些毛病都是我的“影子”，“行有不得，反求诸已”，都是我自己的错啊！

首先，我不是一个好女儿，我从小由外婆带大，跟父母兄弟都不亲，所以我的儿子跟他的兄弟姐妹们也不亲。我总觉得跟他们格格不入，没有共同语言。所以自打我外婆去世后，我就封闭自己的内心，哪怕是亲姐妹我也不跟她聊心里话。我母亲因癌症住院，那段时间我并没觉得多悲伤，我妹妹当时天天守在母亲床前，我却没去过几次，我一直觉得我妈对我不好，跟她之间没什么感情，可学了《弟子规》才知道“亲爱我，孝何难。亲憎我，孝方贤。”啊！母亲走后，看那几个弟弟对着墓碑磕头我不觉得悲哀，反而觉得真是封建可笑，你们说这不是“畜生”吗？我就是这样对待我的父母，所以我儿子今天让我操碎了心。

其次，我不是一个好媳妇。我以前生孩子那阵，婆婆天天来探望我，给我煲汤补营养，可我没良心，对我好的都忘了，只是看她的毛病，认为她对我不好。她死了这么多年，我一次都没陪丈夫去上过坟。传统文化里讲“婆婆也是妈”，那时候没这个概念啊，就知道不能被婆婆“压住”。我愧对婆婆啊……

再次，我不是一个好妻子。我性格要强，总想着压老公一头，总想自己出去闯点事业，这不是牝鸡司晨吗？我看不上老公，其实人家更看不惯我呢。家务不熟练，对丈夫的父母不恭敬，人家凭什么对你好?！到现在，事业没什么成就，倒弄得家庭不睦，真是自食恶果。

最后，我不是一个好母亲，我没有教育好儿子，没有做出好榜样，导致儿子现在与家人离心离德。小时候，我的儿子也是很孝顺的，成绩也好，但后来我出了车祸，从医院回来后对儿子就没那么上心了，看到问题只是责骂，没有设身处地地为他着想，只是对他失望。

我以前啊，总是自视甚高，觉得自己高人一等，只是被家庭所累，现在学习了才知道，懂什么呀，根本是最愚蠢，尚不自知。这回我明白了，我回家一定好好孝顺我还在世的老爹，多去看我的妈妈、公公婆婆，给他们磕头认错。《弟子规》不是讲“事死者如事生”吗，我知道了。另外，我会努力经营我的家庭，宽待老公，真心地去理解儿子，给他支持和鼓励。我也是年过半百之人了，惟愿用余生践行《弟子规》，真心赎罪，希望大家不要再走我的老路，后悔不及啊。

这是在课程结课后的终极分享，是一段感动了全场听众的“忏悔录”。该个体通过4天传统伦理文化的学习能够“自省”到如此深刻，这与个体的“领悟力”是分不开的。虽然传统伦理文化传播并非都能达到此种效果，但该个案为我们提供了传统伦理文化教化功能的一种可能，让我们有信心将传统伦理文化推广的工作进行下去，为建设和谐社会提供助力。

在个体的“反省”中，我们可以看出基本的“五伦”关系。她谈到了三个即“父子”“兄弟”“夫妇”，但却涉及作为一个女性在家庭中可能承担的所有“角色”。这位女士已年过半百，但在接触传统伦理文化之前，半生的时间都这样生活下来而没有觉得自己所思所想所为存在问题。但通过仅仅4天的学习，就能够在意识上产生如此巨大的改变。个体差异是我们需要思考的内容，但同时传统伦理文化在个体意识方面改变的“力量”也凸显出来。

研究中发现：

在以上人们的阐述中，可以看出个体对于周围的客观事物（包括人、事、物）的意义、重要性的总评价和总看法发生了变化。

① 原来从没意识到的通过学习意识到了——（填补信息）；

② 原来认为对的通过学习发现错了——（纠偏、重构）；

③ 原来生活中的重心和看重的东西通过学习在心中的地位改变了——（价值观）；

④ 对于传统文化的接受度提高了——（主动接受与自觉传播的可能）。

进一步概括起来，传统伦理文化的传播在意识层面可以填补人在精神上的空虚；改变人固有的价值观，重构个人价值观体系；改善人对于传统文化的态度，提高个体未来主动接受传统文化传播及成为传者的可能性。

（3）传统伦理文化传播对个体行为的影响。

行为的改变由于具有外显性，所以通常在传播心理学的研究中被视为媒介信息有效传播的最终影响。麦奎尔曾提出传播的“说服矩阵”，总结出媒介信息对人行为的影响，他的模式是：接触—注意—引起兴趣—理解—获得—态度改变—记忆—当有行动的机会时，提取新态度的信息—根据新信息做出行动决定—行动—如果依新态度采取的行动未得到强化，则新态度受到损害，否则获得巩固。[1] 由此可以得到启发，传统伦理文化在传播时对于人行为的“劝服”也要经历类似的过程。

---

[1] 刘晓红，卜卫. 大众传播心理研究［M］. 北京：中国广播电视出版社，2001.

1）D 市“传统文化培训班”行为观察。

大连的“传统文化培训班”是 4 天的封闭式课程，人们每一天的行为表现都有很明显的变化（见表 6－2）。

表 6－2　D 市传统文化培训班观察日记（基于群体）

观察日记（基于群体）	
第一天	人们基本没什么表情，显得戒备拘谨。对于会务老师们的鞠躬有躲避动作，显得尴尬，或是用质疑的眼光冷眼旁观。
第二天	表情有所缓和，但存在迟起、翘课的现象。
第三天	人们见面打招呼，有人开始主动打扫宿舍卫生，倒垃圾。吃完饭，有人主动到大盆处承担给众人洗碗的工作。课堂出席率达到 100%。
第四天	倒垃圾、洗碗、做饭等工作出现几个人抢着做的情况。彼此间有很强的交流欲望，利用各种空闲时间交流，分享自己学习感受和自己生活中原本想不开的“结”。

这其中，有一个成年男性希某的表现格外明显（见表 6－3）。

表 6－3　D 市传统文化培训班观察日记（基于个体）

观察日记（基于个体）	
第一天	非常愤怒，跟家长理论，认为是被家长“骗”来的，认为这是对人权的藐视，强烈要求立即返家。家长（母亲）不同意，又因身上没带钱未果。
第二天	早上不起床，说头疼，拒绝吃饭、上课。在老师长时间的劝解下，参加了下午的课程，但其间离开教室数次。母亲不敢沟通，通过会议组织者间接劝解。
第三天	开始正常吃饭、睡觉，虽然早课没出席，但上下午的课均参加。家长无作为。
第四天	面色平和，并在早课前来到女宿舍探望妈妈，出席全天课程，课间吃间食时都会先拿给妈妈。看到妈妈吃完饭帮助大家刷碗时还会抢过来刷。母子相处融洽。

在笔者观察到的群体表现中，通过传统伦理文化的学习，人们从陌生的状态快速融洽起来，用“礼敬”的行为率先打破人际交往中的隔阂；之后，群体中开始有个体出现利他行为，模仿或替代原本由义工承担的工作，如打扫卫生、做饭、刷碗等，这种个体行为之后演变成小群体行为，说明人际和谐氛围逐步形成；课堂出勤率的变化一方面反映了人们对于传播内容的认同度的提

升，另一方面作为学习中的观察者、研究者，能够亲身感受到通过学习后，人们在形成共同认知的情况下，个体一旦违犯规则就会感受到来自群体的压力，迫使个人行为向群体行为不断趋近；还有一个现象是人们交流欲望的增强，从心理学上，这表明了一种自我暴露愿望和自我开放程度的加大，而这正是建立良好人际关系的前提。

在个体行为的观察中，希某的表现有着堪称“神奇”的扭转。当研究者进行个案访谈时，问到“你是听到哪节课时突然转变了态度”，希某并没有给出明确的答复。不过，在他与“孩子组”分享学习体会时所说的话可以窥见其一些引起行为改变的认知。

他这样说道：“以前呢，这些传统文化我也都知道，像是孝悌忠信，可是渐渐地长大了，竟就忘了，真是应了那句‘有了媳妇忘了娘’，处了个对象就把妈妈什么的都丢一边了。后来爱情去了，妈妈还在身边，可是我却要死要活的，全没顾到妈妈的感受。听了讲座，回头想想，就像影片中说的‘孝道不仅仅是一种责任，更是一种幸福’，爱情来了走了的，生活总要继续啊，我最要珍惜的是亲情啊……刚来时，我怪妈妈，甚至怨恨她‘不民主’，现在才算明白妈妈的一番苦心，多大都是妈妈的儿啊！”

在希某的话语中，可以发现通过学习传统伦理中的“孝”文化，他的认知发生了改变，进而对行为产生指导性作用。

从传播方式考察得知，在D市“传统文化培训班”的传播过程中，研究者一开始学习时会提出这样一个疑问：“既然并没有请专门的老师来进行授课，而是以教室前设投影放光碟的形式进行讲授。那为了节约资源，各自回家看会不会更好？”

通过回家后的亲身试验，可以发现个人在通过大众传播渠道获取传统文化讯息时会遇到的困境。首先，个人环境的随意性极大影响了对讯息的接受度和吸收度。例如，家里有舒适的沙发、可口的食品，累了还可以随时暂停。其次，过程中可能被各种各样的事情打乱，使信息接收过程变得断断续续，一个小时的内容停停起起可能几天都看不完，根本不会深刻地触及内心。最后，大众媒介的距离遥远与缺乏个人色彩也不利于反馈。

此时，人际传播的好处就凸显出来。首先，通过群体的“约束力”迫使个体完整地接收某段信息。（文化的教化功能的实现有时需要一定的强制力。）其次，有些感受是在分享他人心得的过程中进一步“发酵”出来的，只有以人际传播方式，通过面对面的交流、沟通才能最大可能地调动交流双方全身心地“共鸣”或“呼应”。最后，人际传播的方式可以及时做反馈调查，以便随时调整传播内容等其他传播技能。

总之，大众传播和人际传播都在传统伦理文化的传播中发挥了独特而重要的作用，不可替代，缺一不可。

2. *参加相关学术研讨会*

参加相关学术研讨会或讲座是一种很好的学习方式。这里的学术研讨会指的是与自己工作相关的学术讨论或者能够开阔视野的与国家发展相关的各种研讨会。一些专业学术研讨会一般都会邀请社会各界许多相关专家学者前来交流前沿的研究成果，若能亲临现场学习，的确是一种广博多闻、采集众家所长的好机会。

比如参加首届（黔东南）有机大会暨国际有机峰会。虽然此会与自己的工作无关，但如果有时间有机缘参加了这样的盛会，了解一下各国有机农业专家、生态文明专家阐述有机农业对未来人类生存和社会发展的作用，也没有什么坏处。了解有机中草药与中医传承发展，有机慢生活与健康养生之道，可能对自己如何健康地生活又多了一些指导。听一听有机农业与返乡青年的新农夫故事，听一听相关专家和学者的研究成果或工作体会，对丰富相关学科领域的知识、提高自身的专业技能有一定的促进的作用。

古人说："独学而无友，则孤陋而寡闻"（《礼记·学记》）。意思是说学习也要有方法，仅靠个人独立的学习，不与外界朋友交流，所获得的信息必然很有限，尽管现在已经进入互联网时代，获得的信息源比较多，但是仅靠自己的生活经验解读一些信息，难免出现固执己见、对某些问题看法片面的情况。

再比如，参加一些传统文化公益讲坛或道德讲堂。如广东潮州谢总黄河道德讲堂，每月两期，一期7天，7天的课程能够把一个恶人变成善人，能够把一个贪官变成一个廉洁官员，证明人性本善，人是很好教的。谢总办班5年没有中断，对学员一分钱不收；人家捐钱也不要。带领一万多人回头，这里面还有两千多是地方干部，他们都变成了当地的好官员。

如今像这样的传统文化讲坛，全国各地都有，如北京祥和传统文化中心，它照搬广东潮州谢总黄河道德讲堂模式，尽管开办仅一年多，但也有很多教授、大学生、研究生受益。

另外，还可以登录圣贤教育全球同学网（http：//www. sxjyqqw. cn/）、弟子规公益网（http：//www. dizigui. cn/）、群书治要讲堂（http：//www. qunshuzhiyao. com/zyvideo/）等网站；观看陈大惠老师讲的《教孩子的学问》《圣贤教育改变命运》《天下父母》等系列节目；学习蔡礼旭老师讲的"幸福人生讲座""大中学生幸福人生讲座""教育界人生幸福讲座""企业界幸福人生讲座"等；中央党校刘余莉教授所讲课程《群书治要360》，结合当代出现的各种社会问题，讲述许多古代圣贤修身、治国之道，对破解各种疑难杂症有很大的启示。

3. 建立学习兴趣小组

成功人士的特质之一是好学。正如孔子所说，“好学近乎智，力行近乎仁，知耻近乎勇”（《中庸》）。可以根据不同的兴趣爱好，建立各种不同的兴趣学习小组。志同道合的人在一起切磋技艺是人生最快乐的事。如经典学习小组、古琴学习小组、书画学习小组，等等。

有朋友说，我对什么都不感兴趣怎么办？笔者建议您参加或组织一个经典学习小组。“玉不琢，不成器，人不学，不知道。”众所周知，圣贤人是得道之人，我国的四书五经都是圣贤人给后世留下的经典著作。真正的得道之人所讲的道，才能开智慧。

能够组织身边的人建立经典学习小组，大家按时、定点、定时地集中诵读经典，结合当前遇到的各种困惑和社会问题，一起探讨学习经典的体会，这也是一个增长智慧，提高学习效率的好途径之一。

不是人人都能讲经传道的，荀子在《劝学篇》中有言“学之径莫速乎好其人，隆礼次之”。学习的途径没有比心悦诚服地受教于贤师更迅速有效的了。其次是尊崇礼仪。在荀子看来，学习的最好途径和方法就是亲近良师益友了，经典就是我们的良师益友。以心悦诚服的心向良师益友学习，一定受益匪浅。因为良师益友大都是具有高尚道德情操、乐学善学、乐于助人的人，所接触和探讨的问题都是最接近道的。就像孔子的学生颜回那样好学和会学一样，“得一善，则拳拳服膺而弗失之矣”。得到一个善就牢牢记在心里，衷心信服，铭记在心，再也不让它失去，而且希望所有的人能得“道”受益。每天与经典为友，与圣贤相伴，久而久之，也会被熏染得一身香气。

总之，学习的速度是改变的速度，改变的速度是成功的速度。圣贤教育的内容是我们终身要学习的内容。读诵经典、落实圣贤教诲是塑造人生价值观的过程，也是增长智慧最有效的捷径。

思考题

1. 人生需要学习的内容有哪些？
2. 当今及未来时代必须学习的内容有哪些？
3. 为什么说学而不厌的策略是有效传播与沟通道术的支撑？
4. 快速地学习和掌握为人之道的最佳途径有哪些？
5. 学什么，学而时习之，其乐无穷？

第 19 章 践行的策略——自利利他

自利利他的策略，其实就是讲践行的策略或知行合一的策略。知道了人际传播与沟通的原理和方法，关键在行。如何行？前面的 18 章里已经讲了不少，但是归纳一下，从策略的方面，在与人传播与沟通过程中只需要记住两句话就可以：我帮你；我错了。

19.1 我帮你（自利利他——修仁德）

当我们与人交往的时候，当他人需要帮助的时候，我们要立刻伸出援助之手，慷慨相助。即使他人不需要我们帮助时，我们也要常常想到这三个字：我帮你。心里要常存仁爱之心，助人之心，有这种爱心的人一定是积极向上的、拥有阳光心态的人。助人为乐是快乐和幸福的基本原理。一般人认为，我帮你，是在利他，而明“道”的人明白万物一体的真相，我帮你等于帮自己，即自利。因为，在帮助他人的过程中，实际上是去掉小我、变为大我的过程，这个过程也是修仁德的过程和提升自己境界的过程。所以明白的人都是把别人的事当作自己的事来做，每天都过得很充实，很快乐！

2500 年前，孔子就告诉我们与人交往应做到：“为人君止于仁；为人臣止于敬；为人子止于孝；为人父止于慈；与国人交止于信”（《大学》）。意思是说，做领导的要念念想着如何用仁爱之心对待下属，做下属的要念念以一颗恭敬心对待上级领导，做儿女的要念念想着如何孝敬父母，做父母的要念念想着如何用一颗既爱又严的慈悲心对待孩子；与国人或朋友交往时，心里要念着诚信，以一颗诚实友善的心与他人相处。

大家都能想象出来，与他人交往时如果我们都能做到仁爱、恭敬、孝顺、慈悲、诚信，并带着友善、无私的阳光的心态与他人沟通，我们的言谈举止自然就会恭敬有礼、温和有加，我们与他人之间的关系可能也不会出现什么障碍了。诸如倾听、提问、表达等传播与沟通的技能即使运用得不熟练，也不妨碍关系的进一步加深。

比较困难的是，很多人还不能以这样无私的、大爱的心态待人处世。因为许多人还没有学习为人之道或沟通智慧，与人交往时考虑自己的得失自然会多一些，甚至更多地带着铜钱的味道。

因此，我们常常听到这样的声音。第一种声音——好累呀！人人都在经商，人人都在忙于挣钱，身心能不疲倦吗？第二种声音——好忙呀！“忙”字，一个心字加一个亡字，心亡了，就会瞎忙。第三种声音——好烦呀！心烦意乱，看到谁都烦，就是看到自己的父母也烦。有一个高中生，嫌妈妈多唠叨了几句，就拿起哑铃把母亲砸死了。有个新闻说，春节过后，有个孩子离家出走了，原因是妈妈没收了他的压岁钱。第四种声音——“好苦呀”！生活压力太大，没有安全感，心里急躁、浮躁、暴躁。第五种声音——“好惨呀”！许多贪官年纪轻轻，命就没了，惨不惨？

这五种声音，反映出五种衰相。孟子曾言：“上下交征利，而国危矣”（《孟子·梁惠王上》）。如果一个国家从上到下统统都争利，这个国家就到了危亡的时候。我们现在看看自己的生活状态是不是这样子。受利益的诱惑，每天忙着挣钱之事，哪里还顾得上相互交流与沟通。

人生的路一旦走错，这五种衰相立刻显现。人生的路一旦走对，只有一种状态，那就是快乐。

19.1.1 助人为乐——生命之道

人人都热爱生命，但是热爱生命要从认识生命开始。人生的意义是什么？我们从哪里来，到哪里去？“走的时候比来的时候心灵的境界更高尚”，这是被世界称为“经营之圣”的日本企业家稻盛和夫在他的代表作《活法》中谈到的一句话。这本书讲到了如何敬天，如何爱人；如何坚持正确的做人之道。所谓爱人，就是摈弃一己私欲，体恤他人，持“利他”之心。

稻盛和夫的世界观就是利他精神。这一价值观是他从《了凡四训》中学来的。读过《了凡四训》这本书的人都知道，这是我国明代袁了凡先生在69岁时所做的诫子家训。这篇家训作为立命、修身、治世的教育经典，一共分为四部分：立命之学、改过之法、积善之方、谦德之效。它是了凡先生一生道德学问的涵养和凝聚，他以自己的亲身经历、现身说法，讲述“命自我立，福自己求”的道理，以及如何改造命运的方法。

袁了凡先生本来的命运并不怎么样。早年遇到孔先生给他算命，算得很准，说他考试考第几名，得多少俸禄、多少斗米，能当多大的官，命中无子，而且短寿，53岁八月十四日丑时就当寿终正寝，全给他算出来了。而且他前面20年完全按照孔先生算的命来走，一点都没错。他深信，“一饮一啄，莫非前定”，于是心灰意冷，一切都是命中注定了，干什么都没用了。所以他跑到栖霞山去拜见云谷禅师，跟云谷禅师对坐，打坐，放下妄念，什么都不想，一坐就坐了三天三夜。

云谷禅师觉得这个人不简单，竟然能跟我坐三天三夜不打一个妄想，太难得了！就问他，你用什么功夫？了凡先生说，我没用什么功夫，我只是知道我的命已经给算定了，所以什么都没得想了。云谷禅师听了哈哈大笑：“我原来以为你是一个豪杰，原来还是一个凡夫。”

后来在与了凡先生讨论命数可逃不可逃、命运是否天已注定这个问题上，云谷禅师给了了凡先生一个精道而且是改变其一生的答案。

云谷禅师说：“人未能无心，终为阴阳所缚，安得无数？但惟凡人有数；极善之人，数固拘他不定；极恶之人，数亦拘他不定。”

云谷禅师让袁了凡明白了一件事情，只要努力做大善事，命就拘他不住了，“命由已作，相由心生，祸福无门，为人自召”，人的命运是可以改变的。改命方法就是断恶修善，扩充德性，力行善事，多积阴德，便能违天之孽，享其所作之福。《易经》“坤卦”有言：“积善之家，必有余庆。积不善之家，必有余殃。”孟子立命之学也说过：“夭寿不二。”

从此，袁了凡猛然顿悟，深信此言，而将往日之过失在佛前尽情发露忏悔，发誓大行善事，以报天地祖宗之德。直到他 74 岁于家中仙逝，他的人生道路完全摆脱了孔先生原来的预测。

袁了凡把自己的一生经历和体悟告诉子孙后代，目的就是希望后人明白立命之学、生命之道、改命方法，获得终身幸福。即人只要从内心自求，力行仁义道德，自然就能够赢得他人的尊重，从而得来身外的功名富贵。为人若不知反躬内省，于心中广种福田，而只好高骛远，祈求身外名利，就算用尽心机，也是两头落空。

“我帮你 ”作为有效传播与沟通的策略之一，作为立命之道或生命之道，一点也不过分。

19.1.2 助人为乐是沟通之要

明白了立命之学，方能明白“我帮你”的沟通智慧之道。立命之学并不复杂，就是断恶修善。你想要得到这些福报（尊贵、豪富、贤明、智勇、才达等)，那你就要修孝悌之道，行善积德。了凡先生能做到，你也一定能做到。了凡先生通过改过、行善、积德，由凡人转为了圣人或真人，我们如果也能这样做人做事，成圣成贤并不是遥远的事。

在传播与沟通的过程中，如何使用“我帮你”或助人为乐的方式与他人建立良好的关系？

1. 与陌生人交往中的助人策略

与人交往重要的在于心，是选择诚心、爱心、助人的心，还是选择疑心、私心、害人之心，全在于一念之间。助人之心是建立在爱心和诚心基础之上的。与陌生人交往，最重要的是对人真诚，要有一颗助人的心。一般以多听、多看、多问、多做为主。多听听他人有什么想法，多询问他人的需求，多观察他人需要哪些方面的帮助。一旦感知到对方的需要，可详细地询问对方需要什么帮助。然后，尽自己所能给予他人帮助，细心、周到地帮助他人。比如，有朋友来访，除了热情招待以外，如朋友需要住宿，要热心帮助联系住处，并带领客人察看房间，确定住下后，要告诉他人日常用品的位置和使用的方法。有的宾馆客服做得很好，但大多数宾馆还顾及不到，这就需要主人尽地主之谊，帮助宾馆客服做一些力所能及的事。

如果对方不需要帮助，我们也不要强人所难。帮助人也要随缘，否则很难达到预期的沟通效果。

我们常常遇到陌生人问路，或者我们向陌生人问路之类的事。有的人会热心地、详细地告诉您如何到达目的地；而有的人可能由于忙或者不清楚路线，很难回应您的问题；还有的人可能对您的问话置之不理。此外，还有一种人虽然不知道您询问的地址，但是愿意帮您打听路线或者帮您查询所去地址。我们对哪一种人会产生深刻的印象？如果排个序，您一定会选择第四类帮您查询地址的人，其次是热心告诉您地址的人，再次是繁忙和不清楚路线的人，最后是对您的问话置之不理的人。

为什么您会对帮您查询地址的人或告知您地址的人心生感激之情，而对于不理睬您的人心生不快之感？

“人同此心，心同此理”，合情合理的事，大家的想法都会相同。事实上，“人同此心，心同此理”这句话的义理很深。这句话出自南宋心学大家儒家学派的陆九渊的《年谱》。他认为人们的心和理都是天生的、永恒不变的。仁义礼智信等也是人的天性所固有的，不是外铄的。学的目的就在于穷此理，尽此心。人难免受物欲的蒙蔽，受了蒙蔽，心就不灵，理就不明。所以，人需要学习为人之道、生命之道，而且通过良师益友讲学，切磋琢磨，鞭策自己，以恢复心的本然。当人们都能够用本心即真心、诚心与人交往时，人们自会感觉舒心，引起心灵的共振。这便是“我帮你”和“助人为乐”的沟通之道。

“我帮你”的心如何培养？古人认为，应先从自己的家庭开始。比如，提高自己的厨艺，让一家人吃得健康；兄弟姐妹谁家有困难，就力所能及地帮助。从孝敬自己的父母开始，父母有什么需要，没有二话，应尽快服务到位，之后，将爱父母的心推及爱朋友的父母，爱所有人的父母，直到乐意帮助所有的人。用这样的心态与人交往，可以结识很多善良、正直、乐意付出的朋友。

真的是越帮越乐，越乐越帮，也真正体会到助人为乐的真理。幸福的真谛，就是回报和给予。这样做，我们的心灵在一次次地洗涤，文化素养在一点点地提升。个人的幸福指数、家庭的幸福指数也在不断地提升。

2. 与“问题人”沟通中的助人策略

什么是“问题人”?“问题人”是指意见存在分歧、言行深受情绪控制的人。这些人最需要沟通，否则，随着时间的推移，其情绪可能会越来越激动，关系也就变得越来越糟。这类人最需要进行“关键对话”❶，最需要帮助，也最需要沟通的智慧。

比如，大学要进行学科改革，重点建设一级学科，为加强一级学科的建设，有一些二级学科就需要拆分或撤销。如何进行学科整合?同一个系里的教职工，意见均不一致。有些员工同意拆分或撤销，有些员工不同意，而有些人什么都不说，但会默默地抵制这个计划。单位有关领导不得不再次开会、讨论、做决定。因为只有极少数人对决定感到满意，而这个决定却要影响到所有的人。

类似这样的问题很多，如搬迁问题、教育孩子的问题、食品安全问题，等等，都会遇到争执、辩论、逃避或者沉默以对。在家里，夫妻对某些问题的看法不一致，可能会冷战，双方都希望使用这种折磨人的方式改变对方的看法。有时，我们会利用讽刺、语言攻击、暗喻或厌恶的眼神来传达我们的信息。

在单位，有时我们会扮演牺牲者的角色来表达我们对一些问题的看法。有的时候，我们会因为害怕面对一个人，于是把问题归罪于团队，希望所指的那个人会明白。但是，最终我们还是隐藏了自己的信息，我们选择了沉默，或者屈从于最后的决定。

在这种情况下，作为一个会议主持人或者当事人，我们应当怎样对待这次关键的对话呢?研究者认为，这个时候采取的最好助人策略就是充分尊重每一个人的意见，“填满大家共享的信息库”❷。

每个人都会将自己的观点、感受、理论、经历和经验带入谈话，其实这些想法和感受就是共享的信息库。这个共享信息库里的信息常常意见纷呈，有些信息不仅告诉我们如何去做，并且直接推动我们的每一个行为。也有一些相反的、错误的、与主持人观点不一致的信息。

能否让每一位参会的人都开诚布公地把自己的心里话说出来，这是关键。懂得尊重每一个人，能够尽最大的努力使所有的观点都能够公开地表达出来，

---

❶ 科里·帕特森，约瑟夫·格雷尼，让·麦克米兰，等. 关键对话［M］. 北京：中国财政经济出版社，2004：22－25.

❷ 科里·帕特森，约瑟夫·格雷尼，让·麦克米兰，等. 关键对话［M］. 北京：中国财政经济出版社，2004：22－25.

就是最善于沟通与传播的人。这个人首先是一个心量很大的人、很温和的人，又是善于启发和对话的人。

如果使用了这个道术，即尊重每一个人，填满共享信息库，我们发现，当共享的信息越来越多的时候，至少它能够在两方面帮助人们。

一方面，因为人们接触到更多准确的、相关的信息，他们可以做出更好的选择。共享的信息库代表一个团队的智商，信息库越大，决定就会越聪明。虽然会增加讨论的时间来分享不同的看法，但是，当人们认识到每个人的建议产生的原因时，他们便会开始在别人的基础上改进。这样由一个观点产生另一个观点，直至最后产生一个谁都没有想过，但每一个人都全心全意支持的观点，最终很可能获得更高品质的决策成果。

另一方面，当信息库非常小的时候，如当有人故意隐藏信息的时候，最后由一部分人的意见汇聚而做出的决策并不一定是最好的决定，或者说并不一定是比较完善的决策，甚至可能是失败的决策。

需要说明的是，我们并不是说每一个决定都要一致通过，或者领导不应该参与或者做最后的决定。我们只是说，无论用什么样的决策方法，共享信息库里的信息量越大，最后做出的选择越好——不论做决定的人是谁。

共享的信息库不仅能帮助人们做出更好的选择，而且因为信息是共享的，他们经历了这场公开的讨论，明白了为什么这个解决方案是最好的，所以人们愿意为他们所做出的任何决定而努力。同时，人们对于组织这场讨论的人也会由衷地敬佩，会后想起什么好的想法，还可能会继续与其交流。这就是使用“我帮你”的沟通策略的魅力。

另外，采用“我帮你”的策略，也是需要智慧的。在别人困难的时候伸出你的援助之手，可能是举手之劳，也可能需要一定的付出，只要力所能及就好，锦上添花不如雪中送炭。人在春风得意的时候你帮他，他不一定会记得。在别人有难的时候你给予他帮助，对方往往会记你一辈子的好。当你有困难的时候，人家也会同样帮助你，你的路才会越走越宽。比如，生活中常常遇到一些事，如生病住院、红白喜事、天灾人祸等，你的帮助、你的一声问候甚至是一条短信，都会犹如春风水暖，彻底拉近与他人的心理距离。

19.2 我错了（利他利己——修谦德）

在传播与沟通的策略中，“我错了”包含两个方面的意思。一方面，当我们与他人发生矛盾的时候，冷静反省自己的所作所为，确实发现主要的过错在于自己。这时，主动向对方承认“我错了”是最明智的做法，也是直接解决问题、缓解关系的好方法。另一方面，反复检讨自己的行为，确实发现主要责任在于对方，此时仍可向对方说“我错了”，这样做往往会得到意想不到的沟通效果。一般人很难做到，只有“得道明理”之人或善于沟通的人才能做到。

无论发生什么情况，认真地反省自己的过错，并能够马上改过，及时使用“我错了”的沟通策略，对于改善人际关系总是有帮助的。

在现实生活中，不犯错的人、十全十美的人是没有的。知错就改，而且不犯二过的人也是很少见的。在孔子培养的学生当中，也仅仅只有颜回能做到不二过。也就是说，不能时时格物（革除私欲）的人是很难做到不犯二次同样错的。人非圣贤，孰能无过？知错能改善莫大焉！不怕犯错，最怕的是不能发现自己的过错。

在现实生活中，当我们遇到障碍的时候，大多数人都是在找对方的原因，很少有反躬自省的人，所以，我们说，能够检查自己的过错，并能够修正自己错误行为的人或懂得改过的人，一般都是最善于沟通与传播的人。

19.2.1　改过是提高有效传播与沟通的前提条件

仔细审视自己的一言一行，都能找到很多不良的习气，比如心浮气躁、度量狭窄、纵情任性、轻言妄谈、自尊自大、脾气暴躁、待人刻薄、好酒贪杯、懒惰贪吃、信口雌黄、口不择言，等等。很多习气是很难去除的，而这些习气都不利于与人建立良好的人际关系。

如何改过修善呢？袁了凡先生写的《了凡四训》中，专门为世人总结出一套改过的方法。现归纳如下：

1. 改过三要素

袁了凡说，人若想得福避祸，可以先不论如何行善，只要力行改过，自然就能向善。谈到改过，“知耻近勇”是第一要素。

这里的“耻”有两层意思，一是背着别人做了一些见不得人的事，使父母蒙羞的事；二是有一些习气没有断除。知耻近勇，能够认识到这些羞辱和不足，并能够勇猛精进地改过就接近圣贤了。不知羞耻为何物，必是禽兽。仅在一念之差而已。

第二要素，要有“敬畏心”。人做事不可没有敬畏心，就是掩盖得再周密，也无法掩饰善恶心思所产生的意念，“意念”就像一道“波率”，无所不在。有因就有果，不可没有敬畏心。人只要一息尚存，滔天的大罪大恶，都有悔改的机会。古时候，有人一生作恶，临终前懊悔觉悟，发一善念而得善终者，可以洗百年罪恶也，就像千年幽谷涵洞，一灯照来，则尽去千年黑暗一般。因此说：“过失不拘大小，以能改为要。”

第三要素，要有勇气和决心。人之所以不能改过，只因为因循苟且误了大事，若能发愤图强，当机立断，碰到小过像竹刺伤肉一般，速予拔除；犯了大过，如毒蛇咬指一般，速予断指，不犹豫、不等待，则如《易经》所言“风雷增益”之象，风气雷动干脆利落，则改过迁善必可成功。人若能知晓“改过三要”，知过能改，灾祸就像春日逢冰，必能消失瓦解。

2. 改过三阶段

一般人改过，有从事上改、从理上改、从心上改三个阶段，做法不同，所得功效也不同。

（1）从事上改。发现一个坏习惯，就努力改掉。比如房间杂乱无章，东西乱放，就下决心，每天早上第一件事就是把房间清扫一遍。“一屋不扫，何以扫天下”，这件小事都做不到，将来怎么能做大事呢！大事必作以细。

譬如，昨日暴怒，今日静心反省；昨日没扫地，今补扫之。这是从事上改的方法。从获得的效果来看，这种只在行动上勉强压制的方法，很难达到真正改过之效。

（2）从理上改。这是比较理想的改过方法之一。譬如想改杀生之过，就想“天有好生之德”，物物都珍惜生命，杀它养己怎能心安？对它再加以水深火热锅鼎之苦，必痛彻骨髓。想清楚这个理，就不忍再杀生了。

想改掉坏脾气，可以这样想：人人各有其长，各有其短，没有十全十美之人，因此，应该相互体谅迁就。在一起相处，以和为贵，“君子和而不同”。像君子那样对待他人，相互尊重，互不干扰，和平共处。再说，天下也没有自以为是的豪杰，也没有怨天尤人的修养法，怎么可以只要求别人而不要求自己呢？日常生活中遇到不称心如意的事，应观想，是自己德行未修，涵养不够，必须再求反省改过。如此一来，毁谤也会如举火烧空，必将自消自灭。若听到毁谤就动怒，想尽办法加以辩论袒护，正是作茧自缚、自取其辱。

总之，杀生、发怒都是有害无益的事，仔细思考，道理若能明白，过错就不会再产生。有的朋友可能会说，我道理都知道，但是一遇到事情就忘记这些道理，就陷入到具体的事情当中了。开始改过时，都会遇到这样的事情。这是因为听闻了正确的道理还有些半信半疑，没有努力践行；再者，人的不良习气是长期养成的，一时断除是需要努力和时间的。

一般而言，人的过失归根结底都是从心所起，若能心不动念，无私无欲，就不必逐样检讨财、色、名、利诸过失。只要一心向善，正气笼罩，邪念自然一尘不染。就像太阳当空，鬼魅尽消一般，这就是所谓的“本立道生”之理，也是正确的“理上改”之法。

（3）从心上改。因为过从心生，只有从心上改，才能彻底根除。如斩毒树先断其根，则必枝叶尽落，就不必枝枝去剪，叶叶去摘。心上改之法，即在“治心”，妄念一动即觉察，并加以克制，则过不生。这是改过的最好方法。若做不到这种高深的境界，则只好明理以改过；再办不到，就只好随事而禁。

“能治心”并“明理”兼“禁过”，是再好不过的事，若只懂“禁过”，不明“道理”，不知“治心”，是笨拙的改过方法。因此，发愿改过行善，最好有良师益友或亲朋提醒督促，一心改过，不再造新过失，经过一段时日必有效验。

了凡先生还说，吾辈凡夫俗子，过失像刺猬身上的刺一样多，若冷静思考，还看不到自己的过失，必是粗心大意、迷糊之人。

凡是罪孽深重之人，大都心神昏庸，失神健忘，无事烦恼，见到正人君子，显示出惭愧沮丧之状态，听到了真理大道则不高兴，有时施恩反招憎怨，或梦见一些颠颠倒倒的噩梦，甚至于经常发牢骚等，上列种种都是自作孽之相，为人若有了上述情况，应即刻发愤图强，改过向善，以勉自误。

19.2.2 找自己的错是有效传播与沟通的灵丹妙药

如果说“我帮你”是自利利他的过程，是帮助自己修仁德的过程，那么“我错了”就是利他利己的过程，是帮助自己修谦德的过程。

1. 永远找自己的错

当与他人发生矛盾的时候，即使主要责任在对方，但如果我们能够马上使用“我错了”的沟通策略，实际上等于给了对方一个改错的机会。当我们说“我错了”，并真心实意地找出自己的问题时，比如说：这一切都是我的错，我对问题考虑不周，我刚才说话的语气也过于强硬……这些话都是对方想听的，也是让对方静下来的方法。他会冷静地思考一下：“我可能也有做错的地方，对方能够这样包容我，我也应当收敛一下”。冷静下来后，他不仅会慢慢放下对我们的怨恨，还渐渐会升起敬佩之心。多年的实践研究表明，遇到矛盾冲突时，及时采用“我错了”的沟通策略，均可收到不可思议的沟通效果。

有的朋友可能不理解，明明是我对了，为什么要说“我错了”呢？一般人会采用与对方争执谁对谁错的方式解决问题，而圣贤人采取的却是“我错了”的方式化解矛盾。为什么呢？因为圣贤人是得道明理之人，他们遇到一些事情常常会反思自己的错，找自己的原因。如果确实是他人的错，圣贤人或者善于沟通的人首先想到的是：与他争辩，或者争礼，不仅不利于两者的交流，不利于问题的解决，不利于双方关系的融洽，关系僵化很可能会使对方走向深渊，再也没有回头的希望。古人说得好：“各相责，天翻地覆；自相责，天清地宁。”

过去，笔者也常常喜欢与先生争论一些社会问题，常常因为一个观点或对一件事的看法争得面红耳赤，最后双方口不择言，指桑骂槐，真的天翻地覆了，甚至玩起冷战的游戏，你不认错，我就不理你，几天不讲话。后来学习了传统文化，并尝试将经典中的道理落实在日常生活中。结果发现，经典中的每一句话都是真理。无论对方说得对，还是说得错，我都说“我错了”“都是我的错”，这场争辩自然就结束了，天清了，地宁了，再也不会发生冷战之类的事情。开始的时候，说“我错了”还有点勉强。因为心里还在想着，明明是他错了，我为什么要认错。后来一想夫妻之间“和”最重要，家是讲爱的地方，不是讲理的地方，不能因为争得一个理而伤了夫妻之间、家庭之间的和气。

另外，我们也都学习过认知原理，每个人对事物的看法都不是全面的，我们的看法也不一定是最全面的。生活中没有对与错，只有善与恶。给别人一个微笑，说一声“我错了”，实际是在修“谦德”，修忍让，修宽容。所以古之圣贤及善于沟通的人看问题都看得比较远。

2. 永远看对方的好

看别人的好是在聚灵，看他人的错在聚脏。常常看别人的好是在聚集灵光，收集智慧，收集德行；常常看他人的错是在聚集脏物，收集垃圾，收集恶行。常常看对方好的人是在修谦德；常常看对方不好的人是在长傲慢。

谦卑的人最有德能。德能，德就是能量，能量高的人都有德。《易经》云：“天道亏盈而益谦，地道变盈而流谦；鬼神祸盈而福谦，人道恶盈而好谦。”说的意思是，无论哪种生命状态的动物都不喜欢傲慢，都喜欢谦虚。上天对于骄傲自满的万事万物，总是亏损它，以帮助谦虚之事物。地的道理也一样，高处之山水总是往下流，以填补低陷的地方，鬼神对于骄傲自满的人，总要折损他，而庇护谦虚之人。人心也一样，骄傲自满者，必为人所憎恨，惟有谦虚之人，才受人敬重。

所以《易经》中的八八六十四卦，只有谦卦是六爻皆吉。《易经》分述384条小道理，戒慎警惕之词占2/3，只有谦挂之6条小道理全部是赞颂之词。所以《尚书·大禹谟》说：“满招损，谦受益。时乃天道。”

“花未全开，月未圆”[1]，正是意境最佳时。花一旦全开，马上就要凋谢了；月亮一旦全圆，马上就要缺损了。这句话来源于宋代书法家蔡襄写的一首诗。据说，这是曾国藩平生最喜欢的一句话。曾国藩可谓中国历史上一位有智慧的人物，能以一个农家子弟封侯拜相，凭一介书生立军功，权倾天下仍得善终，毫无疑问，他做人做事总是寻求这种境界，“有福不可享尽，有势不可使尽”“治生不求富，读书不求官，修德不求报，为文不求传”（《曾国藩家书》）。他平定了太平天国，到了功成名就的时候，毅然自散湘军，自树对手淮军。55岁时，辞去一切职务，注销爵位，提前退休。有人曾这样评价他：

---

❶ 宋代书法家蔡襄的诗作：花未全开月未圆，寻花待月思依然。明知花月无情物，若是多情更可怜。

立德立功立言三不朽，为师为将为相一完人。

曾国藩为人处世、待人接物能够做到如此圆融，与他常常思过、找自己的错有关系。他不仅严于律己，而且常常能够看到对方的好。这实际就是“花未全开，月未圆”时节，总感到自己距离完美还有很长的距离，总感觉他人有很多优点学不完。这不仅符合天道，也是在修自己的谦德。与他人交流时，如果总是在找他人的毛病，总是在埋怨他人，是傲慢还是谦虚？与他人交流时，总是在欣赏对方，找自己的不足，是傲慢还是谦虚？古代观察一个人，仅看他的言谈举止，就可以推测其人的吉凶祸福。

江阴有张晨严，其人博学多才，颇有盛名，甲午年参加考试，结果名落孙山，恼羞成怒，竟然大骂考官有眼无珠，当时有一道人在旁微笑，张君却又迁怒此人。

道人就开口说：“必是你的文章不好吧！”张盛怒说：“你又没见我的文章，怎知不好？”道人说：“听人家说，写文章必须心平气和，现在看你破口大骂的样子，心极不平，气极不和，怎么可能写出工巧的文章呢？”张君不知不觉就屈服了，转而请教道人。道人说：“考试也靠命运，命不该中，花再多的时间也无用，必须先改变自己。”张问：“既然是命，又将如何改变？”道人说：“造命在天，立命在人，本立而后道生。力行善事，广积阴德，则人生没有什么求不来的事。”张问：“我是贫穷之人，如何行善积德？”道人说：“善事阴德，都由心造，常存善心待人接物，则功德无量。譬如谦虚地修养风度，并不用花钱，你为何不反省，责备自己不够谦虚，而只责怪考官呢？”

张君从此猛然醒悟，即刻日日行善，时时积德，到了丁酉年，有一次梦见了自己走到一栋高楼里，拣到了一本开榜的名录，但榜上却有许多擦掉的空格，他好奇地问身旁的人说：“这是什么名册？”旁人答：“是今科录取之名册啊！阴间三年就校正一次，须积德与无恶之人，才能榜上留名。空白处被擦掉之人，都是本来榜上有名，因为刚作了刻薄的恶行，而被刷掉的。”又说：“你三年来谨慎修身，可能会补得此缺，应该自爱。”此年，张君果然考取了第105名。

由此看来，人若自骄自满，恃才傲物，恃强逞能，不但没有光明的前途，也成不了大器，就是有小小的福气，也享受不了。只有谦虚之人，才能容纳别人的教导，也才有人愿意给他福慧，而受益无穷。这是生活中与人交往的一般常识。

在日常生活中，我们经常会与不同文化背景、不同年龄、不同职业的人交往。在交往过程中，哪些言行是骄傲，哪些言行是谦虚，明礼的人自然会分清楚。

抢他人的话，是傲慢，倾听是谦虚。只说自己的看法，不顾及他人的想法是傲慢，尊重他人的意见，反思自己的不足是谦虚。“我帮你”是修仁德，“我错了”是修谦德。

傲气、怨气、脾气是生命的寒风。谦德是生命的春风。我们要什么风？春风一来，乌云消散，百花盛开。

中央近些年来一直在倡导生态文明和可持续发展，控制经济发展的速度，其实也是在行谦德。吃亏是福也是谦德的一种体现。

从与人交往和相处的方面来看，人人都喜欢与乐于奉献、乐于吃亏的人交往，这种“傻子精神”其实是最智慧的人际沟通方法。

越帮人越富，越求人越穷，这种法则叫舍得。在南街村学校的大楼上也铭刻着陶行知的名言：傻瓜种瓜，种得傻瓜，唯有傻瓜，救得中华。南街村变富了，南街村出名了，他们致富的原因就是这里的人都在践行着这种“傻子精神”。这里的人都是多干活少拿钱。他们真的很傻吗？

在传播与沟通过程中，要想长久地与他人建立良好的人际关系，就要做到时时看他人的好，时时看自己的不足，时时改过行善。说“我错了”，可以化解冤结。修谦德可以创造人间和谐，家庭和睦，社会安宁。

谦德之道，是最好的沟通之道术。

总之，传播与沟通不是简单的人际对话，不是简单地使用媒介与别人交谈，也不是简单的技能训练；有效的传播与沟通，最终起决定性作用的还是人与人关系背后的个人价值观与个人的心态。

学习有效传播与沟通的技术也好、策略也好，归根结底是要用优秀的文化塑造我们的人格，用正确的价值观指导和修正我们的行为。这样，才能不断地提醒自己，用真心去体察和感受义和利之间的区别，用爱心与诚心与他人建立良好的人际关系，用正能量的言行影响身边的每一个人，最终成为人见人爱的人，成为有影响力的人。

沟通智慧故事

当改变自己时，一切都改变了❶

曾经有一个卖花的小姑娘在卖完大部分的花之后，发现天色已晚，所以决定早点回家。这时她发现手上还有一朵玫瑰花没有卖完，她看到路边有一个乞丐，于是就把那朵玫瑰花送给了乞丐，然后就开开心心地回家了。

也许你会觉得故事到此就结束了，但我要讲的故事才刚刚开始。

这个乞丐从来没有想过居然会有这么好的事情发生在自己身上，从来没有

---

❶ 当改变自己时，一切都改变了［EB/OL］. 360doc 个人图书馆，2015－04－06.

想过居然会有美女给自己送来玫瑰花，当真是太阳从西边出来了。

也许乞丐从来没有用心爱过自己，也没有接受过别人对自己的爱。于是他做了一个决定，当天不行乞了，回家！

回到家之后，他找出一个瓶子装上水，把玫瑰花插进去养起来，然后把花放在桌子上静静地欣赏着玫瑰的美丽。

这时他突然间觉得，这么漂亮的花怎么能随意插在这么脏的瓶子上，所以他决定把瓶子洗干净，这样才配得上这么美丽的玫瑰！

做完这些工作后，他又坐在边上静静地欣赏着美丽的玫瑰。突然间，他感觉这么漂亮的花和这么干净的瓶子怎么能放在这么脏乱的桌子上，于是他开始动手把桌子擦干净，把杂物收拾整齐！

处理完之后，他又坐在边上静静地欣赏眼前的一切。突然间，他感觉到这么漂亮的玫瑰和这么干净的桌子怎么能放在这么杂乱的房间里呢？

于是他做了一个决定，把整个房间打扫一遍，把所有的物品摆放整齐，把所有的垃圾清理出房间……

突然间，整个房间因为有了这朵玫瑰花的映射而变得温馨起来！这时，他仿佛忘记了自己所在何处。

正陶醉时，他突然发现镜子中反射出一个蓬头垢面、不修边幅、衣衫褴褛的年轻人。他没想到自己居然是这个样子，这样的人有什么资格待在这样的房间里与玫瑰相伴呢？

于是他立刻去洗了几年来唯一洗过的也是第一次澡，洗完之后找出几件虽然显得有点旧但稍微干净的衣服。刮完胡子之后，他把自己从头到脚整理了一番，突然间发现一张从未有过的年轻帅气的脸出现在镜子中！

这时候，他觉得自己也很不错，为什么要去当乞丐呢？这是他当乞丐以来第一次这样问自己，他的灵魂在瞬间觉醒了：其实我也很不错。再看看房间中的一切，再看看这朵美丽的玫瑰，他当下立刻做出了人生中一个最重要的决定！

他决定第二天不再当乞丐而是去找工作，因为他不怕脏和累，所以第二天他很顺利就找到了一份工作，或许是因为他心中盛开的玫瑰花激励着他，随着他的不懈努力，几年后他成了一个非常有成就的企业老板！

若干年后，他终于寻找到当初送花给他的小姑娘，并把他一半的财产送给了小姑娘，不为别的，只为感激在他沦落为乞丐时送他的一朵玫瑰！

那不是一朵玫瑰，而是一份希望，一份对人生的希望，一份对美好未来的希望！这就是所谓的“赠人玫瑰，手有余香”的典故。

其实每个人都是最棒的！每个人都是最优秀的！我们要相信自己，无论如何都不要放弃自己！不要把自己沉沦在失败的边缘，只要让自己开始做一些小小的改变，那么我们的人生就会开始与众不同！

记住：当改变自己时，一切都改变了！

让步的哲学❶

一个不懂得为亲人让步、为朋友让步、为爱人让步、为合作伙伴让步的人，是缺乏胸襟的人、最无能和不可交的人。试问，一个连自己人都斤斤计较的人可交往吗？

长不大的人最重要的标志，就是跟自己人，跟自己所爱的家人无谓地争长短，论输赢。那些看起来很爱面子的人，其实，通常内心充满着不自信的胆怯。那些装成坚强、从不会懂得认错和让步的人，内心往往都充满着嫉妒、狭隘，很难让阳光照进他们的心灵。

何谓成熟的人呢？对自己人、对家人、对爱人很温柔，温柔得如同孩子。

而对外，对困难，则蔑视，毫无惧意，顶天立地，不慌不忙，淡定从容！

如果，你动不动就与亲人争执，寸步不让，哪怕口舌上的输赢都要争，可以保证，你在外面必定没有什么作为。

一个懂得爱的人，宁可扮演输家，也不去打败自己的人。打败了她（他），你想得到什么呢？爱，就要懂得让步。

让步，在情感中不是退却，也不是从权，而是一种尊重，一种人格，一种胸襟，一种涵养！

记住：让步的人，是最可爱的人！

思考题

1. 培养感恩心对有效传播与沟通的作用是什么？
2. 为什么说谦德之道是最有效的传播与沟通之道术？
3. 当沟通遇到障碍时，最有效沟通策略是什么？

❶ 让步的哲学［EB/OL］. 散文网，2016－08－26.